증명과 변명

표지 설명

파란색 바탕 표지 상단에 큰 글씨로 '증명과 변명'이라는 제목이 쓰여 있다. 가운데에 회색 직사각형 모양의 판이 시계 방향으로 45도 정도 기울어진 각도로 놓여 있고, 판의 왼쪽과 오른쪽에 각각 주황색 의자가 하나씩 있다. 정면에서 봤을 때, 왼쪽 의자는 판의 뒷면에, 오른쪽 의자는 판의 앞면에 놓여 있다. 왼쪽 의자 입장에서는 자신이 판 위에 있다고 여기고 오른쪽 의자 입장에서는 자신이 판 위에 있다고 여기는 모양새다. 의자들은 각자의 판에 자리하고 있지만 실은 그저 한 판에 있을 뿐이다.

회색 판의 왼쪽 아래에 '죽음을 계획한 어느 청년 남성이 남기는 질문들'이라는 부제가 있고, 회색 판의 오른쪽 아래에 '안희제 지음'이라고 적혀 있다. 그리고 표지 하단 오른쪽 구석에 '다다서재'라고 적혀 있고, 표지 하단 왼쪽부터 중간까지 "내가 선택하는 모든 것이 오답이었다. 내가 선택한 것들로 인해, 나는 선택받지 못하게 되었다."라는 문장이 있다.

표지 설명은 이 책이 전자책이나 오디오북, 시각장애인용 대체자료로 만들어질 때 표지의 디자인을 청각적으로도 전달하기 위한 최소한의 조건이다.

증명과 변명

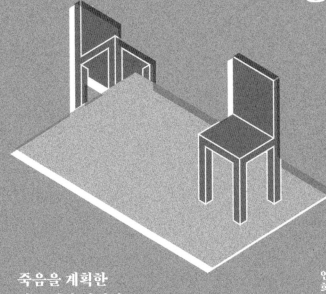

죽음을 계획한
어느 청년 남성이
남기는 질문들

안희제 지음

다다
서재

일러두기

1. 단어나 표현을 보충 설명하는 경우에는 대괄호[ ]를, 생략된 맥락을 밝히는 경우에
   는 소괄호( )를 사용했다.
2. 본문에 나오는 저자와 친구의 대화는 가감 없이 싣고자 했다.

우진, 아니 _____에게

망설이며

　무언가로부터 벗어날 수 없다는 느낌은 무엇일까? 그래서 이제는 죽을 수밖에 없다는 느낌은?

　벗어날 수 없다는 느낌은 벗어나고 싶다는 마음을 내포하고 있다. 벗어나고 싶다는 마음은 벗어나야 한다는 생각에서 나온다. 벗어나야 한다는 생각은 지금 상황이 잘못되었다는 인식에서 출발한다. 그 인식은 어떤 의미에서든 실패에서 출발하지만, 거기서 이어진 삶은 어느 시점부터 실패만으로는 설명할 수 없는 것이 된다. 이 책은 실패 없이는 설명할 수 없지만, 실패만으로 설명할 수도 없는 삶에 대한 이야기다.

여러 사람의 이야기를 듣고 하나의 책으로 만든 경험은 있지만, 한 사람의 삶으로 하나의 이야기를 만들어내는 것은 처음이다. 게다가 그 사람은 머지않은 시일 내에 조건부로 죽음을 계획해둔 나의 오래된 친구, 우진이다. 「들어가며」에서 조금 더 자세히 밝히겠지만, 우진은 자신이 원하는 특정한 목표를 달성하면 죽음을 철회하기로 했다. 책의 저자는 나지만, 우리는 함께 작업하고 있다. 우진은 자신이 목표를 이루지 못할 경우 이것이 자신에게 유작이 될 것이라고 말했다. 그리고 그가 목표를 이루면, 그는 자신의 삶에 대한 수많은 사람의 판단과 마주해야 할 것이다. 우리는 이 두 경우에 모두 대비하고 있다. 우진은 주로 전자에, 나는 주로 후자에.

이런 극단적인 상황에서 작업을 제안한 것은 나였고, 자신의 생사와 무관하게 책을 출간하라고 제안한 것은 우진이었다. 우진과 나는 약속했다. 어떠한 경우에도 책이 나온 이후 우진의 생사를 밝히지 않겠다고. 그는 내가 자신의 계획에 대해 쉽게 판단하고 그것을 멈추려고 노력하지 않을 것 같아서 내게 말을 꺼냈다고 했다. 그러나 이 작업은 나에 대한 그의 믿음을 저버리고 그의 죽음을 막기 위한 것이었다. 책을 쓰고 싶어하던 그에게 이 작업이 어떤 변곡점이 될 수 있지는 않을까, 그리고 자신의 이야기가 사람들이 공감할 만하고 읽을 만한 것이라는 생각이 든다면 계획에 약간의 변화라도 생기지 않을까. 함께 한 약속이 있어서 우리 사이에 오간 모든 이야기를 이곳에 상세히 밝힐 수는 없기에, 이 책에 적지 못한 많은 것들로 받을 비판은 모두 나의 몫일 테다. 지금으로서는 책을 마무리하고 있는 시점에 우진이 자신의 목표를 이루기 위해 보이는 활력과 열정이 좋은 신호이기를 간절히 바라고 있다.

우진은 자신이 욕을 먹지 않을까 걱정하기도 했지만, 죽으면 무슨 상관이냐는 태도가 더 강했다. 그는 가명으로 책에 등장하는 자신보다, 오히려 실명으로 책을 쓰는 나를 걱정했다. 어쩌면 삶을 내놓은 자신보다 이름을 내놓은 내가 큰 위험을 부담하고 있을지 모르는 거라며. 나는 대답했다. 너의 가명이 너를 지켜주듯이 나의 글이 나를 지켜줄 거라고. 그러나 가명이 완전한 해답이 아니듯, 나의 글 또한 완전한 해답이 아니라는 걸 나도 알고 있다.

청년 남성인 우진의 이야기를 책으로 만든다는 이야기를 했을 때, 주변에서는 걱정이 많았다. 청년 남성들이 연루된 폭력을 정당화하는 것이 아니냐는 식으로 우진도, 나도 욕먹기 쉬워 보인다고. 그러나 이것은 누군가의 억울함을 풀어주려는 시도도, 누군가의 편에 서서 그를 단호하게 옹호하고자 하는 시도도 아니라고 미리 말하고 싶다. 어떤 이는 우진의 이야기가 너무 평범해서 책으로 만들어질 가치가 없다고 사람들이 생각하면 어떡할지 걱정했다(실제로 그렇게 생각하는 사람도 있었다). 그냥 아무 청년 남성이나 붙들고 물어봐도 나오는 이야기 아니냐며(실제로 그렇게 판단하는 사람도 있었다). 우진 자신조차 비슷하게 생각했다.

동의할 수 없었다. 나는 두 가지 대답을 하고 싶다. 뻔한 것은 뻔한 이유가 있는 것이고, 바로 그 이유로 뻔한 것은 뻔하지 않게 이야기할 필요가 있다. 누군가의 삶을 깊숙이 들으려고 하다 보면 그렇게 될 수밖에 없다. 뻔한 것들은 다른 삶들 안에서 제각기 독특한 모양새로 배치되어 있기 때문이다. 우리가 듣는 것은 언제나 전형성의 독특한 배치다. 그래서 뻔한 것을 뻔하게 만드는 바로 그 과정들을 우리는 뜯어봐야 한다.

모두의 이야기가 다시 들려야 하고, 다시 발명되어야 한다. 나는 한국 청년 남성의 이야기가 사람들에게 뻔하게 여겨지고, 동시에 청년 남성 본인들에게도 별다른 가치가 없다고 여겨진다는 바로 그 지점에 주목하고 싶다. 많은 청년 남성들은 자신의 삶을 우진이 "K-타임라인"이라고 표현한 '학교-수능-연애(=섹스)-군대-취업-결혼'의 틀 안에서만 설명하며, 그 이야기들은 기괴할 만큼 비슷해 보인다. 그런 의미에서 남성들에게는 서사가 없다. 타자와 관계의 문제를 오랫동안 고민하고 있는 홍승은 작가의 말처럼, 서사가 부재한 곳에는 정보만 남는다.

어떤 삶에 대한 서사화는 반드시 그것을 옹호하거나 정

당화하는 것이 아니다. 오히려 서사는 정보만 나열되어 있을 때는 가능하지 않았던 해석과 비판을 가능하게 하기도 한다. 지금 우리에게 한국 청년 남성의 서사가 필요한 이유는 그들에 대한 조금 다른 해석과 비판이 필요하기 때문이다. 그리고 역설적이게도, '다른' 해석과 비판은 뻔하디뻔한 바로 그 정보들로부터 얼기설기 엮어낸 이야기에서 출발할 것이다.

다른 이야기로 나아가는 방법에는 크게 두 가지가 있다. 하나는 '새로운' 사람들의 이야기를 듣고 서사로 만듦으로써 '발명'하는 것이고, 다른 하나는 '뻔한' 사람들의 이야기를 듣고 약간 비틀어봄으로써 '재발명'하는 것이다. 이 책으로 하고 싶었던 것은 후자였다.

무엇보다도 원고를 모두 쓰고 여전히 남아 있는 질문은 이것이다. 속죄하는 내부 고발자도 아니고, 관련 없는 제3자도 아닌 위치에서 어떻게 남자를 이야기할 수 있을까? 이 책이 질문에 대한 답이 될 수 있을지는 모르겠지만, 적어도 그러한 질문을 나누는 계기가 되기를 바란다.

한국 사회에서 남성으로 자라온 사람으로서 내가 우진에게서 더 볼 수 있는 것과 더 볼 수 없는 것이 있을 것이다. 전자보다 후자가 클 수도 있다. 그의 친구로서 책을 써나갔다는 점에서 더욱 그럴지도 모른다. 다만 하나의 변명을 덧붙이자면,

글을 쓰는 내내, 그리고 우진과 만나서 인터뷰를 하는 시간 내내, 나는 그가 죽음을 계획했다는 사실을 직면하는 동시에 외면하고 있었다. 그가 "어차피 죽을 건데" 같은 말을 꺼낼 때마다 나는 고개를 돌리고 눈에 힘을 주면서 입을 꾹 다물었다. 나는 생각보다 절박했던 것 같다. 이유가 무엇이 되었든 또 한 명의 친구를 떠나보내는 상황을 나는, 수십 년 뒤에라면 몰라도, 지금은 다시 겪고 싶지 않으니까.

그래서 부탁하고 싶다. 글을 쓰는 사람으로서 조금 비겁할 수도 있지만, 부디 '이 책은 왜 이런 이야기를 하지 않느냐'고 하기보다, 이 책이 그럼에도 무슨 이야기를 하고자 하는지, 어떤 것을 '다르게' 듣고 쓰려고 애쓰는지 조금만 더 들여다봐 달라고. 뻔하디뻔한 말들 안에서 죽음에 다가가고 있는 내 친구의 삶을 통해, 그것들이 가지는 의미를 파악하고자 애씀으로써.

언제나 문제는 전형적인 것들의 고유한 배치다.

차례

망설이며   006

들어가며   살고 싶으면 싸우세요   014

1장에 앞서,   친구로서 친구에 대해 쓰기   031

1장.   여자, 보다는 자기 자신에 대한 실험   035

1장에 부쳐,   차이를 삭제하는 글쓰기   073

2장에 앞서,   뭔가 머릿속에서 와글거리는 기분   089

2장.   모든 것이어서 아무것도 아닌 마음   093

2장에 부쳐,   뭔가 목 속에서 걸리적거리는 기분   125

숨을 돌리며,   살고 싶으면 증명하세요   147

3장에 앞서,　　　벗어날 수 없는 증명의 굴레　　　165

3장.　　　　　　패배와 정신 승리의 변증법　　　169

3장에 부쳐,　　　아버지들에 대하여　　　　　197

4장에 앞서,　　　미련　　　　　　　　　　　229

4장.　　　　　　그럼에도 무너지고 있다　　　233

4장에 부쳐,　　　덫에 걸렸다　　　　　　　255

배웅하며　　　　　　　　　　　　　　　286

더듬거리며　　　　　　　　　　　　　290

나가며　　　　　살고 싶으면 질문하세요　　　298

기댄 이야기들　　　　　　　　　　　　　300

살고
싶으면

싸
우
세
요

희제 저번에도 얘기했지만 나는 몇 년 전부터 너의 이야기
를… 진짜라니까. 나는 너의 이야기가 되게 중요하다고
생각했어. 아니, 이게 왜 웃겨?

우진 아니야, 얘기 편하게 해. 그냥 웃겨서 그래. 너를 무시하
는 게 아니라 궁금해서 그래. 내 이야기의 어디가 어떻
게 왜 도움이 되는지, 진짜 그냥 이건 너의 기획을 비웃
는 게 아니라 신기해서 그래.

2024년 3월의 어느 날, 나와 우진은 약속이라도 한 듯이

둘 다 검은색 후드티를 입고, 모자를 쓰고 만났다. 다른 사람들에게 간섭받지 않고, 다른 사람들에게 얘기가 들릴까 걱정하지 않고 조용히 얘기할 수 있는 방이었다. 각자 마실 술을 하나씩 챙겼고, 나는 아몬드와 건포도를, 그는 썬칩 두 봉지를 들고 왔다. 그날은 이 책을 위한 첫 인터뷰이자, 카톡으로 먼저 이야기 나누었던 책의 기획을 다시 한 번 설명하는 날이었다.

앞선 대화는 책의 기획을 설명하기 시작한 지 5분쯤 되었을 때 나눈 것이다. 그는 자신의 삶이 왜 중요한지, 그게 책으로 기록될 만한 가치가 있는 것인지 납득하지 못하는 듯했다. 여러 사람 중 한 사람으로 책에 들어가는 것도 아니고 오직 자기 한 명에 대한 책이라는 점에서 더욱 그랬다. 물론 그는 이미 인터뷰에 응한 상태였지만, 책의 구성이 뚜렷이 잡히지 않은 상태에서 이 작업의 필요성을 그에게 충분히 설득하기가 쉽지는 않았다. 그리고 지금, 나는 당신에게 이 책을 끝까지 읽어달라고 설득해야 한다.

일단 나와 우진의 관계를 먼저 설명해야 할 것 같다. 1995년생으로 동갑인 나와 우진은 같은 중학교를 졸업했지만, 친해진 것은 수험 생활 중 동네에서 우연히 마주친 이후였다. 걸어서 10분 거리에 사는 우리는 그때부터 지금까지 10년 동안 친구로 지내면서 많은 대화를 나누었다. 둘 다 MBTI의 중간이

NT라는 사실은 'F들과 친해지기 어렵다'는 이야기로 이어졌고, 성격도 성향도 비슷하다는 공감대를 만들어주었다. 우진에 대한 설명을 여기서 먼저 상세히 하지는 않으려 한다. 내가 그의 정보를 요약하여 제시하기보다, 그의 이야기를 통해 독자가 서서히 우진의 초상화를 머릿속에 그릴 수 있기를 바라기 때문이다.

그는 나를 '대나무숲'이라고 부른다. 자신이 평상시에 가족이나 다른 공동체에서 할 수 없는 이야기들을 나에게는 하기 때문이다. 대표적으로 '돈'과 '여자'에 대한 이야기가 그렇다. 그러나 좋아하는 여자에 대한 이야기는 할지언정 섹스에 대해 무언가를 묻거나 말하지 않는 것은 아마 그에게 내가 페미니스트로 인식되기 때문일 것이다. 그가 책을 읽고 글을 쓰고 싶다 했을 때 나는 그에게 도움을 준 적이 있는데, 그때 내가 제안한 책의 목록에는 『양성평등에 반대한다』[*] 『시스터 아웃사이더』[**]와 같이 페미니즘을 다루는 책들이 포함되어 있었다. 우진이 나의 이런 면에 대해 거부감을 드러낸 적은 한 번도 없지만, 내가 읽고 쓰는 글들이 그에게 그리 익숙한 내용은 아니었다. 페미니즘이라거나, 장애인권이라거나, 퀴어라거나…. 하지만 그는 기본적으로 열린 태도를 가진 사람이었고, 나는 이런

[*]   정희진 엮음, 권김현영·루인·류진희·정희진·한채윤 지음, 교양인 2016
[**] 오드리 로드 지음, 주해연·박미선 옮김, 후마니타스 2018

이야기들을 조금씩 그에게 꺼낼 수 있었기에 우리의 관계는 지금까지 이어질 수 있었다.

　　우리는 가끔 동네 커피빈에서 만나서 떠들었고, 코로나 팬데믹 시기부터는 아침마다 만나서 때로는 동네에서, 때로는 조금 멀리 나가서 한 시간 안팎, 혹은 그보다 길게 조깅을 했다. 같은 스마트워치를 끼고 기록 경쟁을 했다. 그 과정에서 나는 어렴풋이, 우진의 삶이 어떤 면에서 지금의 한국 사회를 살아가는 청년 남성의 삶의 전형을 따르는 동시에, 극단적으로 튀는 지점이 있다고 느꼈다. 그리고 나와 친하고 나에게 좋은 친구인 그를 단지 '한국 청년 남성'이라는 넓은 틀로만 재단하고 싶지 않다고 생각하고 있었다.

우진　세계 최초 자살 유예다. 스스로도 신기하다 생각했어. 이게 사람이 그렇잖아. 그 모순된 마음 알지? '뒤져야겠다' 했는데 또 씨발 '살고 싶어, 살고 싶어'. 근데 이게 매일 공존하니까 열받는 게 뭔지 알아? 아무것도 못해. 생각이 '죽어야겠다'랑 '살고 싶어' 사이에서만 계속 돌아. 그러니까 개빡치는 거야. 근데 내가 효율 얼마나 중시하는지 알지? 그래서 열받아가지고. 이럴 바에는 그냥 죽는 날 잡아놓고 생각하자. 자살을 고정해놓고 유예를 해보자. 이렇게 하니까 기가 막히게 고민이 사라졌어.

2024년 1월 초, 새해를 맞아 우진을 만난 자리에서 나는 그의 계획을 들었다. "자살 유예" 계획. 일명 '폭탄 목걸이'였다. 그는 이것이 온라인 게임 〈리그 오브 레전드〉에 등장하는 '긴급 구제'라는 기술에서 따온 것이라 했다. 나도 그도 이 게임을 하지는 않지만, 그는 유튜브를 보다가 '폭탄 목걸이'에 대해 알게 되었다. 그의 설명에 따르면 그것은 캐릭터의 체력이 너무 낮아서 죽기 직전인 상태에서 사용하는 기술로, 이 기술을 사용한 뒤 일정 시간 안에 적을 처치하면 살 기회를 한 번 더 얻는 것이라고 했다. 우진은 "살고 싶으면 싸우세요."라는 대사를 듣자마자 자신의 삶에 적용했다. 그에게 폭탄 목걸이는 죽어야겠다는 생각과 그럼에도 살고 싶다는 마음이 빚어내는, 아무것도 하지 못하는 교착 상태에서 벗어나기 위한 수단이었다.

　　효과가 지속되는 시간, 적을 처치하면 살 기회가 생긴다는 조건이 정해져 있는 폭탄 목걸이처럼, 그는 아주 구체적인 날짜와 조건을 정해두고 자살을 결심한 상태였다. 인문 계열 학부를 다니다가 자퇴한 그는 코딩을 공부해서 자신이 구상하고 있는 프로그램을 특정한 날짜까지 만들겠다는 목표를 세웠고, 이 목표를 이루지 못할 경우 이번에야말로 자살을 실행하기로 결심했다고 내게 말했다. 평소 말을 허투루 하지 않는 그가 담담하게 자신의 계획을 이야기할 때, 나는 진심을 느꼈다. 우진이 목표를 달성하지 못해서 자살을 실행에 옮긴다면, 그 전에 나는 그를 위해 무엇을 해줄 수 있을까? 아니, 그 이전에, 어떻게 하면 그가 자신의 계획을 재고하게 할 수 있을까?

어설프게나마 할 줄 아는 것이라곤 다른 이의 이야기를 듣고 그것을 해석하여 글로 옮기는 것뿐인 나는 우진을 인터뷰하기로 했다. 그 과정에서 나누는 대화들이 그의 마음을 돌릴 가능성을 염두에 두고, 동시에 어떤 방식으로든 사회에 더 나은 '기여'를 하고 싶어했던 그의 마음을 고려하며, 나는 우진을 인터뷰하고 그것을 통해 한국 청년 남성의 삶에 관한 논의에 개입하고 싶다는 나의 욕심을 정당화했다(우진은 이제 그런 마음이 없다고 강조했기 때문이다). 나는 이 욕심을 우진에게 말했고, 그는 재밌겠다며 인터뷰에 응했다. 자신은 '재미충'이라서 재밌는 건 다 해봐야 한다고. 우진은 책이라는 매체로 '광역 어그로'를 끌 생각에 두근댄다고 말했다.

나의 욕심을 조금 더 구체적으로 적어보자. 친구의 삶을 기록하고 싶었던 것은 그 작업을 통해 지금 한국에서 살아가는 청년, 특히 청년 남성의 삶 안에서 어떻게 우울과 강박이 만들어지는지, 그것을 극복하려는 시도가 어떻게 좌절되는지, 그 상황들을 우리가 이해하는 데 도움이 될 것이라고 생각했기 때문이다. 서울 자가에서 부모님과 함께 사는 중산층 청년 남성이라는, 많은 이들에게 너무도 안락해 보이는 조건을 갖추었어도 마음이 오랜 시간에 걸쳐 마모되면서 실존적 빈곤을 경험할 수 있다는 것이 내게는 중요했다.

　　그는 수능에서 수차례 미끄러지고, 연애를 시도하지만 반복적으로 실패하고, 만족스럽지 못한 대입 이후 대학을 자퇴하고, 취업을 시도하는 대신 주식 투자 등으로 살 길을 찾으려다가 이제는 개발자가 되어보려고 공부를 하고 있다. 그리고 그 중심에는 우울과 강박이 있다. 그의 우울과 강박은 대입, 군대, 대학 자퇴와 '모태솔로' 등으로 구성된 삶의 경로 안에서 만들어졌고, 동시에 대입을 계속 시도하게 하고 군대 내에서 생활을 어렵게 하며 대학을 자퇴하도록 하기도 했다. 그는 사회에서 '1인분'을 함으로써 우울증과 강박을 극복하고자 했다. 그가 선택한 것은 주식 투자였고, 절반의 성공과 절반의 실패를 경험했다. 그리고 그는 이제 죽기 전 마지막 목표를 달성하기 위해 코딩을 배우기 시작했다.

　　우진과 몇 년 동안 나눈 대화들을 정리하며 입시, 군대, 연애, 주식과 코딩이라는 단어들이 떠올랐다. 그러나 나는 이 단어들 중 하나를 그의 삶의 중심에 놓고 싶지 않았다. 오히려 이 모두를 관통하는 단어로 우울과 강박을 두고 싶었다. 한국의 교육 정책이나 군사주의, 성차별과 금융 자본주의, 신자유주의는 모두 중요하지만, 나는 그것들이 한 사람에게 켜켜이 쌓여 어떤 삶을 만들어내는지에 초점을 맞추고 싶었다. 그리고 이것은 내가 더 나은 삶을 살고자 분투하는 아픈 사람이라는 사실과 관련이 있다.

2014년 7월, 재수학원에서 한창 공부를 하던 중에 나는 크론병을 진단받았다. 크론병은 면역 체계에 원인 모를 이상이 생겨서 나를 보호해야 하는 면역세포가 오히려 나를 공격하는 자가면역질환의 일종이며, 자가면역질환이 으레 그렇듯 크론병 또한 그리 흔하지 않고 완치가 되지 않는다. 무엇보다도 증상의 범위가 굉장히 넓고, 언제 어떻게 아플지 알 수 없어서 내 몸 상태에 대한 예측과 통제가 어렵다. 나는 이런 나의 몸에서 출발하여 대학 안팎에서 장애인권 활동에 참여했고, 질병과 장애의 경계, 아픈 사람의 삶과 이를 둘러싼 사회에 대한 글을 쓰기 시작했다.

이 책의 기획도 나의 질병과 관련된 경험을 다루는 한 편의 칼럼으로부터 나왔다. 내가 2022년 9월에 쓴 「질병갓생」이라는 칼럼의 내용을 요약하면 다음과 같다. 당시 나는 대인관계에서 느끼는 불안과 그로 인한 불면을 겪으며 오랜만에 다시 정신과를 찾았는데, 거기서 받아 온 약의 부작용 탓에 갑자기 아침형 인간이 되어버렸다. 그래서 이 기회에 '갓생'을 살아보려 했지만, 그 시도는 결국 다른 질병으로 이어졌다. 그래서 나에게 질병갓생은 아픈 사람도 '노오력'해서 갓생 살 수 있다는 의미가 아니다. 아파도 놓을 수 없는 건강에 대한 욕구, 이따금 보이는 희망에 사로잡혀 또 다른 질병의 굴레로 들어가는 어리석음, 이런 일들을 겪었음에도 여전히 존재하는 '갓생'에 대한 동경… 이 모든 게 지저분하게 엉겨 있는 팥죽 같은 질감의 감각이 질병갓생이다.

많은 사람이 질병을 겪으며 살고 있다. 많은 사람이 더 나은 삶을 꿈꾸며 살아간다. 그리고 당연히, 아파도 더 나은 삶을 살고 싶은 마음이 있다. 질병을 겪으면서도 더 나은 삶, 혹은 '갓생'을 살고자 하는 우리의 욕망과 희망은 뜻대로 되지 않는다. 그것은 다양한 방식으로 좌절되고, 이 좌절은 우리의 질병을 악화시키거나, 또 다른 질병으로 이어지기도 한다. 질병이 있어서 더 나은 삶을 살기가 어려워지는 건지, 더 나은 삶을 살고자 하는 시도들이 질병으로 이어지는 건지, 무엇이 먼저인지 알 수가 없다.

내가 이 책을 통해 하고자 하는 것은 연구가 아니다. 나는 친구와 대화를 나누려는 것이다. 이것은 '우울과 강박을 경험한 90년대생 청년 남성'으로서 우진을 섭외하여 진행하는 인터뷰가 아니다. 거꾸로, 이것은 우진과 대화를 나누며 지낸 10년 동안 그의 감정과 선택들을 이해하고자 내가 배운 것들을 동원하는 과정이다. 사회를 이해하고 바꾸기 위해 우진의 이야기가 필요하다기보다, 우진을 이해하고 그의 마음을 바꾸기 위해 사회가 필요했다. 이것은 우진에게 책의 기획을 설명할 때

살고 싶으면 예우세요

숨긴 이야기지만, 내가 쓴 글을 읽고 우진이 직감적으로 알아챈 것이기도 하다. 그를 강하게 비판하면서 쓴 글에서조차 그런 마음이 느껴졌다는 게 어떤 의미인지, 나는 여전히 잘 모르겠다.

이 책은 우진만을 인터뷰해서 썼고, 그에게 어떤 이야기를 하고자 한다는 점에서 한 권의 책보다는 한 편의 긴 편지에 가까울지도 모른다. 하지만 이것은 우진에 대한 이야기만은 아니다. 이것은 기본적으로 대화를 나누는 두 사람인 우진과 나에 대한 이야기이며, 내가 우진의 삶을 이해하고자 노력할 때 참조하는 얼굴 모를 수많은 사람에 대한 이야기다. 이것은 우진의 우울과 강박, 실패와 패배감, 그리고 여기서 벗어날 수 없다는 감각에 대한 이야기지만, 아니, 바로 그렇기에 사회에 대한 이야기이고, 사람들 사이의 관계에 대한 이야기다. 이러한 맥락에서 나는 이것이 우정에 대한 이야기가 되기를 바란다. 두 사람 사이의 관계에서 출발하여 우정이 만들어내는 사회, 그리고 우정을 만들어내는 사회를 함께 고민하고 싶다. 이때 우정은 우리 안에 있는 감정보다, 우리 사이에서 오가는 사소한 말 한 마디, 손짓과 표정 하나까지 포함하는 행동이자 실천에 가깝다.

친구가 된다는 것, 친구로서 곁에 머무른다는 것은 무슨 의미일까. 친구로서 친구에 대해 책을 쓴다는 게 어떤 의미인지, 사실 시작할 때는 잘 몰랐던 것 같다. 인터뷰를 하고, 글을 쓰고, 그 글을 우진에게 보여주고 감상과 반론을 들으면서, 그제야 나는 친구에 대해 책을 쓴다는 게 어떤 의미인지 알아갔다. 우진 또한 마찬가지였다. 오래된 친구이기 때문에 나눌 수 있는 이야기가 있는 동시에, 오래된 친구이기 때문에 앞으로의 관계(혹은 그를 내가 기억하는 방식)를 생각해서 나눌 수 없는 이야기가 있었다. 그냥 대화가 아니라 글로 남는 것이기에, 친구라는 사적인 관계와 책이라는 공적인 매체의 불편한 동거가 시작되었다.

　　나는 이야기를 시작하기 전에 우리가 함께 어떤 태도를 공유하기를 바랐다. 그건 망설임이다. 나는 이 태도를 책의 형식으로 보여주고 싶었다. '들어가며' 앞에 '망설이며'가 필요하고, 'ㅇ장' 앞뒤에 'ㅇ장에 앞서'와 'ㅇ장에 부쳐'가 필요하고, '나가며' 앞에 '더듬거리며'가 필요한 것은 그런 이유다. 어쩌면 각 장보다 중요한 건 그 앞뒤에 붙어 있는 사족일지도 모르겠다. 그것은 완성된 글보다는 거대한 각주에 가까운 듯하다.
　　대학원 수업에서 각주에 대한 이야기를 들은 적이 있다. '무엇이 각주가 되느냐'는 흥미로운 질문이라고. 본문의 흐름에는 필요 없는데, 글쓰는 사람이 영영 포기할 수 없는 것이 각주다. 불필요하다고 생각되면 굳이 쓸 필요가 없으니까. 글에 잘 녹아들지 않지만, 어떻게든 읽혔으면 좋겠다는 정념의 산물이 바로 각주다. 이 각주들은 독자에게 망설임을 요청하는 것이기도 하지만, 독자 이전에 우진을 빠르게 판단하고 글을 써낸 뒤 반론을 마주한 나를 위해 필요한 것이기도 했다. 망설임은 더 정확하게 듣고 쓰기 위해 필요했다. 그리고 나는 정확성과 윤리 사이에 단단한 관계가 있다고 믿는다. 이를 위해 나에게는 이 거대한 각주들이 꼭 필요했고, 그것에 본문과 같은 위상을 부여해야 했다. 본문을 읽기 전에 내가 전하고 싶은 말, 본문을 읽은 후에 우진의 입장에서 본문을 반박하거나, 보완하기 위해 필요한 말로서의 각주. 앞서는 글은 나의 노파심이고, 부치는 글은 우진의 자리다.

무엇보다도 이것은 우진의 방들에 대한 이야기다. 그의 표현을 그대로 빌리면, 우진은 대화를 이어나가면서 기억을 되짚을 때마다 자기 안의 불 꺼진 방들을 발견했다. 스스로 잠그고 나와서 자신조차 그 안에 무엇이 있었는지 정확히 기억하지 못하는 그런 방들. 학창 시절에 대해, 혹은 그보다 어린 시절에 대해 물었을 때도, 수험 생활에 대해 자세히 물었을 때도, 우울과 강박을 처음 경험한 게 언제였는지 물었을 때도, 그는 잠긴 방문들을 더듬거려야 했다. 방 안에 또 방이 있었다. 무수히 이어진 방들 안에서 우리는 함께 헤맸다. 지금의 사회가 우리에게 만들어내는 건 그런 방들의 미로인 걸까.

우리는 지금 우진의 방 앞에 함께 서 있다. 나에게도 우진의 어떤 면들이 불편하고, 동의할 수 없는 것처럼, 이 글을 읽고 있는 당신에게도 우진은 때로 싫고, 거리를 두고 싶은 사람일 것이다. 그러나 우진은 그렇게 낯선 사람이 아닐 것이다. 나는 우진에게서 다른 수많은 친구를, 인터넷의 수많은 계정을 떠올린다. 그리고 거꾸로, 수많은 이에게서 우진을 본다. 그래서 더더욱 우진에게 친구로서 다가가는 과정을 책으로 담고 싶었다. 우리가 누구와 함께 살아갈지 결정할 수 없다면, 이미 이곳에 함께 있는 우리는 더 잘 함께하기 위해 무엇이 필요한지 고민해야 할 것이다.

그 누구도 자신의 이야기를 모두 꺼내지 않기에 그 누구도 상대를 충분히 이해할 수 없다. 그리고 그 누구도 상대를 충분히 이해할 수 없기에 그 누구도 자신의 이야기를 모두 꺼내지 않는다. 이해의 불가능성과 침묵 혹은 생략은 그런 순환 구조 안에 있다. 상대의 감정과 삶을 넘겨짚는 일은 이 순환 구조에서 서로에게 다가가기 위해 일어날 수밖에 없다. 그래서 넘겨짚기는 폭력적이면서 윤리적인 행위다. 나 또한 이 책을 쓰면서 우진이 결국 꺼내지 않은 이야기들을 넘겨짚을 수밖에 없었다. 거대한 각주들에는 이 넘겨짚기를 조심스럽게, 잘해보고 싶은 마음이 담겨 있다.

책의 형식 때문에 흐름은 중간중간 끊길 수밖에 없지만,

바로 그 끊김, 덜컹거림, 울퉁불퉁함이 우리를 잠시 멈춰 세우고 망설이게 만들기를 바란다. 우리도 우리를 모르는 만큼, 아마 당신도 그럴 테니.

　　방 앞에서 오랜 시간을 보냈다. 이제는 문을 열고 들어가야 할 때가 된 것 같다.

1 장에 앞서, 친구로서 친구에 대해

쓰기

친구로서 친구의 삶을 글로 쓴다는 건 어떤 의미일까? 이것은 연구가 아니지만, 나는 기본적으로 타인의 삶을 글로 옮기는 인류학 연구자로서 훈련 과정을 밟고 있다. 책을 쓰는 과정에서 지켜야 하는 윤리도 기본적으로는 연구 윤리에 바탕을 두고 있다. 그렇다 보니 이전에 연구 방법론에 관한 책에서 읽은 우정과 연구의 딜레마가 떠오른다. 친구로서는 쓰면 안 되지만 연구자로서는 써야 하는 이야기, 혹은 "알고는 있지만 차마 쓰지 못하는 이야기"가 존재한다는 것이다.[*]

물론 이것은 친구로서는 옹호하고 연구자로서는 비판해

야 한다는 이야기가 아니다. 그럼에도 나에게 우진은 연구 참여자이기에 앞서 친구이기 때문에 더욱 그가 오해받지 않도록 조심하고, 관계의 미래를 고민하는 경험들이 있었다. 하지만 한편으로 이런 생각도 든다. 정말 친구라면, 그리고 서로 간에 신뢰가 있다면, 비판할 것은 비판할 수 있어야 하지 않을까?

문제가 있다면 이것은 대화가 아니라는 점이다. 대화와 달리 책은 기록으로 남는다. 그리고 대화와 달리 우진은 내 글을 끊고 반박을 할 수도 없다. 글에는 어느 정도 일관성과 흐름이 있어야 하고, 나는 책에 대해 저자로서 책임감을 갖고 임해야 하기에 내가 우진으로부터 지켜내야 하는 것 또한 존재한다. 그렇다면 이러한 불균형을 어떻게 해결해야 할까?

나는 매 장이 끝날 때마다 일종의 '반론 지면'을 우진에게 주기로 했다. 그가 직접 쓰는 게 아니라, 해당 장에 대한 그와 나의 대화를 내가 다시금 그의 입장에서 정리해서 쓰는 것이다. 기본적으로 저자가 나인 상황에서 책의 통일성을 지키고 싶었고, 연구자로서 훈련을 받고 있고 글을 쓰는 게 직업인 나의 글과 우진의 글이 대등한 비중으로 읽힐지 염려스럽기도 했다. 글은 자주 무기가 된다는 사실을 감안해야 했다. 그와의 인터뷰뿐 아니라 그의 반론까지도 사람들에게 잘 읽히고 이해될

*   정진웅·한경구·황익주·이용숙·이수정 지음, 『인류학 민족지 연구 어떻게 할 것인가』 일조각 2012, 257쪽.

1장에 앞서,

수 있는 형태로 가공하는 것이 나의 역할이라고 믿는다.

　　반론 지면은 처음부터 염두에 두고 있었지만, 사실 그것을 우진이 정말 원할지는 확신이 없었다. 내가 느끼기에 그는 대체로 나의 말에 동의하는 편이고, 나에게 비판받는 것을 꺼리지 않는 편이기 때문이다. 그러나 나도 예감한 걸까? 1장을 쓰는 중에 나는 그에게 연락했다. 우리는 '원하지 않는 이야기가 실리는 것'에 대해 이야기를 나누었다. 그에게 말했다. 네가 읽고 기분이 나쁘거나 동의할 수 없는 내용이 있을 수 있는데, 그걸 빼기보다는 반론 지면으로 다루면 좋겠다고. 그리고 이 글을 쓰는 지금, 나는 우진에게 1장의 내용이 기분 나쁠 것이라고 꽤 확신하고 있다(여기서 나는 우진을 어떤 사람으로 그려내고, 또 넘겨짚고 있는가).

　　대학교 신입생 때 철학 교양 수업에서 선생님은 왜 사랑에 대한 이야기를 한 철학자가 많지 않은지 아느냐고 물었다. 우리가 멍한 표정으로 앉아 있자, 선생님은 스스로 답했다. 사랑에 대한 이야기를 하면 자신의 밑바닥이 드러나기 때문이라고. 나는 연애와 섹스에 대한 이야기도 비슷하다고 생각한다. 사랑이든, 연애든, 섹스든, 시대와 문화마다 다른 방식으로 이해된다. 하지만 그것은 동시에 우리의 몸과 느낌에 관련된 문제이고, 마음의 깊은 부분에 침투하는 문제다. 그것은 때로 수치스럽고, 떨리고, 화가 나고, 짜릿하고, 아픈 이야기다.

1장은 폭탄 목걸이를 건 우진의 강박적인 '번호 따기'에 대한 이야기를 담고 있다. 그리고 나는 비겁하게도 인터뷰 중에 그에게 내지 못한 화를 글로 내기도 한다. 이 글을 쓰는 동안 나는 연애를 한 번도 해본 적이 없는 사람, 소위 '모태솔로'에 대한 통념으로 회귀하기도 하고, 그 와중에 돌출되는 우진의 개별성을 찾으려고 노력하기도 했다. 결론부터 말하면, 그의 삶에서 '모태솔로'라는 경험은 그가 타자와 친밀한 관계를 맺을 가능성 자체를 상상할 수 없도록 이끌었고, 이는 타인과의 접촉인 '번호 따기'조차 자신만의 경험으로 만들기에 이르렀다. 그리고 나는 나의 이러한 해석을 우진에게 보여주는 것이 조금 두렵다. 그럼에도, 이야기를 시작해보자.

1장에 앞서,

1^장

여자, 보다는
자기 자신에 대한

실
험

" 무엇을 해도 정답에 근접할 수 없다고 느꼈다. **"**
선택하는 모든 것이 오답이었고, 내가 선택한 것
들로, 나는 선택받지 못하는 남자가 되어버렸다.

우진의 삶을 이해하기 위해 나에게 필요한 언어는 무엇
일까? 나는 우리가 그동안 나눈 대화들을 떠올리며 몇 개의 키
워드를 뽑아내기 시작했다. 사실, 오랫동안 나는 그에게 '돈'과
'인정'이 가장 중요한 가치라고 생각해왔다. 하지만 얼마 남지
않았을지 모르는 우진의 삶을 이해하기 위해 '연애', 그리고 '섹

스'라는 키워드가 중요하다고 느낀 것은 그가 거리에서 자신의 이상형인 여성들에게 '번호 따기'를 여러 차례 시도했다는 이야기를 꺼냈을 때부터였다. 여자, 연애, 섹스 같은 키워드는 다른 이야기를 할 때도 반복적으로 계속 등장했다.

우진은 죽기 전까지 '남에게 피해를 주지 않고, 법을 어기지 않는 선에서' 자신이 하고 싶은 것을 모두 해보기로 했다며, 버스나 지하철, 거리에서 자신의 이상형인 여성을 마주칠 때마다 번호를 물어보기 시작했다. 2024년 2월, 첫 시도에서는 상대의 번호를 물어봤지만, 그다음부터는 상대가 불편하게 느낄 것을 감안하여 자신의 번호를 자신에 대한 간략한 설명과 함께 종이에 적어서 건네고 연락이 오기를 기다렸다. 24시간이 지날 때까지 연락이 오지 않으면 실패했다고 간주했다. 소위 '번따'가 정말 피해를 주지 않는 것인지도 따져봐야 할 문제지만, 그보다 나는 우진에게 '여자'란 도대체 무엇인지 알아보고 싶어졌다.

일단 그에게 여자는 금기였다. 지금도 일요일마다 교회에 성실하게 나가는 그에게 개신교는 모태신앙이다. 그는 성인이 되기 전까지는 혼전순결을 지키겠다는 마음도 확고하게 갖고 있었다. 고등학교 3학년 때 수능이 끝난 직후 학원에서 알고 지낸 한 여학생에게 고백을 받았지만 거절한 이유 중에도 혼전순결이 있었다. 자신은 혼전순결을 지키고 싶은데, 연애를 하게 되면 자신이 섹스에 대한 욕구를 절제하지 못할 것 같았다고 했다. 물론 내가 좀 더 따져 묻자 그는 그 여학생의 얼굴도 자기 취향이 아니었다고 대답했다. 재수도 이미 확정된 상황이었기 때문에, 여러 이유가 겹쳐서 그는 처음으로 찾아온 연애의 기회를 거절했다.

남들 입에 오르내리는 걸 굉장히 꺼리고, 속해 있는 공동체가 교회뿐인 그에게 '여자'는 쉽게 꺼내기 어려운 대화 주제였다. 그의 말에 따르면, 교회 공동체에서 여자와 돈, 술에 대한 이야기는 아예 다루어지지 않는 것은 아니지만 다소 꺼려진다. 너무 세속적이라는 것이다. 물론 거기서도 남자들이 모여 있으면 여자들에 대한 이야기가 나오지만, '누가 어떻더라' 정도일 뿐 성적인 것에 대한 이야기는 전혀 꺼낼 수 없는 분위기다. 그가 술을 대단히 좋아하지는 않아서 술에 대한 금기는 큰 문제가 아니었다. 하지만 여자와 돈에 대해 이야기를 나눌 수 없다는 점은 굉장히 답답해했다(돈에 대해서는 뒤에서 다루기로 한다). 이전에는 여자나 섹스에 대한 이야기를 나누는 친구가 한 명 정도 있었지만, 지금은 사실상 없다고 한다.

나와 대화를 나눌 때도 관심 있는 여자가 생겼다거나, 누가 자신에게 관심을 보이는 것 같다거나 하는 정도의 이야기를 했을 뿐, 섹스에 대한 이야기를 나눈 적은 없다. 나는 이것이 우리 사이에서 일종의 '금기'라고 느꼈다. 함께 걸으면서 내가 우진에게 '너는 왜 연애를 하고 싶냐'고 물었을 때, 그는 자기도 잘 모르겠다고 말하면서 '그냥 섹스를 하고 싶은 건 아니야'라고 대답한 적이 있다(아마 그는 연애를 왜 하고 싶냐는 나의 물음을 일종의 추궁으로 받아들였을지 모른다). 나는 이것도 그의 진심이었으리라고 믿지만, 동시에 그는 내가 섹스에 대한 그의 욕구를 저급하거나 부적절하다고 여길 위험을 걱정하고 있는 듯했다. 여기에는 그의 신앙과 더불어 페미니스트인 친구와 섹스에 대한 이야기를 나눌 수는 없다는 부담감이 이중의 압력으로 작용한 것 아닐까?

연애를 중심 키워드로 삼아 인터뷰를 시작하자, 그는 얼마 지나지 않아 섹스에 대한 욕구를 언급하기 시작했다. 인터뷰가 끝난 이후에도 카톡으로 우리는 관련된 대화를 종종 나누었다. 그 순간에 그에게 나는 페미니스트이기보다 남성이었을까? 알 수 없다. 중요한 사실은 섹스가 지금 그를 이해할 때 가장 필요한 단어 중 하나일지 모른다는 것을 알게 되었다는 점이다.

오전 1:09 우진 : 답은 섹스인가?

오전 1:09 우진 : 이 생각 요즘 많이함

오전 1:09 우진 : 지금 장난치는거 아님 ㅇㅇ

아직 일교차가 커서 옷을 고르기 어려웠던 4월 초, 나는 우진과 카톡으로 그저 평범한 대화를 나누다가 어느새 인터뷰를 진행하고 있었다. '1'이 바로바로 사라지는 대화가 시작된 지 한 시간 정도 되었을 때, 그는 "답은 섹스인가?"라고 말했다. 그는 이후에도 이 말이 장난스러운 것이 아님을 두어 차례 더 강조했다. 이 말은 '폭탄 목걸이'가 풀리는 조건에 대한 대화 중에 나온 것이었다. 이 말을 이해하려면 만나서 나눈 대화 중 나온 이야기를 먼저 이해해야 한다.

희제 재수 때는 공부 때문에 안 사귀었잖아. 근데 지금은 네 목숨을 걸어놓은 상태인데 사귈 거야?

우진 목숨 건 거랑 사귀는 거랑 상관없지 않을까 생각이 들더라고.

솔직하게 말하면, 이 말을 들은 순간에 나는 조금 화가 났다. 그에게 연애가 상대와 나의 문제가 아니라 오로지 자신의 마음 문제라고 느껴졌기 때문이다. 너무 무책임한 것 아닌가? 바로 다음에 내가 뱉은 말들에 감정이 실리기 시작했다.

희제 아니, 봐봐. 2024년 12월 31일, 이때를 데드라인이라고 쳐보자. 근데 만약 네가 번따를 6월 30일에 성공했어. 그럼 반 년 뒤에 너는 뒤질 거래매. 사귈 거야?

우진 근데 상관없지 않나라는 생각이 들더라고.

희제   그게 왜 상관이 없어? 저 사람 입장에서는 만난 지 6개월 만에 갑자기 자기 남자친구가 사라지는 건데.

우진   아니 근데, 6월 30일? 와 이거, 이 생각 못 했다. 나는 지금 기준으로 3월이라고 생각했거든. 근데….

희제   3월이라고 해도 1년을 못 가는 거잖아.

우진   똑같아. 똑같은데, 드는 생각이, 사귀고 난 다음에 심경 변화가 생길지 안 생길지는 모르겠다. 그건 알 수가 없다. 알 수가 없다.

희제   폭탄 목걸이를 벗을 수도 있고 안 벗을 수도 있는 거야?

우진   어. 그것도 모르는 거지. 맞아. 모르는 거지.

희제   그러면 안 변하면은, 폭탄 목걸이를 낀 채로 계속 만나면, 여자친구는?

우진   근데 나는 지금 솔직하게 여기까지는 생각 안 해봤거든? 여기까지는 나도 생각을 안 해본 건데, 나도 지금 너랑 대화하면서 깨달은 게 있어. 내가 폭탄 목걸이를 걸면서 연애를 한다는 생각을 안 해봤구나. 그러니까 번따는 시도하는데 마음속에 번따가 성공한다는 생각을 안 하고 있나 봐. 마음속에 그러니까 무의식 중에 '이게 되겠냐?'라는 생각으로 살고 있나 봐, 지금. 아, 그러네.

나는 그가 번호를 따고, 성공하고, 만나서 대화를 나누다가 연애를 하는 그런 흔한 각본을 따라가보고 싶은 것이라고 예상했다. 그런데 어딘가 이상하다. 번호를 따는 데 성공할 것이라는 생각을 안 했으면서 번호를 계속 딴다니? 그는 폭탄 목걸이를 건 뒤에 두어 달 동안에만 '번따'를 예닐곱 번 정도 시도했다. 평생 중 2016년에 딱 한 번 시도해봤다는 것을 감안하면, 그리고 평소 인간관계에 소극적인 편인 우진의 성격을 고려하면, 이것은 내가 생각하기에 '정상적인' 상황은 아니었다. 그런데 성공할 것이라는 희망도 없이 계속 '번따'를 하고 있었다니, 나는 이 상황을 이해해봐야 했다.

희제 그러면 다시 한 번, (번따를) 왜 하는 거야? 연애하려고 하는 거 아니야? 나는 한 번도 안 해봐서 몰라.

우진 진짜 나 이거 왜 하지? 진짜 왜 하고 있지? 잠깐만, 진짜 왜 하고 있지?

희제 연애를 생각하지 않고 번호를 딴다는 거는 무슨 말이야?

우진 나 이건가 봐. 이게 가능한가를 확인해보고 싶은가 봐. 그냥 어, 그건가 봐. 이게 되는 건가? 일종의 모의고사 같은 거지.

희제 그럼 어디까지 상상해봤어? 연락 오는 데까지?

우진 딱 거기까지.

희제 그 이후는 아예 생각을 안 해봤어?

우진 어, 안 해본 것 같아. 안 해본 것 같아.

희제 근데 그 이후가 중요한 거 아니야?

우진 그 이후가 중요한데, 그런데 마음속에 '이게 되겠냐?'라는 게 되게 큰 것 같아. 물론 되면 좋겠지만. 이건 좀 이중적이기는 하네.

희제 나는 그런 생각이 들면 안 하거든?

우진 근데 아까 얘기했잖아, 그치? 그치, 그게 사실 상식적이야. 그게 일반적인데.

희제 실험을 해보고 싶었다고?

우진 어. 그거 같아. 아까 말했잖아. 이거 진짜 실험이라고. 그러니까 제정신이 아닌 것 같아, 지금. 그러니까 오히려 연락이 오면 당황할 것 같아. 이게 왜 오지?

　　여기서 잠시 우진의 '실험'에 대해 설명해야 한다. 그는 '번따'를 일종의 '재밌는 실험'으로 생각하고 있기 때문이다. 그리고 그에게 이 실험은 "지나간 기회들에 대한 아쉬움"에서 비롯된 것이었다. 첫 번째 기회는 앞서 언급한, 재수를 앞두고 고백을 받았던 것이다. 그러나 그것은 아주 크게 아쉽지는 않았다. 상대가 자신의 취향이 아니었고, 여러 상황이 겹쳤지만 어쨌든 직접 거절한 것이었기 때문이다. 두 번째 기회는 재수를 망친 이후 삼수를 준비하던 기간에 찾아왔다.

우진은 당시 집에서 멀지 않은 한 식당에서 서빙 알바를 하며 학원비를 마련하고 있었다. 그런데 어느 날, 남자 한 명과 여자 한 명이 와서 술을 마셨는데, 여자 손님이 우진에게 말을 걸기 시작했다. 그 "예쁜" 여자 손님은 별 이유도 없이 우진을 부른다거나, 우진을 불러서 반찬을 한 입 먹여준다거나, 술을 권한다거나 했는데, 나중에는 알바가 몇 시에 끝나냐며 끝나고 술을 같이 마시러 가자고 했다는 것이다. 그러나 우진은 이것이 "함정"처럼 느껴져서 알바가 끝나자마자 도망치듯 귀가했다. 성추행이나 성폭행을 했다는 누명을 쓰고 싶지 않았고, 여전히 혼전순결을 중요하게 생각했기 때문이었다. 그럼에도 이것을 '기회'로 생각한 이유는, 그가 다음 날 출근해서 같이 알바를 하던 다른 형에게 "우리 우진이 기회 놓쳤네?"라는 말을 들었기 때문이다. 우진은 그 손님이 예뻤다는 말을 여러 차례 하며 아쉬워했지만, 시간을 돌려서 그때로 가더라도 여전히 도망쳤을 것 같다고 말했다.

그보다 중요한 것은 삼수 이후 입학한 대학에서 1학년 때 놓쳤다고 생각하는 '기회들'이다. 우진은 삼수를 거쳐 서울 소재의 한 대학에 들어갔고, 1학년 때 인기가 좀 있었다. 당시 우진이 속했던 과는 여초 학과였고, 남녀 성비가 2:8 정도로 불균형했다. 소수의 남학생들 중에서도 몇몇 남학생들은 경솔한 언행으로 '알아서 바닥을 깔아줬다.' 반면 우진은 차분하고 단정한 편이기에, 남학생들 사이에서 차별화될 수 있었을 것이다.

실제로 어떤 여학생들은 우진에게 호감을 표현하기도 했다. 우진이 느끼기에 예쁜 여학생이 몇 명 있었는데, 우진은 이들로부터 "유니콘 같다"거나, "오빠 같은 사람은 본 적이 없다"거나, "멋있다" 같은 말들을 들었으며, 이런 표현들이 자기 해석이 아니라 그들의 말을 직접 인용한 것임을 강조했다. 하지만 우진은 당시 그런 신호를 제대로 알아차리지 못하기도 했고, 학과 안에서 도마 위에 오르는 것이 두렵기도 했다(이는 그가 교회 공동체 안에서 연애를 시도하지 않는 것과 같은 이유다).

그럼에도 우진은 '알 수 없는 것'이라고 말했다. 그런 말을 한 여학생들이 우진에게 좋아한다거나 사귀자는 말을 하지는 않았고, 자신도 그들에게 고백하지 않았기 때문에, 결국 그들의 진심은 알 수 없다는 것이다. 그러나 이후, 나에게도 실시간으로 고민 상담을 했던 두 번의 짝사랑을 경험하고 지금에 이르자, 당시의 경험은 그에게 못내 후회스러운 과거가 되었다. 이러한 놓친 기회들이 그가 '번따'에 강박적으로 집착하는 데 영향을 주고 있는 것 같다. 그러나 왜 그 결과가 하필 '번따'가 되었는지에 대해서는 다른 결정적인 사건을 언급해야 한다.

그는 2016년에 한 교양 수업에서 관심이 생긴 여학생에게 태어나서 처음으로 번호를 물었다. 그의 표현을 빌리면 '최초의 번따'였다. "대차게 까였"다. 그는 여기서 '거절 감정'이 남

여자, 보다는 자기 자신에 대한 실험

았다고 말했다. 이것은 인터뷰 전에 함께 대화를 나눌 때도 여러 차례 등장한 말이었다. 나는 그 표현을 하나의 단어처럼 쓰는 것을 처음 보았는데, 어쨌든 그가 말하는 '거절 감정'은 '이성에게 마음을 표현하고 거절당했을 때 느끼는 감정'이라는 의미였다. 그리고 이 거절 감정은 "번따 하면 마음이 아파"라는 생각으로 이어졌다. 나는 이 지점을 좀 더 파고들어야 했다. 거절 감정 자체가 흔한 것일지언정, 그것이 생기는 이유나 그것이 발휘하는 효과는 사람마다 모두 다르기 때문이다.

나는 그에게 거절당하는 것이 왜 힘든지 물었다. 거절당하면 무슨 생각을 하냐고. 그는 깊이 생각해본 적이 없다고 답했다. 하지만 나는 더 이야기를 듣고 싶었다. 그래서 내가 갖고 있는 콤플렉스들에 대해 말했다. 평소에는 크게 신경 쓰이지 않는 나의 신체적 조건들, 이를테면 작은 키나 적은 머리숱, 얼굴에 있는 트러블 같은 것들은 누군가를 좋아하는 동안에 유독 두드러져 보인다. 상대방에게 내가 못나 보일 뿐 아니라 관리를 잘 하지 않는 지저분한 사람으로 보일까 걱정한다. 내가 갖고 있는 크론병도, 그 때문에 약해진 체력도, 먹을 때 신경 써야 하는 것들도, 소화 기능이 저하되어 걸핏하면 방귀나 트림이 나오는 것도…. 그렇게 나의 이야기를 먼저 시작함으로써 나는 우진의 이야기를 끌어내고자 했다.

나는 키가 165센티미터에 과체중이고, 우진은 키가

170대 초반이고 체중 관리를 열심히 해서 배가 전혀 나오지 않았다. 사실 우리가 같이 운동을 시작한 것도 체중 관리 때문이었다. 그는 샐러드 위주의 식단만 먹으면서 체중을 확실히 감량했지만, 나는 크론병 탓에 식단을 똑같이 따라할 수 없어서 효과가 훨씬 더뎠다. 게다가 불안과 불면 때문에 먹는 정신과 약에 체중이 더 붙는 부작용이 있어서, 함께하던 걷기 운동은 나에게는 그냥 현상 유지 정도로 만족해야 하는 것이었다.

어쨌든, 그는 지금도 주기적으로 달리기 운동을 하고, 매일 팔굽혀펴기 개수를 늘리고 있고, 승모근이 너무 올라와서 몸이 예뻐지지 않을 것에 대비하여 턱걸이는 안 하고 있다. 우진은 이렇게 맨몸 운동을 하면서 몸을 관리하고 있다(헬스장에서는 다친 경험이 있다). 얼굴도 다른 남자들이랑 비슷하거나 조금 나으면 나았지 못하지 않은데, 그리고 연애할 마음도 항상 있었고 그에 따르면 '기회'들도 있었는데 왜 못했을까 계속 궁금해졌다. 거절 감정이라는 것도 이러한 맥락 안에서 생각해봐야 하는 것이 아닐까? 나의 이야기에 우진은 자신도 비슷하게 "What if(만약에)"를 생각하게 된다고 말했다. '내가 얼굴이 더 잘생겼다면, 키가 10센티미터 정도 더 컸다면 어땠을지' 등을 생각한다는 것이었다. 그러나 그는 다음과 같이 덧붙였다. "물론 그건 몰라. 알 수 없지. 알 수가 없잖아. 왜냐하면 그 사람(거절한 사람)이 말해줄 수도 없고 영원히 알 수가 없는 거야."

자신에게 호감을 가졌던 이들도 정확히 어떤 점에 왜 호감을 가졌는지 알 수 없고, 자신을 거절한 이들도 정확히 어떤 이유로 거절했는지 알 수 없다. 그가 그나마 명시적으로 평가를 받았던 것은 "너는 남자 냄새가 없어"라는 말이었다. 평소 알고 지내던 여성의 말이었다. 그는 "남성 호르몬이 부족하다는 거지?"라고 되물었고, 상대는 그렇다고 대답했다는 것이다. 그러나 여전히, 그것이 정확히 무슨 말인지 알 수 없다는 게 우진의 생각이다. 그래서 그는 자신이 좋아하는 여성들에게 성적 어필이 부족한 것 같다고 생각한다. 키인가, 얼굴인가, 어깨인가, 목소리인가, 대체 무엇인가. 그의 말을 빌리면, "결국 알 수 없는 것"이다.

말로는 알 수 없는 것이라고 했지만, 곧 이어진 대화에서 그는 사실 답을 이미 정해놓고 있었다. 우진은 2016년에 있었던 '최초의 번따'를 다시 언급했다. 번호를 물어본 뒤 '대차게 까인' 지 한 달쯤 지났을까, 캠퍼스에서 그 여학생을 다시 목격했다. 그때 그 여학생 옆에 서 있던 남성을 본 이후, 마음을 확실히 접을 수밖에 없었다. 딱 봐도 키가 컸고, 잘생겼으며, 가수 비를 닮았다. 그때 우진은 생각했다. "나는 못 미치는구나." 우진은 이것이 자신에게 거절 감정이 되었다고 말했다. 그러니까 거절 감정은 자신을 거절한 여자로부터 출발하여 그와 함께 있는 남자를 거쳐서 결국 자신에게 향하는 감정이었다. 그는 이것을 "스스로에 대한 아쉬움"이라고 표현하며, 이게 많이 아팠던 것 같다고 말했다. 요컨대 거절 감정은 열등감이나 자격지심에 가까웠다.

그러니까 그에게 이것은 자존감의 문제였다. 우진은 자신이 원래 자존감이 낮았다고 말했는데, 폭탄 목걸이를 건 이후로 변화가 생겼다고 말했다. 자존감이 높아진 건 아니다. 죽기로 결심한 판에 자존감이 높아질 이유가 없다. 자존감의 개념 자체가 사라졌다. 그는 갑자기 실근이 없는 이차함수가 어쩌고 얘기하기 시작했는데, 나는 이게 무슨 말인지 다소 이해하기 어려워서 몇 차례 되물으며 그가 하는 말의 의미를 찾아갔다. 결과적으로 말하면, 폭탄 목걸이를 걸기 전까지 자존감은 계속 떨어지고 있었는데, 폭탄 목걸이를 착용한 바로 그 시점부터 자존감이 '정의되지 않는다'는 것이었다. 낮은 것도 높은 것도 아니고 존재하지 않는다는 말이다. 나는 대충 그래프를 그려서 보여줬고, 그는 내게 잘 그렸다며 맞다고 말했다.

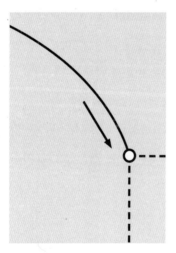

우진의 자존감에 대한 이야기를 듣고 내가 그린 그래프.

이제 우리는 우진이 하고 있는 '실험'의 정체에 조금 더 가까이 갈 수 있다. 그는 자존감의 개념이 사라진 상태에서 자신이 다시 거절 감정을 겪을지, 겪는다면 얼마나 아플지가 궁금했던 것이다. 그는 거절 감정에 대한 두려움 자체를 극복하고 싶었다. 그리고 그것이 우진에게는 너무도 당연한 마음이었다는 것이 다음과 같은 말들에서 드러난다. "폭탄 목걸이 생기자마자 '번따 해보자' 이 생각부터 했어. 그냥 진짜로, 그러니까 그 근거에 대해서 생각을 안 해봤어."

그러니까 그의 '번따'는, 당연히 한편으로 연락이 오길 바라기도 했지만, 애초에 진심으로 연애를 하고자 하는 시도가 아니었던 것이다. 물론 그 와중에도 그는 자신의 이상형인 사람에게만 번호를 물어봤지만, 그건 오히려 모르는 여자에게 거절 감정을 시험하기 위한 최소한의 조건에 가까웠다. 혹은, 자신이 느끼기에 거절당해도 기분이 나쁘지 않을 만큼 예쁜 여자거나. 실제로 그는 폭탄 목걸이를 건 이후 처음으로 길에서 번호를 물어본 뒤 "대차게 까"였는데, 머리를 자른 뒤 집으로 걸어가다가 자신의 이상형을 발견하고 "이성이 마비"되었고, 발길을 돌려 버스를 따라 타고 번호를 물어본 뒤 "까였는데 기분이 안 나빴"다고 말했다. 그는 "뱀상에 무용하시는 느낌"인 여성이었다.

여기서 흥미로운 점은 그가 자신의 외적 매력에 대해 언급했다는 것이다. 번호 달라는 걸 당연히 거절할 수 있는 "권리"가 여성들에게 있다고 생각하니까 그에게 거절은 "별 타격이 없는" 일이었는데, 그보다 중요한 건 "일단 내 스스로 박보검, 차은우, 서강준이 아닌 것을 아니까" 거절당한 것이 납득되었고, 나아가 "거절이 디폴트"라고까지 말했다는 사실이다. 그는 이런 식의 언급을 여러 차례 했는데, 나는 그때마다 의아했다. 저렇게까지 당연한 소리를 왜 하는 걸까? 너도 나도 박보검, 차은우, 서강준이 아닌 건 내가 알고 네가 알고 거울이 알고 우리 가족들이 알고 길거리에 굴러다니는 아스팔트 조각도 아는데. 이 당연한 말의 의미를 알기 위해 나는 다시 그와 나눈 대화들을 반추해야 했다.

우진은 '번따'를 두 번 이상 해보니 원리가 파악된다며, "세상 만사가 노력과 재능의 결합인데 이건 노력 계수가 너무 낮다."라고 말했다. 이때 그가 말하는 노력은 무엇일까? 나는 그에게 말했다. 얘기를 들어보니 너는 눈이 꽤나 높은 것 같은데, 그렇게 예쁜 사람과 만나려면 할 수 있는 건 최대한 해봐야 하지 않겠냐고. 그는 자신이 할 수 있는 거라곤 눈썹 문신, 치아 교정, 눈/코 수술, 혹은 스타일을 바꾸는 것뿐이라고 말했다. 선택지가 생각보다 많은 것 같은데, 할 수 있는 게 이것뿐이라고 말한 이유는 여기서 자신이 직접 할 수 있는 게 스타일을 바꾸는 것뿐이라서 그랬을 것이다.

아이비리그 컷으로 머리를 잘라서 호평을 받기도 했고,

여자, 보다는 자기 자신에 대한 실험

아주 진한 밝은 색상의 니트를 사서 입은 뒤 깐깐한 여사친에게 괜찮다는 평가도 받았지만, 옷은 많지 않은 편이고 새로 산 것도 별로 없다. 그리고 수술이나 시술까지 하고 싶지는 않았다. 그는 피부과를 가는 것도 싫다고 말했는데, 이는 몸에 손이나 칼을 대는 것 자체에 대한 거부감보다는 그가 말한 것처럼 돈이 너무 많이 들고(그는 주식 투자 외에 어디에도 돈을 많이 쓰지 않는다), 무엇보다도 한번 시작하면 계속 해야 한다는 사실이었다. 그는 주사를 맞는 것과 같은 피부과 시술들을 여러 가지 언급하며, 계속 맞지 않으면 피부가 원래대로 돌아오기 때문에 시작하면 끊을 수 없다는 점을 강조했다. 그런데 그가 먹고 있는 탈모약에도 마찬가지 의존성이 있다는 점을 고려하면, 약간 고개를 갸웃하게 되는 점은 있다.

　　화장을 해보라는 말을 아는 형으로부터 듣기도 했고, 그루밍 유튜브를 찾아보진 않았지만 비슷한 것이 알고리즘에 떠서 보기도 했고, "여성분들이 화장을 해서 예뻐지는 건 과학이었다"며 화장의 효과를 이야기하면서도 지금까지는 안 했다고 말했다. 내가 나도 비비크림은 바른다며 지금까지 왜 안 했냐고 (다소 짜증을 담아) 묻자, 그는 무지해서 그랬고 앞으로는 하려고 생각 중이라고 말했지만, 그리고 꾸미는 것에 대해 공부도 좀 더 하려고 한다고 말했지만, 솔직히 나는 그가 화장을 하진 않을 것이라고 생각한다. 그 이유는, 그가 직접 언급한 것처럼,

"상한선" 때문이다. 화장품이든 수술이나 시술이든 돈이 중요한
게 아니다.

그는 스스로 아무리 노력해봤자 자신이 충분히 잘생겨
질 수 없을 것이라고 생각했다. 그의 카톡을 그대로 인용하면,
"아 ㅅㅂ 꾸며서 드라마틱하게 바꿀 수 있나?"라는 생각이다.
꾸미는 것이 중요하고 해야 한다고 생각하지만 "상한선이 존재
할 거라고 느껴져서" 의지가 생기지 않는다는 것이었다. 자신도
"양심"이 있고 "능지(지능)"가 있다며 "차은우까지는 바라지도
않"는다고 말하지만, "여기서 아무리 치장을 하고 해봐야 어디
까지 가능한지를 잘 모르겠"다고 말했다. 나는 그에게 화장이나
스타일과 같은 '치장'이야말로 제일 빠르게 효과를 볼 수 있는
것 아니냐고 물었고 우진 또한 동의했지만, 우진은 결국 유튜브
에서 본 "와꾸를 드라마틱하게 바꾸는 건 어려우니 (성형을 하
는 게 아닌 이상) 피부 톤업 정도만 하고 운동에 몰빵"하라는
이야기를 언급했다. 그에게 매력은 노력으로 넘을 수 없는 상한
선의 문제였다.

떠올리고 싶지 않았지만, 2024년 초에 인터넷에서 화제
가 되었던 한 '도태남 인권운동가'의 이야기가 떠오를 수밖에
없었다. 해당 인물은 '주둥이'라는 인터넷 방송인의 라이브 방
송에 출연해서 '원판 불변의 법칙'을 언급하며 키나 얼굴 같은

외적 매력은 타고나는 것이고, 이로 인해 '연애 시장'에서 '빈익빈 부익부'가 생기는 것이 '공정'하지 않다고 말했다. 그리고 이 '불공정'을 해결하기 위해 국가 차원에서 '연애추첨제'를 도입해야 한다고 말하기까지 했다.[*] 이에 유튜버는 '그냥 네가 노력하기 싫은 거잖아'라고 말했고, 해당 인물은 '노력해도 안 되는 게 있다'며 응수했다. 이 방송 이후 해당 인물은 수많은 지탄을 받으면서도 여러 온라인 커뮤니티에서 자신의 주장을 더욱 설파하고 다녔다. 그는 자신을 만나주지 않는 여성들과 그들을 '독점'하는 일부의 '알파메일alpha male, 우두머리 수컷(여기서는 매력적인 남자를 뜻한다)'들에 대한 억울함을 표출하며, '자신과 같은 남성들', 즉 '도태남' 혹은 '모태솔로 남성'을 하나의 범주로 만듦으로써 일종의 정체성 정치를 시도하고 있었다.

그러니 여기서 모태솔로는 단지 '타인과의 연애와 성 경험이 없는 사람'이 아니라, '타인과의 연애와 성 경험이 없으며, 앞으로도 없을 것이라고 확신하는 사람'으로 정의된다. 모태솔로가 그저 하나의 분류가 아니라 위와 같이 자신을 설명하는 용어, 혹은 자신을 특정한 집단에 소속시키는 언어라고 할 때, 연애와 섹스의 부재는 더욱 강조된다. 그러니까 이 글에서 '모태솔로'는 '타인과의 연애와 성 경험이 없어서 자신에게 성

---

[*] 안호균 기자, 〈"연애 시장 불공정, 추첨제 도입하자"…논란이 된 '도태남'의 절규〉 뉴시스, 2024년 3월 25일.

적 매력이 없다고 여기기에 앞으로도 자신의 삶에 연애와 섹스가 없을 것이라고 확신하며, 그럼에도 연애와 섹스에 대한 열망을 강하게 갖고 있는 사람'이 될 것이다. 이때 이 정의가 여성에게는 성 경험이 없기를 요구하고, 남성에게는 성 경험이 많기를 요구하는 기이한 남성중심적 사회에서, 주로 남성들의 입에서 나온 이야기를 통해 도출되었다는 점을 감안할 때, 이것은 '모태솔로'보다는 '모태솔로 남성'에 대한 이야기일 것이다.

이 남성의 발언들이 충격적이고 지극히 성차별적이라는 사실과 별개로, 왜 이런 사고방식을 갖게 되었는지 생각해볼 필요가 있다. 이런 남성들을 그냥 '이상한 놈들'로 취급한다면, 그들 개개인에게 초점이 맞춰져서 정작 그런 '이상한 놈들'이 계속해서 재생산되는 과정은 볼 수 없기 때문이다. 한국에서 청년 남성은 남성이기 위해 이성과 섹스하기를 요구받는다. 가부장제 사회에서 남성에게 여성과의 섹스는 남성이 되기 위한 일종의 통과의례처럼 여겨져왔다. 그리고 이것은 남성들이 자신에게 여성과 섹스할 '권리'가 있는 듯이 구는 모습의 일면을 설명해주기도 한다. 그러나 나는 초점을 가부장제 속 남성성에서 섹스중심사회sexusociety 속 유성애로 바꾸고자 한다. 전자의 틀에서 모태솔로 남성이 '탈락한 남성' 혹은 '실패한 남성'이 되어 남성성의 위계를 구성하는 일부분에 가깝다면, 후자의 틀에서 모태솔로 남성은 체제 자체의 구멍 내지는 불가능성을 암시한다. 따라서 후자의 틀로 모태솔로를 논하는 것은 전자보다 좀 더 근본적인 문제를 제기할 수 있는 하나의 방안일 것이다. 이때 섹스중심사회는 섹스 자체를 특권화하고 강제하는 사회로, 여기서 섹스는 연인 사이의 진정한 사랑, 깊은 관계의 가장 강한 증거이자 상징이다. 그러므로 섹스중심사회에서 섹스의 부재는 진정한 친밀성의 부재와 같다.[*] 따라서 여기서는 타인에게 성적으로 끌리는 사람, 즉 유성애자allosexual만이 '정상인'이다.

한국 사회는 가부장적인 동시에 연애에 집착한다. 연애 리얼리티 프로그램은 이러한 한국 사회의 면모가 가장 잘 드러나는 사례다. 솔로인 남성과 여성들이 나와서 외모와 스타일, 직업을 일단 어필하고, 성격이나 버릇, 취향, 나아가 가치관 등을 서로 알아나가며 마음에 드는 상대를 고르는 과정에서 매력적인 출연자들에 대해서는 '저런 사람이 왜 솔로일까?' 같은 말이 나온다. 특히 '모태솔로'만 나오는 특별 회차들에서는 더더욱 '저렇게 외모도 괜찮고 직업도 좋은 사람이 어떻게 모태솔로인가?'라는 의문이 제기된다. 한국언론진흥재단에서 운영하는 빅데이터 사이트 〈빅카인즈〉를 통해 알아본 결과, '모태솔로'라는 검색어는 주로 굉장히 매력적인 연예인과 붙어서 등장했다. 바로 '이렇게 매력적인 사람이 모태솔로라니 믿을 수 없

---

[*] Ela Przybylo, (2011) "Crisis and Safety: The Asexual in Sexusociety", *Sexualities*, 14:4, 444–461.

다!' 같은 맥락에서. 그러니까 모태솔로는 매력 없는 사람이라는 인식이 전제되어 있는 것이다. 특히 성적 매력. 섹스중심사회에서는 외모뿐 아니라 집안과 직업까지도 성적 매력에 포함된다.

나는 우진을 '모태솔로'라는 말로 묶고 싶지 않다. 친구의 마음이다. 우진은 여성을 소유물이나 상품처럼 생각하고 대하는 남성들과 자신 사이에 선을 뚜렷하게 긋기 때문이다. 유튜브에 출연한 그 남성에게 정당하고 당연한 주장은 자신이, 나아가 자신과 같은 남성들 모두가 매력적인 여성을 만날 수 있어야 한다는 것이었다. 이것은 여성, 좀 더 정확히는 여성과의 연애나 섹스에 모든 남성이 접근권을 가져야 한다는 사고방식을 내포하고 있고, 이것은 한국에서 이성애자 남성들이 흔하게 갖고 있는 관념이다.* 그러나 우진에게 정당하고 당연한 것은 번호를 달라는 제안을 누구나 거절할 수 있다는 것이었다. 그는 실제로 "거절할 권리"라는 표현을 사용했다.

나는 기본적으로 한국 사회에서 성과 관련된 사고방식이 또래집단과 어울리고, 준거집단을 구성하는 청소년기에 많이 형성된다고 믿는다. 엄밀하게 말하기는 어렵지만, 10대 초중

*   권김현영, 「근대 전환기 한국의 남성성」, 권김현영 엮음, 권김현영·루인·엄기호·정희진·준우·한채윤 지음, 『한국 남성을 분석한다』 교양인 2017, 69~70면

반부터 20대 초반까지, 학령기로 치면 중학교 입학부터 대학교 새내기 때 정도까지가 중요한 시기 아닐까? 우진은 남중 남고를 다닌 학창 시절에 다른 남학생들과 무리를 지어 다니며 여성에 대한 음담패설을 한다든가 하는 학생과는 거리가 멀었다.

그는 학창 시절에 대한 기억 자체가 별로 없고, 운동이나 공부에 몰두한 친구들과도, 여자에 몰두해서 여자 관계가 이미 복잡했던 친구들과도 비슷한 점이 별로 없다고 느꼈다. 앞서 설명한 것처럼 그는 혼전순결까지 결심한 상태였기에, 모태신앙으로 인한 보수적인 성 관념은 그가 여성을 성적인 시선으로만 보는 것에 강한 거부감을 심어주기도 했다.

무엇보다도 그는 자신이 '모태솔로'처럼 보이지 않는다는 것에 대해 모종의 자부심을 반복해서 표출했다. 이전에 굉장히 가까웠던 친구도, 교회 공동체의 여성들도, 자신이 이성을 자연스럽게 대하기 때문에 당연히 연애 경험이 다수 있으리라고 생각한다는 것이다. 우진은 모태솔로에 대한 '사회적 낙인'이 존재한다고 생각하며, 그것이 자신의 실제 모습과 일치하지 않기 때문에 오해받고 싶지 않아서 자신이 모태솔로임을 굳이 밝히지 않는다고 말했다. 우진은 인터뷰 내내 자신을 "잡아먹으려고 하는" 연상의 여성들이 최근에도 여럿 있었다고 강조했다 (왜 안 만나냐고 묻자 그는 연하를 만나고 싶어서 다 피하고 있다고 말했다).

하지만 그가 수차례 반복적으로 언급한 매력의 상한선은 '노력해도 안 되는 게 있다'는 말과 연결되어 있다. 둘의 결론은 많이 다르지만 말이다. 우진에게 거절 감정은 결국 자신을 향하는 것이고, 거절은 자신의 매력이 부족하기 때문이었다. 그 감정은 억울함보다는 아쉬움이었다.

그렇다면 우진에게 연애와 섹스란 대체 무엇일까? 그는 폭탄 목걸이를 푸는 일, 그러니까 자살 계획을 철회하는 계기로 몇 가지 '성취'를 상정해두었는데, 연애가 '성취'에 해당하는지 그는 확신하지 못했다. 성취는 자신이 노력해서 달성할 수 있는 것, 즉 노력의 결과이고, 그는 코딩 공부를 통해 특정한 프로그램을 만드는 것 등 총 두어 가지를 자살 계획 철회의 계기로 설정해두었다. 그러나 연애도 섹스도 이것들과 같은 선에서 사고되지는 않았다. 아니, 정확히는 그도 아직 잘 모르는 상황이다. 그저 폭탄 해제 계기의 "후보로 올라갈 가능성이 있는 상태" 정도인 것이다.

그렇다면 이 시점에서 다시, "답은 섹스인가?"라는 우진의 말로 돌아간다. 그는 섹스가 "충동적인 원나잇 이런 거 말고 진짜 연인이 사랑해서 하는 육체의 교감이어야 한다."라고 말했다. 원나잇을 하기 싫은 이유로 그는 "뒤지기 전 마지막 자존심인지 그래도 독점적 계약을 건 상대와 하고 싶다."라고 말했다. 성적 쾌락 자체가 중요한 것이 아니라는 말이다. 내가 그에게 '섹스는 함부로 하면 안 된다는 것이냐'고 묻자, 그는 '약간 그런 게 있는 것 같다'고 대답했다. 나는 서로 외형을 보고 빠르게 판단하는 것이라는 점에서 '번따'와 원나잇이 비슷하지 않냐고 물었는데, 우진 또한 여기에 동의하면서 다소 혼란스러워했다. "원나잇을 내가 신포도로 생각하는 건지, 진짜 내키지 않아하는 건지 모르겠어."라고.

불법적인 행동은 하고 싶지 않기 때문에 성매매는 생각도 안 해봤다. 원나잇은 '번따'처럼 노력보다 타고난 외형이 중요하기 때문에 포기한 것이거나, 섹스가 사랑에서 나오는 행위여야 하기 때문에 고려할 만하지 않은 것이다. 그렇기에 섹스를 하려면 정말 사랑해서 연애를 해야 한다. 현재 그는 원래 아는 친구들에게 밥을 먹자고 연락하며 관계들을 조금씩 정리하고 있는데, 이것은 연애 시도가 아니라고 밝혔다. '번따' 시도역시 성공할 가능성이 없다고 여긴다. 즉, 그의 논리대로라면 지금 그에게는 연애의 가능성이 없고, 따라서 섹스의 가능성도 없다. 그렇다면 연애도 섹스도 그의 자살 계획 철회에는 영향을 줄 가능성이 없는 것이다. 그럼 대체 멈추지 않고 '번따'를 시도하는 그를 나는 어떻게 이해해야 하는 걸까?

이러한 맥락을 깔고 우진과의 대화로 돌아가보자. 다음은 앞서 인용한 대화 바로 다음에 생략 없이 이어진다.

희제 이건 지금 신뢰가 없는 상태에서 테스트를 해보는 거잖아. 그럼 순전히 너의 외적인 매력에 대해서 실험을 해보고 있는 거야?

우진 그럴 수도 있겠네. 나도 생각 안 하고 있었거든, 이거는.

희제 교회에서 아는 사람들한테는 안 하잖아. 그러니까 너의 어떤 인간됨이라든가 그런 것까지 포함하는 것으로서의 너의 매력을 테스트해보려면 원래 아는 사람들한테 해야 되는 거잖아. 그런데 이거는 생판 모르는 사람들한테 하는 거니까 그 사람들이 너에 대해 알고 있는 정보라고는 네 외형밖에 없는 거잖아. 마찬가지로 너도 외형만 보고 접근을 하는 거고.

우진 어, 맞아. 맞아. 그러네. 실험이 큰 것 같아.

희제 그러니까 외적인 매력에 대한?

우진 그것도 포함한 건데, 아까 말한 게 내가 허투루 말한 건 아니야. 어디까지 내가 괜찮은 건가? 이게 거절 감정이 아픈데, 안 아픈 건가?

희제 그건 왜 궁금해, 근데?

우진 어디까지 안 아플까 해보고 싶었어. 물론 아직 죽는 건 아닌데 죽는 마당에 이제 나는 그게 사실 되게 두려웠어. 그러니까 그때 그 2016년 때 그 경험 이후로 그 거절이라는 게 사실 좀 두려웠어. 많이, 많이 두려웠는데, 종합해서 정리하면 이성에 의한 거절인 것 같아. 그냥 그 이성에 의한 거절이 되게 두려웠나 봐.

희제 그 두려움을 극복하고 싶었던 건가?

우진 그럴 수도 있겠네. 지금 너랑 대화하면서 생각을 해본 건데, 나도 그거에 대해서 고민을 깊게 안 했거든. 솔직하게 그냥 폭탄 목걸이 생기자마자 '번따 해보자' 이 생각부터 했어. 그냥 진짜로. 그러니까 그 이유에 대해서 생각을 안 해봤어.

'번따'는 자기계발 내지는 자기수양에 가까운 것이었다. 나의 생각은 이렇다. 그에게 '번따'는 자기 자신의 거절 감정을 극복하기 위한 하나의 '재밌는 실험'이었다. 그는 번호를 물어보러 다가갈 때마다 심장이 터질 것처럼 뛰었는데, 내가 느끼기에 그것은 그 여성 때문이 아니라 자신의 실험 자체에서 오는 감각이었다. 그래서 '번따'의 실패는 실험의 실패가 아니다. 오히려 '번따'의 실패는 실험의 전제다. '번따'가 실패할 때 나의 거절 감정은 어떻게 되는가? 우진이 자신이 더 노력할 수 있는 것이 있음에도 계속해서 매력의 상한선을 언급하며 노력에 별 의미가 없다고 말하는 이유도 이것으로 이어진다. 그는 연애를 하기 위해 '번따'를 하는 것이 아니다. 자신의 눈이 높다는 걸 알고 있고, 자신이 보기에 굉장히 매력적인 여성에게만 '번따'

를 시도하는 동시에 자신의 외모를 특별히 더 꾸미지는 않는 것을 종합하면, 그의 '번따'는 애초에 성공할 수 없으며 우진 또한 그것을 알고 있다. 아니, 오히려 그는 '번따'가 성공할 수 없는 조건을 유지하고 있는 것에 가깝다.

평소 내가 알던 우진의 하나의 경향성과 이를 연결하여 생각하면, 지금 이것은 그에게 일종의 자기수양이나 훈련에 가깝다. 그는 자기계발에 관심이 많은데, 특히 신체적, 정신적 고통에 대한 인내심을 기르거나 지성을 계발하는 데 관심이 많다. 아주 가파르고 긴 언덕을 전력질주해서 올라간다든가, 한겨울에 반바지를 입고 세 시간 동안 쉬지 않고 뛴다든가 하는 건 그저 몸을 계발하는 게 아니었다. 뒤에서 자세히 설명하겠지만, 그는 주식 투자를 열심히 하던 때에 정신적 스트레스를 받으면 몇 시간씩 뛰면서 "번뇌"를 잊었다. 그리고 이것은 이 책에서 핵심이 될, 우진의 우울과 강박을 다루는 과정에서 얻게 된 '자기수양'의 한 방식이었다. 그리고 자기수양마저도, 그에게는 다소간 강박적인 행위였다.

이러한 맥락에서 생각한다면, '번따의 실패'를 인풋으로 하고, '거절 감정'을 아웃풋으로 하는 반복적인 실험은 결국 거절 감정 혹은 그것에 의한 정신적 고통을 극복하고자 하는, 자기 자신에 대한 실험이다. 내가 여기서 지적하고 싶은 것은, 그 실험에서 여성은 오직 자신을 거절하는 존재일 뿐이며, 이때 여성은 '거절할 권리'를 가진 사람보다는 그저 자신의 거절 감정을 테스트하기 위한 도구에 가깝다는 점이다.

　　우진의 말들은 여성의 인격을 존중하는 것처럼 느껴진다. 그러나 사실 우진은 여성을 자기수양의 도구로 활용하고 있는 것은 아닌가? 대화 중에 내가 언급한 것처럼, 여성의 입장에서는 모르는 남성이 다가와서 번호를 묻는 상황 자체가 경우에 따라 위협으로 느껴질 수 있다. 우진은 "나는 위협할 생각도 없고 보복할 생각도 없는데."라고 말했지만, 나는 그에게 "상대는 처음 봐서 신뢰할 수 없는 너의 마음을 알 수 없다."라고 대답했고 우진 또한 동의했다. 우진은 상대가 피해를 보지 않을 것이라고 판단하는 선에서 최대한 상대를 배려하려고 노력했지만, 위협을 하지 않으려는 노력과 별개로 그의 실험 안에서 여성은 인격을 지닌 존재이기보다는 '외모로 나를 판단하고 거절할 사람'이 되어 있었다. 그의 배려와 노력은 자신의 실험을 망치지 않기 위한 것으로 느껴진다. 여성보다는 자기 자신을 향한 배려다.

　　나는 이것이 위험한 사고방식일 수 있다고 생각한다. 연애를 시작하기 위한 하나의 수단으로서의 '번따'가 자기수양 과정으로서의 '실험'의 일환으로 변형되면서, 인격적 존재로서의 여성은 사라졌다. 자신이 목숨을 걸어둔 것과 연애하는 것이 상관없다는 말에서도, 여성과의 접촉을 '번따'라는 형식으로만 시도하면서 여성을 특정한 방식으로만 상상하고 있는 것에서도 지금의 우진에게 여성은 인격적 존재로 느껴지지 않는다. '번 따' 이후에 연락이 오면 어떻게 할 것이냐는 나의 질문에 준비한 대화 주제들을 이야기하기도 했지만, 여전히 그는 연애까지 갈 확률은 거의 없다고 생각하고 있다.

그러니까, 연애와 섹스의 경험이 없고, 그 가능성 역시 사실상 포기한 그에게 남은 것은 자신뿐인 것으로 보인다. 그에게 연애는 깊은 신뢰와 사랑에 기반한 관계여야 하고, 섹스 또한 거기서 이어져야 하는 것이다. 그리고 이는 교회 안에서 계속 목격하게 되는 구성원들의 결혼과 연결된다. 그러나 우진에게 이러한 관계들은 모두 상상만 할 수 있는 것이 되었고, 그것도 어느 정도 이상으로는 상상할 수 없는 것이 되었다. 상상에도 상한선이 생겼다. 그리고 그 과정에서 그는 친밀한 타인이라는 관념을 상실한 것만 같다.

우진에게 여자는 놓친 기회이기 때문에 수수께끼가 되었다. 혹은 수수께끼이기 때문에 놓친 기회다. 순서는 알 수 없다. 확실한 사실은 지금의 우진에게 여자가 수수께끼라는 것이다. 여자는 무엇의 기회였나? 연애의 기회였다. 자신이 사랑을 한 적은 있으므로, 연애는 사랑을 '주고받을' 기회였다. 그리고 우진이 섹스를 사랑을 주고받는 하나의 행위이자 오직 사랑을 주고받을 때만 진실한 행위가 된다고 생각한다는 점에서, 사랑을 확인하는 행위인 섹스 또한 그가 놓친 것이다. 그렇게 놓친 것들은 모조리 수수께끼가 되었다. 해본 적이 없어서 상상조차 어느 수준 이상으로 할 수 없고, 미래에 풀 수 있다는 믿음조차 사라진 수수께끼. 영영 해결할 수 없다고 믿게 되었다는 점에서, 수수께끼보다는 불가사의에 가깝다고 보아야 할 것 같다.

이성과의 연애와 섹스가 자신에게 어떤 의미인지조차 불가사의가 되어버림에 따라, 그는 그것에 닿고자 하는 노력까지도 포기하게 되었다. 우진에게 이성과의 관계, 연애와 섹스는 이제 단순한 불가사의를 넘어 일종의 금기에 가까워진 것 같다. 그것은 애초에 경험해보지 못한 영역이었지만, 바로 그렇기에 오히려 더욱 간절하게 욕망하고 동경하던 무언가이기도 했다. 그가 속한 유일한 공동체인 교회에서 다른 남녀들의 연애, 나아가 결혼을 계속 목격하고 무엇이 행복한 삶인지 배우게 되었다는 점에서도 그렇다.

하지만 그 욕망이 좌절을 거듭하고 끝내 포기의 지경에 이르게 되면서, 이제는 차라리 외면하고 싶은, 자신의 결핍을 끊임없이 환기시키는 고통스러운 대상이 되어버린 것 같다. 우리는 종종 우리가 실패하고 좌절한 욕망의 영역을 일종의 신화나 도달할 수 없는 이상으로 만들어버리곤 한다. 우진에게 연애와 섹스는 상상할 수도, 바랄 수도 없는 무언가, 사실상 거의 신성하고 성스러운 무언가가 되어버렸다. 그가 행하는 '번따'라는 가장 가벼운 형태의 '작업'은 역설적으로 연애와 섹스, 그리고 여성을 신성화하고 환상 속의 대상으로 만드는 행동이라고 보아야 한다.

'번따'라는 실험의 전제에 있는 것은 자기 자신이 성적으로 전혀 매력적이지 않다는 인식이다. 이는 우진이 자기 자신을 성적 매력이 없는 존재로 여기도록 함으로써 여성과 진정으로 친밀한 관계를 형성할 수 없는 존재로 여기도록 만든다. 기묘하게도, 이 과정에서 인격적 존재로서의 여성은 삭제된다. 우진 자신의 성적 매력에 대한 체념이 우울로, 이 우울을 통제하기 위한 '번따'라는 강박이 여성의 비인격화로 이어졌다. 여성과의 섹스를 남성이 되기 위한 통과의례로 여기는 남성중심적이고 섹스중심적인 한국 사회에서 남성 모태솔로가 여성을 비인격적인 대상으로 보게 되는 과정에는 자기 자신의 성적 매력에 대한 체념이 있는 것이다. 내가 볼 때 연애와 관련된 우진의 우울과 강박은 섹스중심사회에서 유성애자로 자라나는 과정에서 생긴 것이다. 그런 의미에서 우리는 그것을 유성애적 우울과 유성애적 강박이라고 부를 수 있을 테다(그러나 후술하겠지만 이 우울과 강박의 시작이 연애와 관련된 것은 아니다).

그렇다면 우리는 모태솔로를 어떻게 다뤄야 할까? 2016년 초에 《헤럴드경제》에서 약간의 유머를 섞어 연재한

6회짜리 '모태솔로연구소' 특집에 따르면, 태어난 뒤 한 번도 연애를 해본 적이 없는 사람을 의미하는 '모태솔로'라는 단어는 2000년대 후반에 생긴 이후 줄곧 사회적 낙인과 배제의 대상이 되어왔다. 전통적인 결혼관과 가족관이 강하게 남아 있는 한국 사회에서 연애 경험의 부재는 결혼 가능성의 부재로 연결되기 때문이라는 것이다. 실제로 모태솔로는 주로 '매력 없음', '연애/결혼 실패', '루저'와 같은 말과 같은 의미로 사용되곤 한다. 해당 특집에서는 역사 속 위인 중 모태솔로인 사람들을 발굴하거나, 모태솔로를 다양하게 유형화하며 모태솔로에 대한 사회적 인정과 포용의 필요성을 강조했다.

모태솔로에 대한 사회적 인정과 포용이란 무엇인가? 이 질문에 답하기란 어렵다. 작가이자 무용수인 김원영이 『실격당한 자들을 위한 변론』에서 보여주듯, 매력의 차이를 '불평등'과 같은 사회적 차별로 규정하고 그것을 시정하는 것은 현실적으로 어렵다. 그러나 매력이 친밀한 관계를 형성하는 데 중요하고, 친밀한 관계의 부재는 우리의 실존적 위기뿐 아니라 사회적 고립으로도 이어질 수 있기 때문에, 매력과 친밀성의 문제는 중요하게 다뤄져야 한다. 김원영이 '매력차별금지법'은 불가능하지만 '아름다울 기회 평등법'은 가능하다고 말하는 이유도 여기에 있을 것이다. 누구나 타인과 오랜 시간 마주하고 관계를 맺으면서 서로의 이야기를 들을 수 있도록 함으로써 한 명의 사람으로, 그래서 아름다운 존재로 느껴질 수 있도록 하기.[*] 따라서 중요한 것은 누군가가 '모태솔로'라는 것보다는 그 사람에게 아름다울 기회가 주어져 있느냐는 문제일 것이다. 모태솔로는 원인이 아닌 결과이기 때문이다.

섹스중심사회에서 섹스는 가장 강력하고 근본적인 친밀성이며, 성적 매력은 가장 궁극적인 매력이다. 모태솔로에 대한 사람들의 부정적인 인식도, 이들이 경험하는 체념과 낮은 자존감, 그리고 이성에 대한 원망이나 적개심도 여기서 기인한다. 그러나 모태솔로들도 모두 다르다. 우진처럼 이성과 아무런 문제 없이 상호작용하는 이들도 존재하기 때문이다. 문제는 이처럼 이성과의 일상적인 상호작용에 별다른 문제를 겪지 않는 남성조차 자신이 여성과 섹스를 못 해봤다는 이유로 여성을 비인격적인 존재로 보기에 이르곤 한다는 점이다. 우진의 사례를 통해 알 수 있듯, 이것은 여성뿐 아니라 남성 자신에게도 폭력적이다. 자신에게 주어진 아름다울 기회를 스스로 저버리고, 자신에게 아무런 매력이 없다고 느끼게 되기 때문이다. 그렇다고 해서 '도태남 인권운동가'의 요구에 따라 이들에게 섹스할 기회를 만들어주는 것은 현실적으로 가능하지도 않을뿐더러, 문제의 원인인 섹스중심사회에 대해서는 전혀 질문하지 않기 때문

[*]   김원영 지음, 『실격당한 자들을 위한 변론』 사계절 2018, 284~285쪽.

여자, 보다는 자기 자신에 대한 실험

에 해결책이 될 수 없다.

우리에게 필요한 것은 섹스를 중심에 두지 않는 친밀성
이다. 섹스가 이성과 맺는 진정한 관계의 상징이자 목표가 되
고, 섹스의 부재가 매력의 부재가 되는 섹스중심사회에서 빈틈
들을 찾아내는 것이다. 결국 친밀한 관계를 만든다는 것은 주체
와 타자 사이에 공유되고 표현되는 서사를 만들어나가면서 서
로에게 아름다울 기회를 주고, 서로와 자신의 아름다움을 찾는
일일 것이다. 이것은 당연하게도 성적인 것이 아닌 형태로 만들
어질 수 있다. 나는 이것의 가능성을 무성애적인 실천들에서 찾
는다. 여기서 무성애는 성적 끌림을 느끼지 않는 사람이 자신의
정체성을 설명하는 용어가 아니라 사람들 사이의 관계에서 섹
스 혹은 성적인 것에 과도하게 무게중심을 두고 있는 섹스중심
사회를 비판하는 개념이다.[*]

중요한 것은 '무성애'라는 정체성이나 성적 지향 자체보
다도, 성적인 것을 중심에 두지 않는 수많은 실천과 관계의 양
상들로서의 '무성애적인 것'이다. 이렇게 명사가 아닌 "형용사
로서의 무성애"를 통해, 무성애자라는 '정체성'과 무관하게 섹
스중심사회 속 수많은 실천들을 무성애적인 것으로 '오염'시키
는 사유를 계속할 때 섹스를 당연히 해야 하는 것으로 강제하

[*]   Ela Przybylo, *Asexual Erotics: Intimate readings of compulsory sexuality*, The Ohio State
University Press 2019.

는 규범을 더욱 효과적으로 해체할 수 있다.[*] 만약 우진에게 섹스가 아닌 수많은 다른 상호작용이 친밀성의 경로로 제공되었다면, 그러니까 그가 살아가는 곳이 섹스중심사회가 아니었다면, 그래서 여자-사랑-연애-섹스가 하나의 덩어리가 아닐 수 있다면, 연애 경험이 없다고 하더라도 그는 여성과의 진정한 친밀성을 불가능한 것으로 여기지 않을 수 있을 것이다. 무성애적인 것은 새로운 친밀성의 발견 혹은 발명을 위한 하나의 중요한 경로가 될 수 있다.

여자, 연애, 섹스에 대한 우진의 생각을 한국 청년 남성이라는 범주나 모태솔로라는 범주로 빠르게 일반화하는 것은 물론 적절하지 않을 것이다. 그것은 우진의 삶에 대한 존중도 아니고, 한국 청년 남성에 대한 충분한 분석도 아니기 때문이다. 그는 한국 청년 남성을 대표하지 않는다. 그러나 한국 사회는 청년 남성의 삶을 특정한 방식으로 구조화하고 있다. 이 글은 여자, 연애, 사랑, 섹스와 관련된 우진의 감정과 경험, 견해를 다루면서 섹스중심사회로서의 한국 사회를 조명하고자 했지만, 이 이야기에는 교회나 수험 생활 같은 그의 삶의 다른 영역들이 섞여 있다. 그리고 우진도 인터뷰 중에 말했듯이, 주식

[*]   조윤희, (2023) 「명사 혹은 형용사로서의 무성애」 『문화과학』 116호, 247쪽.

이나 군대 같은 다른 영역들도 모두 이 이야기에 얽혀 있다.

내가 주목하는 것은 이 얽힘이다. 연애, 교회, 수능, 주식, 군대… 이런 흔하디흔한, 전형적인 단어들이 어떻게 한 개인의 삶에 독특한 형태로 얽히는가, 그리고 그 얽힘의 결과물로서의 우울과 강박이 보여주는 것은 무엇인가. 그러므로 나는 여자, 연애, 섹스에 대한 우진의 감정과 견해를 출발점으로 삼아, 지금의 한국 사회가 청년 남성의 삶을 구조화하는 방식을 그려보려고 한다. 다음 이야기는 삼수 이후에도 수능을 세 번 더 준비한 우진의 수능 이야기다. 그의 우울과 강박, 그리고 둘 사이에 얽인 불안은 여기서 본격적으로 시작된다.

일단은, 이 글에 대한 우진의 이야기를 들어볼 차례다.

1 장에 부쳐,

**차이를
삭제하는**

**글
쓰
기**

우진 근데 재밌는 게, 네가 구축해놓은 논리에 내가 반박을
들어가는 게 매우 쉽지 않아. 내가 했던 말을 기반으로
(네가) 논리를 탄탄하게 채워서 결론을 도출한 상황이
라서 내가 여기서 할 수 있는 것들이 많지 않아. 내가 반
박을 하려면 내가 했던 말을 번복하거나, 재해석하거나,
'그때 사실 이 말이 아니라'와 같은 식으로 가야 하는데,
이건 나도 생각을 좀 해봐야겠다. 사실상 자가당착이 되
는 거 아닌가? 그래서 나는 반박을 할 게 없어. 아니, 반
박을 할 자리가 없어.

우진은 1장의 파일을 받자마자 잠시 후에 위와 같이 말했다. 그때 느꼈다. 글쓰기는 폭력이구나. 물론 글이든 그림이든 사진이든 무엇이든, 모든 형태의 재현은 특정한 순간을 포착해서 남긴다. 각각의 매체는 모두 다른 무기를 가지고 있는데, 글의 무기는 논리다. 내가 아무리 우진의 경험으로부터 출발해서 글을 쓰려고 해도, 글이 완성되고 나면 결국 우리는 글을 통해 타인을 접할 수밖에 없다. 그리고 우진의 말에서 알 수 있듯, 타인의 경험을 글로 가공할 때 글의 논리는 실존하는 경험을 압도해버릴 수 있다. 틀렸다고 말할 수 없지만, 사실이라고 하기도 애매한 영역이 생긴다. 우진은 내가 쓴 언어가 자신을 다시 설득하고, 어떤 면에서는 위협하고 있다는 느낌까지 받았다고 말했다. 자신이 여자를 오직 연애 상대로만 보거나, 여자와의 '친밀한' 상호작용이 불가능한 것처럼 서술하는 듯했다는 것이다.

우진은 왜 그런 느낌을 받았을까? 글을 쓰는 데에는 다양한 욕망이 개입한다. 일단 좋은 글을 쓰고 싶다는 욕망, 즉 글의 완성도에 대한 욕망이 있다. 그리고 많이 읽히는 글을 쓰고 싶다는 욕망, 즉, 글의 대중성에 대한 욕망이 있다. 그리고 무엇보다도, 글을 쓰는 내가 괜찮은 사람으로 보이고 싶다는 욕망이 있다. 이것을 어떤 욕망이라고 부를까. 모양을 맞추고 싶지만 아무래도 어렵다. 이건 글보다 글쓴이에게 너무 무게중심이

1장에 부쳐,

많이 와 있는 욕망이기 때문이다. 우진이 반박하기 어려웠던 것은 무엇보다도 내가 가진 이 욕망이 나의 글에 가득 들어가 있기 때문이었을 것이다. 이제야 돌아보면, 그것은 기본적으로 내가 우진과 다른 사람이라고 구분 짓고, 이를 통해 '옳은 말을 하는 나'를 보여주고 싶은 욕망이었다. 우진이 나의 글을 읽고 기분이 나쁠 것이라고 꽤 확신했던 이유는 어쩌면 이런 욕망을 나도 이미 인지하고 있어서 그랬던 것 아닐까? 우진에 대한 글이지만, 우진을 위한 글은 아니었다는 점에서. 물론 우진에 대한 글이 반드시 우진을 위한 글일 필요는 없지만, 친구로서 고민할 수밖에 없다. 그럼 우진은 이 작업에 함께할 이유가 무엇이란 말인가? 이 책을 쓰는 내내 고민하게 될 지점일 테다.

1장에 앞서, 나는 친구로서 친구에 대해 쓴다는 게 어떤 일일지 고민했다. 문제는 나는 친구이기만 할 수 없다는 사실이다. 이 책이 학술적인 연구가 아님에도, 나와 우진의 대화 안에서 나는 계속해서 친구, 작가, 연구자 사이를 오갔다. 나는 우진의 친구이고, 글을 써서 생계를 유지하고자 하며, 사회적으로 의미 있다고 믿는 지식을 생산하려고 한다. 이 책은 우진에 대한 책이기만 하지 않고, 나의 경력이기도 하며, 출판물이라는 점에서 사회적으로 유의미해야 한다. 그리고 바로 이 지점에서 나는 글을 쓰는 내가 괜찮은 사람으로 보이고 싶다는 욕망을 정당화한다. 비겁하게도 그것을 사회적 가치와 엮으면서.

물론, 나는 1장의 결론이 유의미하다고 생각한다. 그러나 유의미한 결론으로 나아가는 과정은 과연 적절했나?

우진의 말마따나 인터뷰는 대체로 "일필휘지"로 진행되었다. 우진은 말이 막히는 경우가 별로 없었다. 그리고 일단 뱉은 말은 번복하거나 수정하기가 어렵다. 우진은 여기에 부담을 느끼고 있었다. 자신의 발언이 그대로 기록되어 남는 상황에서, 말실수나 부적절한 표현으로 인해 발생할 수 있는 문제를 우려하는 듯했다. 개인적인 경험과 사건들이 노출되면서, 가명을 썼어도 자신이 누군지 드러날까 걱정하기도 했다. 게다가 1장이 연애와 섹스, 그리고 성별의 문제라는, 굉장히 민감할 수 있는 주제를 다루고 있기 때문에 더욱 걱정스러운 것이었다. 우진은 자신이 죽고 나서도 인터넷에서 "조리돌림"을 당하지 않을지 걱정했다.

1장에 부치는 이 글의 요지는 두 가지다. 하나, 타자와의 진정한 친밀성 자체를 우진이 상상할 수 없게 되었다는 표현이나, 여자와 연애가 상상 속의 대상이 되어버렸다는 식의 서술은 우진을 사회적 능력이 전혀 없는 사람으로 그려버린다. 또 하나, 우진을 '도태남 인권운동가'와 하나로 묶는 것은 오히려 서로 다른 유형의 대상화를 '대상화'로 뭉뚱그림으로써 그 이상의

1장에 부쳐,

논의를 사전에 차단한다. 우진은 자신이 모태솔로라는 이유 하나만으로 자신의 사상이나 타인과 관계를 맺는 방식 혹은 가치관까지 판단되는 것을 원하지 않았다. 요컨대, 우진이 1장에 대해 불만을 품는 이유는 1장의 글쓰기가 차이, 혹은 우진의 개별성을 삭제하는 것이었기 때문이다.

　　우선 '친밀하다'라는 표현이 문제가 된다. 우진은 자신이 여성들과 친밀한 관계를 가질 수 없는 사람으로 그려진 데 대해 동의하기 어려워하며, 이는 사실과 다르다고 말했다. 여기서 등장하는 것이 해석의 문제다. 글쓰는 사람이 어떤 언어를 사용했을 때, 그것은 그의 의도와 다르게 해석될 수 있다. 내가 '친밀하다'는 표현을 쓸 때, 그것은 '서로 깊은 이야기를 주고받느냐'라는 기준에 근거를 두고 있었다. 그런데 '깊은 이야기'의 기준이 굉장히 모호했다. 이때 1장의 내용에서 성별이 중요한 변수이기 때문에 나는 일종의 벡델 테스트를 적용해봤다. 영화의 성차별 여부를 평가하는 '이름을 가진 여성 캐릭터가 최소 2명 등장하는가? 이들이 서로 이야기를 나누는가? 그리고 그 대화는 남성 이외의 주제인가?'라는 질문을 그대로 적용하기보다는 1장의 맥락에 맞추어 다소 수정했다. 우진의 말에서 이름을 가진 여성이 2명 이상 등장하며, 연애와 관련 없는 맥락에서 등장하는가? 그러니까, "과연 현실 자체는 벡델 테스트를 통과할 수 있는가?"*

1장의 결론은 우진이 이 테스트를 통과하지 못했다는 데서 이어진 것이기도 했다. 자신의 진로를 포함하여 다양한 고민을 나눌 수 있는 친한 친구로 그가 내게 말한 이는 다 남자였다. 그가 언급한 여성은 대체로 특정한 외모의 사람이거나, 자신이 좋아했거나 자신을 좋아하는 것 같거나, 남녀관계에 대한 궁금증을 풀어줄 '여사친'이거나, 이런 경우가 대부분이었다. 나는 '우진에게 남자는 뭐고 여자는 뭘까'를 생각할 수밖에 없었고, 그 결론은 이러했다. 남자는 친구다. 그런데 여자는 우진을 좋아하거나 우진이 좋아하거나 여자에 대해 자신이 모르는 것을 들려줄 수 있는 사람인 것이다. 우진은 나를 페미니스트라고 생각하기 때문에 나와 대화할 때 자기 검열을 하게 된다고 말했는데, 그런 상황에서도 여성이 이러한 방식으로만 등장했다는 건 실제로 여성을 (성별이 크게 중요하지 않은) '친구'로 보기보다 (성별이 앞서는) '여사친'으로 본다는 증거처럼 느껴졌다.

희제   이를테면 나는 네가 여성인 지인들과 너의 진로에 대해서 이야기를 나눴다는 얘기를 들어본 적이 없어.

우진   근데 나는 떠오르는 사례가 많거든. 그것도 좀 머리가 아프네. 왜 그랬지? 봐봐. 내가 그렇다고 여자를 굳이 차

---

*   니나 파워 지음, 김성준 옮김, 『도둑맞은 페미니즘』 에디투스 2018, 91쪽

1장에 부처.

별할 이유가 없거든. 내가 왜 그런 걸 하겠어, 굳이? 근데 아무튼 일단 이거는 내가 뭐 더 이상 뭘 할 수가 없는게 일단 그건 팩트거든. 그건 나 동의해. 뭘 동의하냐면 우리가 대화할 때 내 말에서 여성이 어떤 방식으로 등장했는가, 그리고 나는 여성들과 어떤 대화를 했다고 너한테 얘기를 했는가까지는 동의가 돼. 그것까지도 오케이. 그러니까 그건 내가 할 말이 없어. 왜냐면 내가 그렇게 말했으니까. 그러니까 나를 부정할 수는 없어. 근데 웃긴 게, 그러니까 이건 조작된 기억이 아니고, 난 분명 다른 류의 대화도 여성들과 많이 했는데 왜 내가 그 얘기를 너한테 안 했지?

우진과 대화를 나누면서 느낀 것은, 이것은 우진의 문제라기보다 우진과 나의 관계의 문제였다. 우진에게 나는 자기 검열이 조금 필요한 페미니스트 친구이기도 했지만, 동시에 교회에서 할 수 없는 이야기들을 나눌 수 있는 '대나무숲' 같은 친구이기도 했다. 그러니까 우진은 다른 이들과 편하게 할 수 있는 이야기는 굳이 나와 나눌 이유가 없었다. 우진이 나와 대화를 나눌 때는 그가 평상시에 더 이야기하기 어렵다고 느끼는 주제들이 좀 더 강조되어서 등장했을 수 있는 것이다(이는 비단 여성에 대한 이야기에만 해당하는 것은 아니다). 그래서 연애에 대한 이야기가 더 많이 등장한 것이라고 생각해볼 수도 있다.

그다음은 도태남 인권운동가와의 비교다. 우진은 1장의 해당 부분을 읽은 뒤 억울함을 숨기지 못했다. 나에게 해당 인물이 등장하는 영상의 링크를 받고 그걸 시청하고서도 마찬가지였다. 그의 반응은 억울함과 분노가 섞인 것이었는데, 이때 억울함은 단지 '저런 애랑 같은 사람 취급 받는다'에서 오는 것이라기보다, 그에 대해 자신이 논리적으로 반박할 수 없다는 데서 오는 것이었다. 우진은 나와의 대화에서 자신이 저 인물과 왜 다른지 설명하려고 노력했다. 그 과정에는 해당 인물에 대한 강한 비판도 포함되어 있었다. 사람은 애초에 자신이 원하는 것을 모두 가질 수 없는데 저 사람은 그걸 못 받아들이는 사람처럼 느껴진다거나, 저 사람은 진심으로 생각이 한번 제대로 깨져봐야 한다거나, 그냥 징징대는 놈이라거나. 그는 이러한 사건들이 모태솔로에 대한 부정적인 인식을 더욱 강화할까 봐 우려하고 있었다. 그러나 그 와중에도 그는 양가적 감정을 느끼고 있었다. 내가 1장에 쓴 것처럼, 노력을 해서 성적 매력을 키울 수도 있겠지만 노력해도 안 되는 게 있다고 말한다는 점에서. 그러나 비슷하면서도 다르다고 말하고 싶은 마음이 강했다. 그리고 그 핵심에는 여성에 대한 성적 대상화의 문제가 있었다. 여성의 인격을 배제하고 도구화한 것은 맞지만, 성적 도구로 보진 않았다는 것이다.

1장에 부쳐,

우진   나는 그냥 연애와 섹스에 대한 관심이 있는 거지, (여성을) 상품으로 생각하고 싶지는 않아. 사람 대 사람으로 매력과 설득의 문제인 거지, 저 새끼는 그냥 소비의 개념이잖아.

그렇다면 이 차이에 주목해보자. 우진은 자신이든 해당 인물이든 여자랑 섹스를 하고 싶은 게 맞지만, 자신은 여성의 거절할 권리를 인정하고, 자신이 무해하다는 걸 여성에게 입증하고자 한다는 게 제일 중요한 전제라고 말했다. 이에 대한 설명은 다음과 같았다. 추첨제를 도입한다면 연애하고 싶지 않은 여성, 연애는 하고 싶지만 자신과 하고 싶지 않은 여성의 권리는 어떻게 되나? 그리고 이 지점이 제일 근본적인 차이 아닌가? 이건 공정이나 불공정을 따질 문제가 아니다. 남자가 자기가 원하는 여자를 만날 수 있어야 한다는 건 사람 사이의 마음에 관한 문제인 연애에서 지켜질 수 있는 규칙이 아니기 때문이다. 여기에 서로의 마음을 존중해야 한다는 것 외에 다른 규칙은 없다. 그리고 도태남 인권운동가를 자처하는 저 남성은 바로 이 지점을 전혀 이해하지 못하고 있다. 섹스를 하고 싶다고 말하기 전에 사람부터 되어야 한다는 게 우진의 생각이다.

이 지점에서 나는 페미니즘의 대상화 개념을 세분화한 논의를 떠올린다. 정치 철학자 마사 누스바움은 대상화를 일곱

가지로 분류했고, 언어철학자인 레이 랭턴은 여기에 세 가지를 덧붙였다. 이렇게 만들어진 열 개의 목록을 아주 간략하게 요약하면 다음과 같다.[*]

① **도구성** : 대상을 자신의 목적을 위한 도구로만 대한다.

② **자율성의 부정** : 대상이 자율성과 자기결정권을 결여한 것처럼 대한다.

③ **비활동성** : 대상이 자주성, 혹은 활동성까지 결여한 것처럼 대한다.

④ **대체 가능성** : 대상을 다른 대상과 교환 가능한 것으로 대한다.

⑤ **침해 가능성** : 대상의 경계를 해체하고, 부수고, 침입하는 것이 허용되는 것처럼 대한다.

⑥ **소유권** : 대상이 다른 사람에게 소유되고, 따라서 매매 등이 가능한 것처럼 대한다.

⑦ **주체성의 부정** : 대상의 경험이나 느낌이 고려할 필요가 없는 것처럼 대한다.

⑧ **신체로의 환원** : 대상을 신체 혹은 신체 부위로 환원한다.

⑨ **외모로의 환원** : 대상의 외모에 따라 그들을 대한다.

[*] Evangelia Papadaki, (2010) "Feminist perspectives on objectification", Stanford Encyclopedia of Philosophy.

치어를 삭제하는 글쓰기

⑩ **침묵시키기** : 대상이 말할 능력이 결여되어 있어서 침묵하는 것처럼 대한다.

이 목록에 따라 도태남 인권운동가를 자처하는 남성과 우진을 비교하면 차이가 보인다. 우선 우진의 번따 실험 안에서 드러나는 것은 여성에 대한 대상화 중 ① 도구성과 ④ 대체 가능성이고, 여성과 자기 자신 모두에 대한 ⑨ 외모로의 환원이다. 그는 여성을 자기 수양의 도구로 이해했고, 외모에 따라 대체 가능하다고 여긴 것은 사실이나, 그 나름대로 여성의 입장에서 덜 불쾌한 방식을 고민하고자 노력했고, 여성의 거절할 권리, 즉 자기결정권과 자율성을 당연한 것으로 생각하고 있기 때문이다. 우진은 (당연히 충분하지는 않다는 걸 본인도 알지만) 스스로 여성이라고 가정해보고, "내가 이렇게 하면 무섭지 않을까?"를 생각하면서 "상대방이 공포를 느끼지 않을 상황"과 "시선이 집중되지 않을 상황"을 만들기 위해 "개방된 공간, 어느 정도의 사람이 있는 상태"를 고려했다고 말했다.

그러나 '도태남 인권운동가'는 사실상 열 가지 모두에 해당한다. 여성과의 섹스를 자신의 권리와도 같이 생각한다는 것은 여성의 경험이나 느낌, 자율성과 자기결정권, 활동성과 고유한 경계를 모두 부정하고, 여성을 침입 가능한 대상으로, 그래서 자신의 성적인 목적을 위한 도구로만 여기는 것이기 때문이다. 그리고 대상화에서 두 사람의 이러한 차이는 행동과 결과와의 차이로도 이어진다. 우진이 완전히 무해하거나 안전하다고 말하는 것은 아니지만(그런 경우는 없기 때문이다), 두 경우 중 어느 쪽이 더 여성에 대한 직접적인 폭력이나 차별로 이어지기 쉬운지는 자명하지 않다.

그런데 글쓴이는 자신의 주장을 명료하게 만들기 위해 그런 차이를 그냥 뭉뚱그려버린 것이 아닌가? 아니, 글쓴이는 자신이 괜찮은 사람이라고 말하기 위해, 쉽게 동의를 받을 만한 결론으로 나아가고자 애써 이러한 차이를 외면한 것은 아닌가? 우진이 모태솔로 남성 인권 운동가를 자처하는 남성과 자신을 구분하고자 열을 낸 것보다 어쩌면 더 권위적이고 강한 방식으로, 글쓴이는 이 두 명의 남성 모두와 자신을 구분 짓고자 글이라는 매체를 통해 열을 내었던 것은 아닌가? 모든 재현이 대상화라지만, 1장에서 글쓴이는 우진을 도구로 취급하고 그의 경험이나 느낌을 고려할 필요가 없는 것처럼 만들지 않았는가?

이러한 맥락에서 1장에 부치는 이 글은 우진의 자율성을 부정하지 않고, 우진을 침묵시키지 않기 위해 필요하다고도 말할 수 있다. 사실 대상화 자체는 피할 수 없다. 어떤 상황이든 우리가 상대방에 대하여 무언가를 결정하고, 판단하고, 그 결정과 판단을 바탕으로 행동하려면 그의 특정한 부분을 부각시킬 수밖에 없기 때문이다. 그렇다고 해서 상대방이 복잡하고 고유한 존재라는 사실을 우리가 모른다는 뜻은 아니다. 대상화의 구체적인 방식을 들여다보는 일은 그래서 중요하다. 관심 있는 사람을 발견하더라도 그에게 번호를 묻기보다 그에게 자신의 번호를 알려주고, 그에게 노골적으로 '작업을 거는' 말을 하기보다 조용히 쪽지를 건네고 사라지길 선택하는 것까지 대상화라고 비판할 때, 대상화라는 말은 오히려 김이 빠지지 않을까. 그래서 나는 제안하고 싶다. 대상화 자체는 피할 수 없으니, 조금더 윤리적인 대상화를 고민하자고. 성공적이었다고 할 수 있을지는 모르겠지만, 우진이 그랬던 것처럼 말이다. 결과가 폭력적일지 아닐지에 대한 불확실성도 감안하고, 계속해서 수정해나가야 하는 것이겠지만. 윤리는 주어져 있는 것이 아니라, 계속되는 실천이니까. 대상화도, 윤리도, 관념적인 문제가 아니라지극히 구체적인 행동 하나하나의 문제라는 사실을 잊어서는안 된다. 윤리는 실무다.

여전히 나는 1장의 결론이 유효하다고 생각한다. 그러나그것을 도출하는 과정에서 나는 우진을 우진이게끔 만드는 여러 차이들, 우진이 자신의 윤리적 기준을 지키기 위해 했던 고민들을 삭제해버렸다. 우리는 모두 전형적인 인간들이지만, 우리의 전형성은 각자의 삶 안에서 독특한 방식으로 배치되면서서로 다른 인간을 만들어낸다. 윤리적인 글쓰기란 전형성의 내용보다 전형성의 독특한 배치에 초점을 맞추는 것일 테다. 이러한 기준을 토대로 말하면, 차이를 삭제하는 글쓰기인 1장의 내용은 비윤리적이다. 단지 우진의 개별성을 삭제하고 보편적인 결론으로 나아갔다거나, 글쓰기 행위 자체에 근본적으로 내재하는 폭력 때문만은 아니다. 복잡한 것을 복잡하게 다루기보다, 우진의 삶을 이해하기 쉬운 기존의 프레임으로 끌고 들어감으로써 '옳은 말을 하는 나'를 강조했기 때문에, 1장은 비윤리적이고, 어쩌면 폭력적이라고도 말할 수 있는 것이 아닐까.

그렇다면 우진을 더 잘 이해하기 위해 우리는 수능에 대한 이야기에 어떻게 접근해야 할까. 그리고 1장에 부친 이 글의 문제의식을 뒤에서 어떻게 이어나갈 수 있을까.

1장에 부쳐,

2 장에 앞서,

뭔가 머릿속에서
와글거리는

기
분

어떻게 이야기를 시작해야 할까. 우진과 다섯 시간 동안 이야기를 나누고 온 다음에 머릿속에 온갖 말들이 제대로 된 문장을 이루지 못하고 생겨났다가 사라지길 반복했다. 동시에 멍했다. 머릿속이 가득 차서 아무것도 없는 기분이었다. 그리고 그 중심에는, 내가 악착같이 열심히 살고자 했던 의지와 그렇게 얻은 결과가 누군가의 마음을 짓눌러왔다는 느낌이 있었다. 그 것도 나와 가장 가까운 친구 중 한 명의 마음을. 우진의 우울과 강박의 원인이 나는 아니겠지만, 그것이 쉽게 끝나지 않고 지속 되도록 만든 데 나의 몫이 컸을지도 모르겠다는 느낌.

우진의 우울과 강박이 본격적으로 시작된 것은 수험 생활 때부터였다. 더 잘하고 싶다는 혹은 더 잘해야 한다는 강박, 하지만 그것이 계속해서 좌절되는 데서 오는 우울. 이 사실을 알고 난 뒤, 나는 내가 우진의 마음을 어디까지 이해할 수 있을지 감이 안 잡히기 시작했다. 지금 이 글도 굉장히 머뭇거리며 쓰고 있다. 인터뷰 이후 글을 쓰기까지 걸린 시간은 1장에 비해 훨씬 짧지만, 그때보다 더욱 가슴을 졸이며 쓰고 있다. 이번에는 내가 어떤 위치에서, 어떤 경험 안에서 우진의 이야기에 다가갈 수밖에 없는지 구체적으로 서술해야 하기 때문이다. 그 이유는 2장의 본문에서 분명하게 드러난다.

1장의 경우, 나는 연애 경험이 있지만, 그럼에도 그가 가지고 있는 외모에 대한 열등감은 나 또한 이해할 수 있었다. 하지만 계속 대화를 나누면서, 외모가 핵심이 아니라는 생각이 들기 시작했다. 그의 열등감의 핵심에는 공부, 좀 더 정확히는 성적, 아니, 더 정확히는 대학이 있었다. 일반 공립고등학교를 나온 우진은 수능에서 국어, 수학, 영어 세 영역의 등급을 합쳤을 때 고3 때(15)보다 삼수 때(7) 총 8등급을 올렸고, 삼수 때의 점수로 서울 소재 한 대학 인문 계열에 정시 전형으로 합격했다. 그러나 만족하지 못하고 수능을 두 번 더 본 뒤, 대학에서 자퇴했다.

나는 수능을 두 번 봤다. 고3 때는 2, 2, 1등급이었고, 재수 때는 탐구 과목까지 합쳐서 네 개의 문제를 틀렸다. 목표로 삼았던 대학에는 들어가지 못했지만 정시로 대기번호 10번을 받고 연세대학교 경제학과에 입학했다. 항상 시험을 잘 봤던 건 아니지만, 그리고 당연히 점수가 오락가락할 때도 있었지만, 초등학교 때부터 고등학교 때까지 내 성적은 꽤 일관된 상향 곡선을 그렸다. 성적이 원하는 만큼 나오지 않는, 내가 싫어하는 재보다 시험을 못 보는 그런 고통은 알고 있지만, 그것은 대략 반에서 1~2등을 하고 전교에서 10등 안팎에 들어가던 고등학교 2학년 때부터 점차 사라지기 시작했다. 전공은 바꾸어서 대학원을 다니고 있지만, 대학도 나쁘지 않은 성적으로 졸업했다.

　　시험 성적과 대학이 인생의 전부가 아니라는 말은 아름답지만 아직 현실과는 거리가 멀다. 특히 수능을 다섯 번 보고 대학에서 자퇴한 우진과 같은 경우에 대해 말할 때는 더더욱. 마찬가지 이유로 나는 솔직히 2장을 잘 쓸 자신이 없다. 내가 잘 알지 못한다는 이유로 너무 조심스럽게 쓰거나 과장해서 쓰지는 않을지, 그 과정에서 우진의 고통이 잘 드러나지 않거나 고통만이 부각되지는 않을지, 우진과 내가 공유하는 세계의 모습보다 '패자'로서의 우진과 '승자'로서의 나의 대비만 두드러지지는 않을지…. 이런 온갖 걱정들로 머릿속이 와글거린다. 윤아랑 평론가는 뭔가 배 속에서 부글거리는 기분이 들 때 글을 쓰게 된다고 말했다.[*] 나 또한 그렇다. 여기에 덧붙여, 제대로 붙잡을 수는 없지만 뭔가 머릿속에서 와글거리는 기분이 들 때도, 글을 쓸 수밖에 없다. 우진은 수능에 대한 기억을 되짚는 것이 물에 잠긴 지하실을 더듬거리는 과정과도 같다고 표현했다. 평소와 달리 유독 같은 말을 자주 반복한 것도 그런 이유였을까. 나는 우진의 축축한 과거를 일부러 건조하게 요약하곤 할 것이다.

　　이제 침수된 지하실에 들어간다. 뭔가 머릿속에서 와글거리는 기분이다.

---

*　　윤아랑 지음, 『뭔가 배 속에서 부글거리는 기분』 민음사 2022, 65쪽.

2장에 앞서,

2^장

모든 것이어서
아무것도 아닌

마
음

> " 오랜 시간 실패가 중첩되면 사람은 기괴하게 변 "
> 한다. 사실 이미 많은 부분 보편성을 잃었고 감
> 정의 대부분이 고장 나 있다. 그럼에도 내 나름
> 기괴해지지 않기 위해 긍정적이고 밝음을 유지
> 하기 위해 노력했다.

와글와글. 이 단어에서부터 시작하자. 이건 우진이 아니
라 내 입에서 처음 나왔다. 그리고 내가 이 표현을 말하자마자
우진은 직감적으로 알았다. 이것이 자신의 경험을 정확하게 설

명하는 표현이라는 사실을.

우진   혹시 그런 경험 알아? 그러니까 막 이게 막 뇌가 천재적
으로 돌아가서 뺑뺑 도는 게 문제가 아니고, 그런 개념
이 아니고, 그냥 막 이상한 잡다한 생각이 안 꺼진다고
그랬잖아.

희제   뭔지 너무 잘 알아.

우진   그니까 컴퓨터 켜잖아. 그런 다음에 '작업 종료' 눌러야
되는데, 창이 30개가 띄워져 있는데….

희제   하나하나가 다 꺼지기 전에는 컴퓨터가 안 꺼지잖아.

우진   어, 그러니까 이게, 나는 종료를 누르고 싶은데, 30개가
뺑뺑뺑 돌아서 종료가 안 되는 상태가 왔어.

희제   내가 2022년에 그것 때문에 병원을 다녔어. 시작된 건
2018~2019년이었고.

우진   아, 너 진짜 힘들었겠다.

희제   그걸로 인한 불면. 밤에 자기 전에 누우면은 계속 그냥
나는 그렇게 표현했거든. 선생님한테 '저 머리가 너무 와
글거려가지고 아무것도 못하겠어요.'

우진   와글거려. 딱 그 표현이야. 아무것도 못 해. 너도 그거 아
는구나.

희제   아, 알지.

우진   내가 이게 이때 왔어, (재수) 초부터. 3, 4월부터.

　　나의 와글와글은 대인 관계에 대한 불안에서 비롯되었다. 가까운 이들로부터 사이버불링과 따돌림을 겪은 뒤, 나는 다른 사람들이 나에 대해서 어떻게 생각할지 과도하게 걱정하고 사람들을 피하기 시작했다. 자려고 자리에 누우면 사람들과 나눈 대화 하나하나, 사람들의 표정과 몸짓이 하나하나 떠오르기 시작했다. 거기서부터 생각은 꼬리에 꼬리를 물고 이어졌다. 나의 이 말이나 표정, 손짓을 사람들이 내 뜻과 다르게 해석했으면 어쩌지? 그러면 나는 여기서 (또) 쫓겨나는 걸까? 그렇게 머릿속은 생각으로 가득해졌다. 자려고 누웠지만 한 시간, 두 시간, 세 시간이 지나도 잠은 오지 않았다. 때로는 해가 밝아올 때까지 가만히 누워만 있기도 했다. 이것이 모두 와글와글 때문이었다. 나중으로 미룰 수 없는 생각들. 나를 붙잡고 놓아주지 않는 생각들. 그러나 문장으로 완성되지 못해서 해결되지도 않고 끝나지도 않는 생각들.

우진   6개월 동안, 아니 씨발 글이 안 읽히는 거야. 이게 너무 무서웠어. 이게 압박이었어. 왜냐하면 국어 100점 맞고 싶은데, 나는 도달할 수 없는 운명인가?

우진 또한 와글와글을 겪었다. 나보다 훨씬 먼저였다. 2014년 3~4월 정도에 시작했으니 나보다 4년 정도 와글와글 선배다. 다만 그의 이유는 달랐다. 그는 2013년 11월에 본 첫 수능 이후, 재수 시기의 6월 평가원 모의고사를 볼 때까지 대략 6개월 사이에 와글와글이 시작되었다고 말했다. 시작은 난독증에 대한 걱정이었다. 문장은 읽는 족족 "휘발"됐다. 한 문장을 읽고 다음 문장으로 가면 그 전에 읽은 것이 머리에 남지 않는 일이 계속 생겼다. 그는 당시에 대해 "정신이 부러졌다"고 표현했다. 그 이유는 여러 가지가 있었지만, 기본적으로 할 게 너무 많았다. 그는 이것이 고등학교 때 착실히 공부하지 않은 자신의 잘못이라며, 영어 공부로 치면 알파벳부터 외우기 시작해야 했던 수준이라고 설명했다. 한두 과목이 아니라 모든 과목이 전부 다 "펑크"가 나 있으니까. 그래서 그는 "매일매일 기절하듯이 잠들었"다. 다 하고 나면 정신이 없어서.

공부할 양은 이렇게 많은데 공부에 속도는 붙지 않았다. 그는 자신의 강박의 원인을 국어 공부에서 찾았다. 우진은 재수할 당시 학원을 다니지 않고 혼자 도서관에서 공부하는 소위 '독학재수'를 했는데, 이때 하루에 공부를 열두세 시간 했다고 말했다. 그중에서 다섯 시간을 국어에 썼다. EBS 국어 인터넷 강의 하나를 보고 바로 기출로 가서 "대가리를 박았"다. 80분 안에 풀어야 하는 기출 문제 한 세트를 시간 제한을 두지 않고 풀면 두 시간 넘게 붙들고 있었기에, 그럼에도 틀리는 문제들이 있었기에, 공부가 계속 부족하다고 느꼈다. 틀린 문제를 검토하다 보면 두 시간 이상이 또 걸렸다. 그래서 하루에 기출 문제 딱 한 세트를 풀 수 있었다. 그래서 더 "집착"했다. 우진은 자신이 6등급에서 시작하는 것이니 이해는 되지만, 돌이켜보면 "이미 이때부터 조졌다"고 생각했다. 그는 말했다. "지금 돌이켜보니까 삽질을 존나 했구나."

우진 6월 평가원 모의고사 날 잘 읽히더라고. 그날 갑자기. 그러니까 쉽게 말하면 뭐 포텐이 터진 거지. 그날 잘됐어. 이거 뭐 잘하는 애들은 다 느끼는 거긴 한데, 너도 알 거야. 글을 읽는데 그냥 풀어야 할 문제가 먼저 보여. 무슨 느낌인지 알지? 그냥 옆에 가면 그 문제가 있어. 풀어.

희제 읽으면서 이미 내가 답을 알고 있잖아. 문제랑.

우진 그거야. 딱 그 경지에 선 거야. 한 번. 그래서 '아, 이건가?' 약간 그 지점까지 간 것 같아. 근데 이제 잘하는 애들은 다 그렇게 하잖아. 나는 처음 겪어본 거야. 처음 겪었어. 진짜 신기했어.

난데없이 6월 평가원 모의고사에서 그는 엄청난 성과를 거뒀다. 6, 5, 4등급이었던 국어, 수학, 영어가 모두 2등급으로 올라간 것이다. "포텐이 터졌"다. 우진은 생각했다. 드디어 나도 '잘하는 애들'이 하는 경험을 해본 걸까? 그 경지에 오른 걸까? 하지만 그 기쁨은 오래가지 않았다. 재수 당시 수능 성적은 고3 때와 별반 다르지 않게 나왔다. 원서조차 쓰지 않았다. 그는 한동안 방에서 나오지 않고 벽만 쳐다봤다. 그러던 중 이렇게 살면 안 되겠다는 생각이 문득 들었고, 삼수를 준비하기로 결심했다. 가족은 우진을 말렸다. 애초에 첫 수능이 끝난 뒤에도 대학에 가는 대신 장사를 배우라던 부모님이었다. 하지만 우진에게는 단순한 문제가 아니었다. 부모님은 우진에게 좋은 대학에 가야 한다는 명시적인 압박을 하지 않았지만, 우진은 고졸인 부모님이 이루지 못한 대학이라는 꿈을 대신 이뤄야 한다는 압박을 계속 느꼈다. 무엇보다도 자신의 능력과 노력을 무시하는 아버지가 틀렸다고 증명하고 싶었다. 우진이 자세히 말하지 않았기 때문에 더는 알 수 없었지만, 가장이자 성공한 기술자이며 자신을 무시하는 권위자인 아버지를 이기는 방법이 우진에게는 수능이 아니었을까. 결국 그는 식당에서 매일 열두 시간씩 홀서빙 알바를 하며 돈을 모았고, 부모님의 도움을 조금 보태서 경기도에 있는 기숙사형 재수학원에 등록했다. 남들보다 늦은 3월이었다.

　　　　재수학원들 중에서는 학생들의 모의고사 등수를 복도에 붙여두는 곳들이 있다. 내가 다닌 강남대성학원도 그랬고, 우진이 다닌 기숙학원도 마찬가지였다. 그 종이를 우린 '빌보드'라고 불렀다. 종이 크기에 한계가 있으니 빌보드에 이름이 들어갈 수 있는 사람은 학원에서 가장 시험을 잘 본 소수의 학생뿐이었다. 우진은 학원에 들어가자마자 치른 3월 모의고사에서 빌보드에 이름을 올리는 데 성공했다. 심지어 상위권이었다. 다른 과목은 기억이 잘 안 나지만, 국어가 1등급이었다. 그는 자신이 "노답은 아니라는 걸 증명하는 기회가 돼서 기분이 좋았다."라고 말했다. 재수생이 많은 공간에서 삼수생으로서의 첫 인상은 그에게 중요했다. 삼수이기 때문에 더욱 실패하면 안 된다는 것 외에, 재수생들보다 잘해야 한다는 무언의 압박이 있었다. 이때 이 압박은 이중적이다. 하나는 '나보다 오래했으니 잘하겠지'라는, 재수를 '경력'으로 이해하는 관점이고, 다른 하나는 '삼수씩이나 하면 잘해야지'라는, 재수를 '실패'로 이해하는 관점이다. 고백하건대, 나 또한 재수할 당시에 같은 반의 삼수생들을 보며 이 두 가지 생각을 다 했던 것 같다.

우진 사람이 두 가지 부류가 있잖아. 배수의 진을 치는 파가 있고, 뭐 이거 아니어도 돼, 다른 걸로 먹고 살 수 있어. 그러니까 마인드가 두 가지가 있잖아. 나는 거기서 후자였어야 돼. 그러니까 마음에 여유가 있어야 했는데 그렇지가 못하니까 매일매일이 모의고사인 거야, 마음이. 그러니까 공부가 안 됐네. 좆됐다. 어떡하지? 그러니까 자꾸 영향을 주고 와글와글이 안 꺼져. 계속 어떤 와글와글이 있냐면, '야, 우진아, 너 그따구로 해가지고 가겠냐? 서강대 가겠냐? 너 안 된다.' 4월부터 '이거 안 되면 어떡하지? 어떡하지?' 이게 계속 이어지는 거야.

그런데 문제가 있었다. 두 번째 수능이 끝난 뒤 멈췄던 와글와글이 다시 시작된 것이다. 그는 그것을 "닫힌 방에서 물이 차오르는 느낌", "익사하는 느낌"으로 표현했다. 가슴의 답답함과 어지러움 같은 증상들을 돌이켜보면 그것은 공황장애였다. 혼자 있든, 누구와 함께 있든 상관없었다. 그리고 4월 모의고사를 망쳤다. 분명 3월까지만 해도 공부하면 서강대와 성균관대 정도는 가능하겠다는 생각이 들었다. SKY는 불가능한 목표로 느껴졌고, 서강대나 성균관대 정도면 '삼수인데 왜 그것밖에 못 갔어요?'와 같은 질문을 받지 않을 수 있을 것이라고 생각했기 때문이었다. 자신의 노력에 대해 더 설명하고 싶지 않았다. 그런데 역설적으로, 3월 모의고사에서 가능성을 봤기 때문에, "되겠는데?"라는 느낌을 받았기 때문에 "와, 씨발 나 이거 안 되면 어떡하지?"와 같은 생각도 들기 시작했다. "모든 걸 다 할 수 있을 것 같은 고양감과 아무것도 못 할 것 같은 좌절감과 우울을 반복해서 경험"하는 '이카루스 콤플렉스'가 이런 것일까.*

우진 미치겠더라고. 그러니까 이게 악순환인 거야. 그 와글와글도 켜지면서 공부가 안 되지, 공부가 안 되면 어떻게 돼? 점수가 어떻게 돼? 변화가 없고 막 떨어져. 막 떨어지니까 떨어지면 더 미쳐. '좆됐다. 어떡하지. 어떡하지.'

희제 와글와글했던 생각들도 다 이런 생각들인 거야? 점수? 여기 못 가면 어떡하나?

우진 그것도 있고, 강박. 머릿속에 강박이 뭐가 있냐면, '내가 방금 제대로 읽은 거 맞나?' 그러니까 그 짓을 공부할 때 너무 많이 한 것 같아. '나 기억이 안 나면 어떡하지? 나 제대로 읽은 거 맞나?' 그거에 대한 집착도 있던 것 같고 불안했나 봐. 계속 그런 게 반복되니까 공부 시간이라고 앉아는 있는데 제대로 된 공부가 안 된 거야. 지금 보니까 왜 점수가 안 나오는지도 이제 알겠네. 그때 뭘 잘못을 했는지도 이제 알겠네. 공부를 안 했네. 그러니까 그게 뭐 병이건 어떤 이슈건 간에 공부를 안 했네.

희제 결과적으로 공부를 못 했다.

우진 그래서 점수가 안 나오지. 그 와중에도 그렇게 빌보드 비빈 거 보면 진짜 우진이 고생 많이 했네.

*   엄기호·하지현 지음, 『공부 중독』 위고 2015, 35쪽.

정확히 같은 상황은 아니지만, 나는 모의고사를 본 뒤에 채점하던 날들을 떠올렸다. 모의고사를 보는 중에 문제가 헷갈릴 때마다, 채점 중에 한 문제가 틀릴 때마다, 나는 점수가 아니라 대학 이름과 학과 순위를 계산했다. 결코 정확한 방법은 아니었지만, 가장 상위의 대학과 학과를 머릿속에 그려둔 뒤, 한 문제를 틀릴 때마다 거기서 몇 칸씩 학과와 대학 이름을 지우며 내려가곤 했다. 첫 수능 점수로 어디에도 정시 원서를 쓰지 않았던 나는, 대학에 붙은 뒤 등록금을 내고 휴학생 신분으로 재수를 시작한 친구들을 보며 생각했다. '아, 나는 돌아올 곳이 재수학원밖에 없구나.' 이 생각은 모의고사를 보는 날뿐 아니라 평상시에도 아무런 맥락 없이 나를 괴롭혔다. 아니, 수험 생활 자체가 고통의 맥락이었다.

우진은 자신이 삼수 당시에 스트레스 관리가 전혀 되지 않았다고 말했다. 그것은 고3 때부터 계속된 문제였고, 스트레스가 풀리지 않고 계속 쌓이다가 삼수 때 병으로 완전히 터진 것이다. 그는 취미도 특별히 없었다. 음악을 듣는 것도 아니었고, 드라마를 보는 것도 아니었고, 게임을 많이 하는 것도 아니었다. 재수 때 주로 국어 공부에서 비롯된 강박이 삼수 때 불안과 우울로 이어졌는데, 그 과정에는 우진의 신앙도 영향을 끼쳤다. 그는 술이나 연애처럼 수험 생활의 스트레스를 잊을 수 있는 선택지들을 말했지만, 그것을 하지 않은 이유로 수험생으로서의 윤리와 자신의 신앙을 언급했다. 특히 여기서 두드러지는 키워드는 '성욕'이다. 우진은 삼수 당시에 성욕이 "번따에 미쳐 있는" 지금보다도 심했을 것이라고 말했다. 그러나 그는 신앙을 이유로 '금욕주의 생활'을 선언했다. 그리고 그는 삼수의 실패 원인을 여기서 찾았다.

우진 21살이면 호르몬 난리일 때잖아. 젊음이고. 게다가 예쁜 애들이 많았어. 엄청 많았어. 손가락이 모잘라. 웃긴 게 우리 반이 왜 유명했냐면 공부를 잘해서가 아니고 미인 이 많아서. 근데 진짜 예쁘긴 했어. 이거 팩트야. 근데 나만 (성욕이) 세겠어? 아니지. 야, 이 당시에 고추 새끼들. 야 스무 살, 스물한 살. 봐봐. 다 미친놈들이야. 뇌가 아니고 자지의 지배를 받는다. 다 그런 식이잖아. 미친놈들인 거야. 근데 봐봐. 이때 매일매일이 신앙과의 갈등과 투쟁이었어. 이 신앙 때문에 금욕주의 생활을 많이 했어. 모든 그런 세속적 도파민과의 결별.

희제 신앙을 이유로 다 끊은 거야? 삼수가 아니라?

우진 맞아. 근데 이때는 (성욕에) 진짜 미친 새끼였어. 술, 야동, 섹스, 또 뭐 있냐. 떠오르는 게 지금 딱히 없네. 내가 담배를 안 피니까 제외하면 뭐 있지? 아무튼 지금 해소할 게 없어. 그러니까 이거 뭐 (세속적 도파민을) 끊은 거 잘했어. 잘했는데, 약간 뭐라 그러지? 좀 핀트가 어긋났다. 그러니까 무슨 핀트냐면 공부를 잘할 생각을 해야 되는데 이 금욕주의를 잘하는 거에 좀 심취했던 것 같아. 멍청한 짓 한 거지.

금욕주의 생활이 삼수를 위한 과정이나 수단이 아니라 그 자체로 목표가 되면서, 오히려 수험 생활에서 적절히 스트레스를 해소할 방안들이 사라졌다. 설령 그 방안들을 실제로 실천하지 않았더라도, 금욕주의 때문에 그것을 향한 욕망마저 부정해야 했다. 그 결과가 불안, 우울, 강박이었다. 스물한 살의 우진에 대해서 현재의 우진은 "야, 9년 전이야. 이때 뭘 알겠어? 대학이 그냥 세계의 전부잖아."라고 말했다. 그러나 세계의 전부였던 대학은 그에게 전혀 구체적인 대상이 아니었다. 그저 몇 개의 거대한 이름들이 떠다닐 뿐, 어느 학과에 가고 싶다는 것조차 뚜렷하지 않았다. 대충 인문대나 사회과학대학, 어쨌든 인문 계열이면 충분했다. 대학의 '이름'은 높을수록 좋았다. 그가 정확히 언급한 학과는 사회학과와 철학과 정도였는데, 그 학과들에 가고 싶었던 뚜렷한 이유가 있냐고 묻자 우진은 대답했다. "없어. 그냥 간판이지, 씨발. 그냥 간판이야."

SKY라는 목표에 대해 우진은 스스로 "되게 추상적"이라고 표현했다. 그곳에 가기 위해 필요한 점수는 자신과 너무 멀었고, 그것은 손에 잡히지 않는 대상이기 때문이었다. 그런데 문제가 생겼다. 고등학교 친구인 L이 2015년 6월 평가원 모의고사를 앞두고 자신과 같은 반에 들어온 것이다.

희제 와글와글에 한 몫을 한 거야. L의 존재가?

우진 그렇겠지, 그럴 수밖에 없지. 왜냐하면 이제 그거지, 스카이라는 점수가 흐릿했잖아. 그러니까 되게 추상적이었잖아. 근데 L이라는 구체적인 지표가 나온 거잖아. 근데 이 구체적 지표가 나랑 너무 멀어. 이 괴리가 사람을 미치게 하더라. 지금 돌이켜 생각해봐도 별 의미가 없긴 하다. 왜냐하면 눈앞에 이런 존재가 있으면 사람이 무너지거든. 무너져.

우진에게 L은 넘을 수 없는 벽이었다. 노력으로 도달할 수 없는 것이 있다는 걸 L을 보며 느꼈다. L은 모든 과목에서 성적이 좋은 편이었던 데다가 특히 수학을 잘했다. 하지만 평상시에 공부를 대단히 열심히 하는 이미지보다는 노는 걸 좋아하고 이상한 언행을 일삼는 소위 '또라이' 캐릭터였다. 그의 성적과 캐릭터 사이의 불일치는 L이 다소간 '천재'와 같은 느낌을 풍기도록 했고, 우진은 바로 이 지점에서 굉장한 거리감을 느꼈다. 우진은 주로 엉덩이를 붙이고 오래 앉아서 공부하는 편이었는데, 자신이 보기에는 공부를 성실하게 하지도 않는 L이 너무 성적이 잘 나오고 말도 잘하니까 넘을 수 없는 산으로 느껴진 것이다. 그렇게 SKY라는 흐릿한 벽은 L이라는 아주 구체적인 친구의 모습으로 우진 앞에 등장했다. L은 6월 평가원 모의고사를 앞두고 들어왔다가 시험이 끝난 뒤 얼마 지나지 않아 다른 학원으로 옮겼지만, 그 짧은 시간 동안 우진의 삼수 생활에 큰 영향을 주었다. 와글와글은 점점 심해져만 갔다.

하지만 우진은 그 당시에 와글와글을 그저 "삼수의 무게" 정도로만 생각했다. 남들도 다 이렇게 살고 있는데 자신이 나약한 것이라고 생각했다. 이때의 고통이 정당한 고통이었다는 사실은 수능이 끝난 뒤에 논술 선생님을 찾아가서 대화를 해보고서야 깨달았다. 자신이 겪었던 것들을 말했더니 선생님은 병원 갔어야 하는데, 약을 먹었으면 좋았을 텐데, 하고 말했다. 아마 그는 이미 여러 학생을 병원에 보내본 경험이 있었을 것이라고 우진은 추측했다.

가장 큰 문제는 우진이 수험 생활 중에 자신이 힘들다는 사실을 누구에게도 제대로 털어놓은 적이 없다는 것이었다. 이는 자신이 힘들다고 남들에게 말하는 것이 민폐일 것이라는, 남에게 피해를 주기 싫다는 그의 일관된 태도와 관련된다.

희제　(수험 생활 당시에는) 선생님이랑 상담도 안 해봤어?

우진 안 해봤던 것 같아.

희제 힘든 얘기를 나눈 사람은 없었어?

우진 없던 것 같다.

희제 같은 반이든, 고등학교 동창이든, 가족이든.

우진 내가 그걸 말하는 게, 징징대는 것 같았어. 징징대는 거 싫어. 가족은 '네가 선택한 거 아니냐.' 그러니까 우리 가족이 약간 그게 있다? 우리 가족 입장이 누칼협(누가 칼 들고 협박했냐?)이야. 왜냐하면 애초에 부모님은 재수 망하고 그냥 대학 가지 말고 딴거 하라고 했거든. 재수도 안 좋게 봤어.

희제 그냥 너한테는 스스로 불러온 재앙이었던 거야?

우진 맞아. 딱 그거, 정확한 말. 스스로 불러온 재앙이야. 그러니까 가족 입장은 애초에 재수 하지 마, 너 그거 의미 없어. 삼수? 더 안 되지. 너 아니다, 너 딴거 해라. 근데 내가 힘들다고 하면 어떻게 말씀하시겠어?

희제 '그러니까 하지 말라 그랬잖아.'

우진 누가 칼로 협박했니? 그러니까 이거. 정확히 악깡버야. 네가 선택한 삼수다. 악으로 깡으로 버텨라.

희제 '누가 칼 들고 협박했냐? 네가 선택했다. 악으로 깡으로 버텨라.'

우진 가족 입장이 그거였어. 근데 나도 여기에 동의했어. 팩

트니까. 하지만 이미 정신은 부러지고 있었다. 아니, 이미 부러졌다. 친구는 너 말고 누구랑 연락했나? 지금 그게 기억이 안 나. 외로웠던 건 기억나는데. 일단 학원에서 말을 못 했어. 근데 그중에도 친한 무리들이 있었어. 남자애 한 셋이나 넷 무리, 그리고 여자애 한 셋이나 넷 이런 팀이 하나 있었어. 그런 일종의 그룹? 파티? 그냥 뭐 애들끼리 잘 놀더라. 근데 걔들 제외하고 나머지는 다 갠플[개인 플레이]이야. 그냥 우리 분위기는 좀 그랬던 것 같아. 진짜 걔네들은 대화를 잘하더라고. 근데 막 굳이 끼고 싶지 않았어. 왜냐, 걔네 등급이 3이라서 끼고 싶지도 않고, 약간 내가 의도적으로 거리를 뒀던 것 같아.

희제 친구 만들고 그럴 때가 아니라고 생각을 했던 거야?

우진 딱 그거 같아. 의도적으로 고립을 했어. 그러니까 지금 내가 누구랑 친분 쌓고 이럴 때가 아니다. 스스로한테 계속 그렇게 자기 암시한 것 같아. 누가 다가와도 한 발 빼거나 대화를 잘 안 했어. 학원 밖은 잘 모르겠어. 그 당시에 누구 만났나 기억이 진짜 안 나.

희제 그리고 그런 거 있잖아. 나도 나 재수할 때 대학 간 애들한테 연락 안 했었어. 그러니까 기본적으로 웬만하면 연락을 안 했어. 물론 나중에는 조금 하긴 했는데, 기본적으로 걔네한테 연락을 하는 거 자체가, 어느 대학이건 상관없어, 그냥 대학을 간 애한테 연락을 하는 것 자체가 내가 되게 패배자가 되는 느낌이기도 하고. 쟤는 대학 가서 재밌게 놀고 있을 텐데, 내가 왜 나의 이 힘든 마음을 굳이 걔한테 전염을 시켜. 그리고 솔직히 재수할 때 연락한다고 반가워하지도 않아. 내가 연락을 했는데 반응이 진짜 아니었던 그런 적들이 몇 번 있었어. 솔직히 그 친구들한테 내가 실망도 했지만 이해가 안 되지도 않아.

우진 그래, 맞아. 스스로도 이해가 돼. 그러니까 나도 오히려 그 생각 때문에 더 다가갈 생각을 못했다.

이처럼 그는 선생님과도, 함께 수험 생활을 하는 학생들과도, 학원 바깥의 친구들과도 대화를 제대로 나눈 적이 없었다. 가족도 마찬가지였다. 재수 때 시작된 강박은 목표의 반복되는 좌절 혹은 목표를 이룰 수 있을지 모른다는 가능성으로 인해 불안으로 이어졌다. 우진은 신앙에서 비롯된 금욕주의 때문에 수험 생활에서 오는 스트레스를 해소할 방법을 스스로 억압해버렸고, 민폐를 끼치고 싶지 않다는 태도는 가족과 친구를 포함한 그 누구에게도 자신의 고통을 털어놓을 수 없도록 만들었다. 원래도 스포츠나 게임 같은 취미가 없었던 우진에게 이는

스트레스를 분출할 그 어떤 여지도 남겨두지 않는 결과를 낳고
말았다.

우진 아니, 나는 고3 때도 대학 가서 하고 싶은 게 없던 것 같
고, '일단 대학을 좋은 데를 가서 생각하자'였던 것 같아.
가서 생각하자.

희제 '대학에 가면은 뭔가 좋은 일이 생길 것이다'라든가, 연
애나 여행을 하고 싶다거나, 교환학생을 가고 싶다거나,
밴드를 하고 싶다거나….

우진 좋은 대학에 가고 싶다. 좋은 대학 가고 싶다.

희제 그거 말고는 없었고? 근데 그 좋은 대학이 어디인지 딱
정해져 있는 것도 아니었고?

우진 그냥 스카이였던 것 같아. 딱 연고대였던 것 같아. 너 얘기
들으니까 그게 맞네 진짜로. (다른 하고 싶은 게) 없었다.

하지만 강박과 불안이 우울이 되는 과정에는 중요한 요
소가 하나 더 있었다. 우진은 수험 생활이 끝난 이후에 하고 싶
은 것이 없었다. 그런 걸 생각조차 해본 적이 없었다. 한국 사
회에서는 '수능만 끝나면', '대학만 가면'이라는 말을 앞에 붙이
며, 지금 하고 싶은 것들을 인내하라고, 행복을 뒤로 미뤄두라
고 요구한다. 실체 없는 행복은 연애나 여행과 같은 모양을 하

고서는 계속 지연되고 약속된다. 아니, 어쩌면 그것은 지연되고 약속됨으로써만 존재하는 것일지 모른다.* 그런데 우진에게 행복은 약속되어 있다고 말하기도 어려웠다. 좋은 대학에 간다고 해서 행복이 찾아온다는 믿음조차 그에게는 없었다. 좋은 대학에 가면 행복이 찾아오는 게 아니라, 행복을 생각이라도 하려면 좋은 대학에 가야 하는 것이었다. 그에게 구체적인 것은 L이나 빌보드, 모의고사 성적이나 국어 공부 시간과 같은 장벽들뿐이었다. 행복은 그에 비하면 너무 추상적이라서 당시에 상상조차할 수 없었던 것이다.

우진 사수는 못 하겠어. 근데, 봐. 좆같네. 좆같네. 하고 싶었던게 없네. 이게 컸구나.

희제 몰랐어? 인식을 못 하고 있었어?

우진 그러니까 지금 생각해보면 우진이 병신 새끼야, 가서 연애하고 섹스나 해라, 이러면 될 것 같긴 한데 이 생각을 못 했나 봐. 그래서 진짜 두드려 패야 된다. 이 당시만 해도 그 금욕주의가 되게 컸어. 그러니까 나는 여러 의미에서 정신이 이상해진 거야. 와글와글도 스위치가 안 꺼지니까 계속 우울 불안이 더 심해지고.

---

* 사라 아메드 지음, 성정혜·이경란 옮김, 『행복의 약속』 후마니타스 2021.

욕망의 부정과 소통의 부족, 그리고 희망의 부재. 이 세 가지의 부정성이 우진의 강박과 불안을 우울로 만들었다. 심지어 삼수를 하던 2015년에는 머리카락이 심하게 빠졌다. 우진은 "씨발 나 이거 망하면 진짜 간 썩고 머리 다 빠지겠네."라는 생각에 빠졌다.

그런데 와글와글이 끝났다. 삼수 정시 원서 접수가 끝난 2016년 1월이었다. 수능이 끝났다는 실감이 났다. 사수는 안 할 거니까. 사수를 안 하기로 한 것은 와글와글이 너무 힘들어서 그런 것도 있었지만, L의 영향도 있었다. 수능이 끝난 뒤 L은 우진에게 말했다. "야, 너 못 간다. 너 스카이 못 가니까 (사수) 하지 마라." 과일소주를 마시며 사수는 힘들어서 안 할 거라고 말했을 때, 같이 있던 또 다른 친구도 우진에게 말했다. "넌 아니야." 이 말들은 우진에게 학창 시절에 친구에게 들은 한 마디와 함께 연상되었다. "넌 잘하는 게 없어." 뒤에서 이야기하겠지만, 이 말들은 그가 2016년에 사수를 할 생각을 접게 한 동시에, 이후 군대에서 다시 수능을 보게 만든 계기가 되기도 했다.

수능은 끝났고 사수를 안 하기로 결심했지만, 머릿속이 조용한 시간은 그리 오래가지 않았다. 새내기로서 맞는 첫 중간고사 기간에 와글와글이 다시 찾아왔다. 전공 공부가 너무 적성에 맞지 않았던 것이다. 안 그래도 만족할 수 없는 수능 점수로,

모든 것이어서 아무것도 아닌 마음

만족할 수 없는 대학에 입학했는데, 전공마저 마음에 들지 않으니 스트레스가 다시 심해지기 시작한 것이다. 우진은 2016년에 스트레스로 인해 주기적으로 심한 복통을 겪었다. 2016년 말이 되어서는 머릿속 와글와글까지도 다시 심해져서 공부를 할 수가 없었고, 학점도 망쳤다. 도무지 견딜 수가 없어서 휴학을 결심했다. 이때까지도 스스로 병원에 찾아갈 생각은 하지 못했다.

그가 처음 정신과를 찾은 것은 어느 목사 덕분이었다. 우진의 스트레스는 전공 공부와 대학의 이름값에서만 오지 않았다. 그는 입학 직후 대학에서 동아리를 했는데, 자세히 밝힐 수는 없지만 그곳에서 여러 문제가 있었다. 여러 교회와 인연이 있던 우진이 당시 아는 목사 중 믿을 만한 사람에게 이 문제를 들고 갔고 자신이 겪는 증상들을 이야기하자 목사는 우진에게 정신과 의사를 소개해줬다. 동아리에서 나온 뒤인 2017년 봄이었다. 그때쯤부터 병원을 다니기 시작했다.

우진 별의별 검사를 했어. 진짜 별짓 다 했어. 뇌파 검사 같은 것도 했던 것 같아. 근데 의사가 되게 이상했대. 왜 이상했냐면 ADHD는 아니래. 성인 ADHD는 아닌데, 뇌파가 ADHD랑 똑같다는 거야. 그러니까 여러 검사를 했는데 다른 데서는 다 ADHD가 아닌데 뇌파만 똑같대. 이게 무슨 얘기냐면 우울이 너무 심해서 뇌파가 다 망가져

있대. 생산적 활동 불가, 그리고 인지 활동 불가. 그냥 아예 뭔가를 읽고 생각하는 과업 수행이 안 된다. 그때 느꼈어. 좆됐다. (1학년 때) 공부를 할 수가 없는데 어떻게 학점이 나와? 이것도 변명이라면 할 말 없는데 진짜 못 하겠더라고. 그냥 작업을 할 수가 없어. 뭐든. 근데 부모님이 들으면 '지랄하네.' 이제 이렇게 되는 거야. 그러니까 내 말을 안 믿어줘. 근데 생산, 과업 수행이 안 된다는 얘기를 듣고 내가 이게 이해가 되기 시작하는 거지. 단순히 변명이 아니구나. 변명이 아니고 병이구나. 그래서 그때 느낀 게, 약 먹어야겠다. 그때부터 약을 먹기 시작한 것 같아.

그러나 문제가 있었다. 군대였다. 그는 이미 2018년 초에 입대를 하겠다고 2017년 초에 확정해둔 상태였다. 의사에게 이를 알리자, 의사는 입대를 미루라고 말했다. 하지만 우진의 입장에서는 "이미 나이가 너무 밀린 것"이었다. 자신과 동갑인데 한 번에 대학에 붙은 이들은 14학번이니까 2015년이나 2016년에 이미 군대를 갔고, 빨리 간 애들은 이미 전역을 했는데 자신은 2018년에 가게 되는 것이니 더는 미룰 수 없다는 입장이었다. 그런데 군대에 가면 약을 먹을 수가 없다. 물론 약을 가져갈 수는 있지만, 여기부터 상황이 이미 꼬인다는 것이 우진의 설명이었다. 약물 반입 승인을 받아야 하기 때문에 우진은 본격적인 군 생활 전부터 일종의 관심 병사 취급을 받을 것을 우려하고 있었다.

군대 면제도 애매했다. 명백한 군 면제 사유인 나의 크론병과 달리, 우진의 정신질환은 치료 기간도 더 필요했고, 설령 현역 복무를 안 하게 되더라도 공익근무요원에 해당하는 4급이었다. 우진은 지금 자신의 상태가 정상적이지 않으니까 군대에 안 가는 것이 낫다고 생각했지만 동시에 군대에 안 가면 이후에 어떤 불이익을 겪을지 알 수가 없었고, 면제가 가능한지 심사라도 받으려면 1년을 더 미루고 치료 기록을 확보해야 한다는 것이 "너무 치욕스러웠"다고 말했다. 그래서 그는 결국 군대를 미루지 않았고, 치료를 중단할 수밖에 없었다.

정신질환뿐 아니라 불만족스러운 대학 생활로 결말이 난 우진의 수험 생활은 자존감 하락으로도 이어졌다. 휴학을 한 상태였던 2017년에 좋아하는 사람이 생겼다. 두 살 연하에, 신촌 인근 대학의 경영학과에 다니는 여학생이었다. 교회에서 그를 만났지만, 우진은 다가갈 수 없었다. 자신의 대학에 대한 열등감 때문이었다. 그러나 이 열등감은 '여자보다 좋은 대학을 다녀야 한다'라는 것이 아니라고 우진은 거듭 강조했다. 이는 SKY 자체에 대한 열등감, 그러니까 대학에 대한 자신의 기준의 문제였다. 물론 곧 군대에 가야 하기 때문에 양심상 좋아한다고 말할 수 없는 것도 있었지만, 그게 아니었더라도 우진은 좋아한 다고 말하지 못했을 것이라고 생각했다. 연애 감정뿐 아니라 교회에서 하는 다른 친목 활동에서도 어려움을 느꼈다. 대학으로 인한 자존감의 타격은 그의 인간관계 전반에 악영향을 주었다.

우진 지금 생각하면 포기할 필요가 없었거든. 근데 대학 때문에 자존감이 낮더라고. 대학 때문에 그랬던 것 같아. 다른 사람이긴 하지만 이때도 잘될 수 있는 누나 한 명 있었는데, 아 존나 아깝네. 생각할수록 이거 진짜 아깝네. 지금 생각해보면 되게 잘될 수 있는 사람이었던 것 같은데, 자존감 이슈가 너무 컸다. 야, 근데 이거 안 되니까 그냥 아무것도 안 되더라. 자존감 문제가 해결이 안 되니까 그냥 뭐 인간관계든 뭐든 다 잘 안 돼.

이런 상황에 우진은 입대했다. 수험 생활에서 비롯된 정신질환과 대학의 '급'에서 비롯된 대인 관계의 문제, 그리고 주변인들에게 들은 말들—"야 너 못 간다. 너 스카이 못 가니까 (사수) 하지 마." "넌 아니야." "넌 잘하는 게 없어."—은 군인이 된 우진이 사수를 고민하게 만들었다. 그러나 우진은 확실하게 결정을 내릴 수 없었다. 사수를 하겠다고 결심하거나, 아니면 접기로 결심해야 했다. 더 나은 대학을 위한 기회를 포기하고 자신의 전공 공부에 푹 빠져 있는 군대 동기, 우진과 비슷한 성적으로 지방 거점 국립대학에 들어갔지만 자신의 대학에 만족하며 다니고 있는 군대 동기를 보며, 우진은 마음이 복잡해졌다. 그는 이들을 부러워하기도 하고, 이들로부터 열등감을 느끼기도 했지만, 수능을 빠르게 접고 자신의 전공 공부에 매진할 수 없었다. 수능과 대학이야말로 우진에게는 모든 문제의 근원처럼 느껴졌기 때문일 것이다. 하지만 다시 수능을 봐서 좋은 성적을 거둘 수 있을지에 대한 확신도 없었다. 그렇게 우진은 각 잡고 제대로 사수를 준비하지도 못했고, 그렇다고 전공 공부를 하거나 자신이 하고 싶은 다른 무언가를 찾지도 못했다. 그렇게 2018년 11월의 수능을 망쳤다. 마찬가지로 2019년 11월의 수능에서도 우진은 만족스러운 결과를 얻지 못했다. 군 생활조차도 수험 생활의 연장선일 뿐이었다.

지금까지 한 이야기에서 내가 강조하고 싶은 것은, 우진이 이 모든 상황을 자기 마음의 문제로 생각한다는 것이다. 우진에게는 수험 생활의 성공도 실패도 모두 자신의 마음에 달린 것이었다. 그리고 그것의 결과도 모두 마음과 관련되었다. 태도, 마음가짐, 자존감…. 어쩌면 그에게서 나타나는, 상황을 통제하고 특히 인내력과 같은 정신적 능력을 기르고자 노력하는 모습도 이것과 관련이 있을까. 우진은 최근에도 수능과 관련된 유튜브 채널을 보고 있는데, 그는 거기서 '성공하는 마인드와 실패하는 마인드'에 대한 이야기를 보고 공감했다고 말했다. 우진은 자신의 태도가 수많은 학생을 가르치고 상담한 그 유튜버가 말하는 '실패하는 마인드'에 정확히 해당한다고 말했다. "이거 아니면 안 돼"와 같이 배수의 진을 치고 가면 무조건 실패한다는 것이다. 이 이야기에서도 우진은 수험 생활에 겪은 어려움을 오직 자신의 마음가짐 문제로 돌리고 있었다.

수험 생활과 관련된 모든 문제를 자신만의 개인적인 문제로 축소하는 것은 자신의 고통을 침묵시키는 결과로 이어졌다. 이번 인터뷰에서 우진의 말은 자주 끊기고 중심을 잃었는데, 우진은 이에 대해 "지금 내가 일부러 말을 안 하려고 하는 게 아니고, 결국에는 내 노력 부족이었다는 게 계속 머릿속에 떠올라. 그냥 내 노력 부족이었다."라고 말했다. 내가 무엇이라고 말해도 그에게 닿지 않는 것 같았다. 그는 '노력 부족'이라는 것이 자신의 머릿속 와글와글 중 하나라고, 그것이 자꾸 자신이 변명을 하고 있다는 느낌을 받게 하여 자신의 입을 막는다고 말했다. 너의 노력을 내가 봤다고, 결과와 무관하게 너는 최선을 다했으며 내가 그것을 안다고 말해봤자 그런 것은 의미가 없어 보였다. 나의 말들은 핸드폰에는 녹음되었을지언정 우진의 귀 앞에서는 흩어졌다. 온전히 자유롭다고 착각하는 사람들이 자기 자신을 착취하고 공격하기 시작하면 "피착취자는 혁명

가가 아니라 우울증 환자가 된다"는 진단은 우진 같은 사례를 통해 구체적으로 분석될 필요가 있다.[*]

그리고 대화를 나누다가 그 이유를 깨달았다. 그가 이런 생각들을 처음 하게 만든 것이 나는 아닐지언정, 그가 자기 자신을 탓하게 만드는 생각에 가장 생생하고 가까운 근거를 제공함으로써 그의 자기 비난을 강화하고 지금까지 계속되게 만든 장본인이 바로 나일지도 모른다는 걸. 이 부분에 대해서는, 조금 길지만 나와 우진의 대화를 그대로 인용할 수밖에 없다.

우진   그러니까 이게 문제인 거야. 나도 말하면서 웃긴 게 뭔 줄 알아? 병 생긴 게 계속 영향을 줬는데, 맞는데, 뭐라고 생각하면 좋을까? 그러니까 이게 나를 변호해주지 않는 것 같아. 그냥 솔직히 변명일 뿐이다. 패자의 변명이다. (…) **내 잘못이라고 생각해. 내 잘못이야. 그냥 내 잘못인 거야. 내 잘못이야. 내 잘못이라고 생각해.** 솔직히 그리고 다들 경험 있잖아. 이게 하다 보면 마음이나 몸이 한 번씩 부러지거든. 근데 또 누군가는 씨발 증명해서 잘 봤어. 잘했어. 그래 갖고 자기가 원하는 걸 얻었고, 누군가는 나처럼 또 추락을 했겠지. 근데 재밌는 거는 얘네

*   한병철 지음, 김태환 옮김, 『심리정치』 문학과지성사 2015, 17, 45쪽.

들도 나처럼 생각하지 않을까? 그러니까 억울한 애들도 있을 거야. (⋯) 추락을 해서 억울한 영혼들도 많더라. 근데 나는 그게 참 애매한 게, 그래 뭐, 그러니까 핑계 없는 무덤이 없잖아. 다 사연이 있지. 다 사연이 있는데, 나는 그렇게밖에 안 들리더라고. 그러니까 나도 솔직히 실패한 사람이긴 한데, 다 자기 각자 문제가 있다. 누구나 다. 그러니까 정도도 다를 거고 종류도 다르지만, 다 있다. 누구는 집안 문제도 있고. 누구는 실제로 집안 박살난 경우도 있잖아. 막 누구 부모님 이혼하시고 그런 경우도 있고, 가족 중에 아프고, 셀 수도 없겠지. 나는 다 알지도 못하고. 근데 누군가는 해냈다. 그중에 누군가 해냈다. 그 말은 뭐냐? 못한 사람 잘못이다. 난 진짜 너 되게 존경스러웠던 게, 아니 씨발 저거 진짜 병원에 누워있는데, 어떻게 저걸 포기를 안 하고 저걸 하지? 진짜 독하다, 막 이 생각했던 거. 진짜 리스펙했어, 진짜로.

희제 입원은 며칠 안 했지만 독하긴 했지.

우진 나는 옆에서 봤잖아. 실제 사례가 있잖아. 그러니까 막 인터넷에서 누구는 그랬다더라, 이게 아니라, 봤잖아. 보니까 할 말이 없어. 쟤는 진짜 대단하다. 그래, 희제 진짜, 진짜 아프고 얼마나 힘들었을까. 나는 저 아픔을 알지도 못하는데, 어떤 마음을 갖고 공부를 했을까. 이러

모든 것이어서 아무것도 아닌 마음

면서 드는 생각이, '그래도 증명했네.' 그리고 '존나 멋있다.' 인정. 박수. 이거밖에 안 되더라고. **그러니까 이거는 네 탓이 아니고, 그냥 너를 보면서, 진짜 증명했네, 존나 멋있다. 이 생각밖에 안 든 것 같아. 내가 옆에서 봤잖아. 그러니까 억울함이 안 생겨. 그냥, 그냥, 그것도 이겨내야 되는구나. 누군가는, 봐봐, 고난을 변명 대상으로 보잖아. (근데) 나는 너를 봤잖아. 내가 느낀 게, 씨발 이거는 극복의 대상이구나. 나는 발상이 아예 이렇게 고정돼버린 것 같아. 그러니까 할 말이 없더라고.** 그러니까 물론 너가 그때 지적해준 게, (각자가 처한 상황의) 정도도 다를 수 있고, 그거는 알 수가 없다 하지.

희제　종류와 정도가 중요한 게 아닌가?

우진　그것도 맞는데, 근데 나는 여기 앞에서 진짜 입꾹닫(입 꾹 닫음)이 된 것 같아.

희제　나 때문에….

우진　근데 꼭 너 때문은 아니고….

희제　근데 내가 제일 가까웠던 사례지?

우진　그치, 그것도 있고. 아까 내가 한 얘기 있지, 결국에 누군 가는 해냈다. 그러니까 내 잘못이다, 그래서 할 말이 없지 않나. 그래서 (변명하는 게) 되게 멋이 없어 보이더라고.

희제　많은 사람들이 가지는 생각이지, 경쟁이 심한 사회에서.

우진　그냥 그래서 내 눈에 너는 진짜 초인의 존재였어. 초인의 존재. 봐봐, 누가 가까운 사람이 잘 되면 부럽거나 질투할 수 있잖아. 근데 진짜 그게 안 들던데? 그러니까 이런 거야. 대학을 잘 갔으니까 부러울 수 있지. 근데 중요한 거는 부러움, 질투가 안 생긴다니까? 네가 어떤 과정 겪었는지 알잖아. 아니까 그냥 '진짜 초인인가? 말이 되나?' 이러고 그랬던 것 같아.

　　우진과의 대화가 끝난 이후에 머릿속에 온갖 말들이 제대로 된 문장을 이루지 못하고 생겨났다가 사라지길 반복했던, 그리고 동시에 멍했던 이유는 여기에 있다. 그에게 들은 이 말들이 끊임없이 맴돌았다. *나는 너를 봤잖아. 내가 느낀 게, 씨발 이거는 극복의 대상이구나. 나는 발상이 아예 이렇게 고정돼버린 것 같아. 그러니까 할 말이 없더라고.* 나는 생각할 수밖에 없었다. 나는 어떤 삶을 산 거지? 나는 어떤 세상에서 살고 있는 거지? 내가 악착같이 열심히 살고자 했던 의지와 그 결과가 우진이의 마음을 짓눌러왔다는 사실을 나는 견디기 힘들었다. 우진의 우울과 강박의 원인이 나는 아니겠지만, 그것이 쉽게 끝나지 않고 지속되도록 만든 것은 나, 아니, 나의 치열한 노력과 운 좋게 성공한 입시 때문일지도 모른다. 잔인하다. 이 잔인함 앞에서 나는 어떤 말도 이어갈 수가 없었다. 경쟁 사회에서 어떤

모든 것이어서 아무것도 아닌 마음

형태로든 성공을 이룬 이는 다른 이들을 짓밟은 것이라는 당연한 사실이 십년지기 친구와의 관계에서 구체화되는 순간의 잔인함. 나는 우진에게 글을 넘길 준비를 하는 것밖에 아무것도 할 수 없었다.

우진은 모든 것이 마음먹기에 달려 있다고 생각했다. 어떤 고난이든 성공하는 마인드를 가지면 극복할 수 있다고 생각하게 되었다. 그래서 마음의 고통은 아무것도 아닌 것이 되었다. 그 또한 자기가 마음먹기에 달려 있을 뿐이니까. 그래서 우진에게 마음은, 모든 것이기에 아무것도 아닌 것이 되었다. 그리고 그 중심에는 나의 노력과 성공도 있었다.

그런데 모든 것이 마음먹기에 달려 있는 것이라면, 왜 우리는 고통스러운 걸까? 고통스럽기로 작정했다는 의미일까? 그럴 리가 없지 않나. 나는 말하고 싶다. 무엇이든 마음먹기에 달려 있다는 그 말을 우리의 고통이 자신의 존재 자체를 통해 반박하고 있다고.

혹자는 '패배자'와 '승자'를 나누고, '패배자'들에게 모든 책임을 묻는 우진의 사고방식을 폭력적이라고 비판하고, 우진을 신자유주의가 길러낸 '괴물'이라고 부를지도 모른다. 그러나 그 폭력은 이미 우진 자신에게도 향하고 있다. 남들을 비난하기만 하는 것이 아니라 똑같은 논리로 자기 자신을 죽여온 사람을 그저 '괴물'이라고 부르는 것은 정의로운가? 그것이 우리의 문제를 해결할 수 있는가? 오히려 여기서 괴물은 자신이 평생 저질러온 수많은 일들이 의도와 무관하게 폭력이라는 사실을 머리로는 알지라도 몸과 마음으로 느끼지 못한 내가 아닌가?

나의 치열한 삶이 우진의 자기 비난과 정신질환, 그리고 자존감 하락으로 이어지는 잔인한 제로섬 게임을 나는 어떻게 받아들여야 할지 여전히 모르겠다. 책의 서두에서 나는 우정이 만들어내는 사회, 그리고 우정을 만들어내는 사회를 함께 고민하자고 제안했다. 친구가 된다는 일에 대해 함께 이야기해보자고 제안했다. 그러나 내가 좋은 삶을 향해 달린 결과가 친구를 지난 10년 동안 궁지에 몰아넣고 있었다는 사실을 깨달은 지금, 나는 이런 세상에서 친구와 우정이라는 말을 어떻게 생각해야 할지 모르겠다. 그것을 희망이나 가능성의 언어로 사용할 수 있는 건지, 잘 모르겠다.

정말 이 모든 것이 '나'의 문제로 다가오면서부터, 나는 분석을 위한 거리를 확보하는 데 실패하기 시작했다. 이 다음 장에 어떤 이야기를 담아야 할지도 불확실해졌다. 그리고 나는 이 철저한 실패의 기록을 우진에게 보여주어야 한다.

2장에 부쳐,

뭔가 목 속에서
걸리적거리는

기
분

　　시원함이 없다. 뭔가 더 말을 해야 할 것 같은데, 뭔가 목에 걸린 것 같은데 나오지 않는다. 이것이 지난 인터뷰를 하고 나서, 그리고 내가 작성한 2장의 내용을 읽고 나서 우진이 내게 남긴 소감이었다. 1장은 밖에서, 특히 교회 공동체 안에서 할 수 없는 이야기를 했기 때문에 "해소감"이 있었지만, 2장은 그렇지 않다는 것이었다. 그는 기분이 좋지 않다고 말했지만, 그렇다고 기분이 나쁜 것도 아니라고 말했다. 수능과 관련된 이야기를 꺼낸 것이 후회된다는 말도 아니었다. 다만 그에게 남는 생각은 하나였다. '이런 얘기를 한다고 무슨 의미가 있지?'

1장에 부치는 글에서 우진은 할 말이 많았다. 하지만 2장에 부치는 글에서 우진은 자신이 무슨 말을 해야 할지 모르겠다고 내게 말했다. 할 말이 없다는 것이 아니다. 뭔가가 있는데 잡히지가 않는다는 것이다. 어쩌면 이 글을 읽고 있는 독자는 이렇게 생각할 수도 있다. 우진은 그냥 입시에 실패하고 거기서 오는 패배감에 사로잡힌 모태솔로가 아닌가? 이는 나 또한 인터뷰를 하고 글을 쓰는 내내 한 번씩 흘깃 보게 되는, 아주 단순하고 익숙하며 강력한 프레임이다. 하지만 나는 우진의 감각에 집중하고 싶다. 뭔가 목 속에서 걸리적거리는 느낌 말이다.

　　연애와 수능이라는 키워드는 각각이 하나의 방이 아니다. 나는 우진의 마음속에 있는 방들을 헤집고, 우진이 꺼내 온 기억, 감정, 경험을 내가 만든 방에 임의로 배치하고 있다. 그러니 우리가 지금 보는 것은 실제 우진이 살고 있는 방이 아니라, 내가 글을 통해 만들어낸 우진의 방들이다. 그리고 우진은 내가 정돈해둔 방들을 보며 자꾸만 어떤 아쉬움을 느낀다. 이것이 자신의 실제 방이 아니라는 생각 때문이다. 가장 중요한 뭔가가 빠져 있는 느낌.

　　그러나 우진은 바로 그 뭔가를 말로 꺼낼 수 없었다. 꺼내고 싶지 않은 것일지도 모른다. 그의 말마따나 1장과 달리 2장의 내용은 '못 하는 말'이 아니라 '안 하는 말'이니까. 그래서 결국, 우진이 반론하거나 보완할 기회로 마련한 이 자리는 나의

뭔가 목 속에서 걸리적거리는 기분

2장에 부쳐,

추정으로 채워지게 생겼다. 너무 중요해서 이야기될 수 없는 것들은 바로 그러한 이유로 넘겨짚을 수밖에 없는 걸까.

그는 2장에 대해 "여음구 같다"고 말했다. 시조에서 의미값이 없는 부분. 나는 물었다. 우울, 강박, 불안, 이 모든 게 여기서 비롯되었는데 그게 어떻게 의미값이 없는 부분이냐고. 그는 대답했다. 그 사실을 인정하고 싶지 않다고. 이 시기의 내용은 "폐기되었어야 할 오답 노트"다. 자신이 "졸업"하지 못한 무언가에 대한 증거라는 것이다. 연애에 대한 이야기는 말하면서 불편하지 않았지만, 수능과 관련된 이야기는 말하면서 불편했다. 자기가 정말 이 문제에서 졸업했다면 무덤덤해야 하는데 그렇지 않아서 기분이 나쁘다. "아직도" 말이다. 그는 스스로에게 짜증이 난다고 말했다. "남한테 짜증 낼 건 없지. 그냥 이건 내 문제 잖아."

요컨대, 1장은 못 하는 말이고, 2장은 안 하는 말이다. 1장은 시원한 소주 같았는데 2장은 엄청 탁한 막걸리 같다. 입시에 대한 아쉬움, 그리고 지금 인터뷰에서 할 말이 있는데 하지 못하는 아쉬움이 구분이 안 된다고 우진은 말했다. 목에 뭔가 걸려 있다는 느낌이 사라지지 않는다. 그러나 동시에, 우진은 자신만 그런 걸 느끼지는 않으리라고 확신했다. 그리고 또한 동시에, 바로 그렇기에 우진은 이 느낌이 말할 만한 가치가 없는 것이라고 생각했다. 모두가 느끼기에 자기만 유난 떨 필요 없다고. 그가 거듭 반복했듯이, 이건 자신의 책임일 뿐이니까.

한 연구에 따르면, 대입 N수 경험이 있는 이들은 대학 서열을 강조하는 한국 사회에서 가장 길게 고통을 겪은 이들인 동시에, 대학 서열과 능력주의 담론을 가장 성실하게 재생산하는 이들이기도 했다. 이들은 좋은 대학을 나오지 않으면 제대로 된 사람 취급도 해주지 않는 한국 사회에서 N수생이 되도록 강요받았으면서도 그것을 자신의 선택이자 책임으로 여겼다.[*] 실제로 우진은 "수미잡〔수능 미만 잡〕"과 같은 말을 한다거나, "수시충"에 대한 멸시를 강하게 드러내기도 했다. 실패한 사람은 모두 노력이 부족한 것이냐는 나의 질문에 그는 그렇지는 않다고 대답했지만, 똑똑한 사람 역시 수능에서 실패할 수 있다고 말하면서도 대체로는 대학이 성적과 노력에 따라 공정하게 분배된다고 믿고 있었다. 결국 어떤 상황에서든 성공하는 사람들은 있다. 사회 탓이든 남 탓이든, 그건 "멋없는" 것이다.

하지만 수능을 여러 번 치르면서 강박, 우울, 불안을 겪게 된 사람은 우진만이 아니다. '재수는 필수, 삼수는 선택' 같은 말들은 그래도 삼수까지는 어느 정도 고려할 수 있는 범위로 여겨진다는 점을 보여준다. 우진이 삼수 이후 대학을 일단

[*] 엄수정·송요성, (2021) 「대입 N수생의 삶: 능력주의와 교육열에 대한 비판적 고찰」 『내러티브와 교육연구』, 9(3), 31~54쪽.

2장에 부쳐,

진학한 것을 떠올려보아도 그렇다. 거기서 두 번을 더 보는 것은 분명 다수의 선택은 아니다. 그러나 그 비율은 결코 적지 않다. 물론 우진은 인문계열이었지만, 의대의 경우 정시에서 N수생의 비율은 거의 80퍼센트에 육박한다. 민형배 의원실의 자료에 따르면, 2020년부터 2022년까지 의대 정시 합격자 비율에서 고3에 바로 합격하는 '현역'의 비율은 20퍼센트 정도이고 나머지는 모두 N수생인데, 2022년의 경우 사수 이상의 비율이 17퍼센트였다. 삼수가 25퍼센트, 재수가 36퍼센트였다는 점을 고려할 때, 사수 이상의 비율은 생각보다 높은 편이다.[*]

　　의대는 특히 N수생 비율이 높은 편이라서 이를 수험생 일반으로 일반화하기 어렵다는 점도 사실이나, 문제는 전체적인 통계를 찾기가 어렵다는 것이다. 특히 사수생 이상인 사람들의 경험을 구체적으로 알기는 어렵다. '재수'와 '삼수'까지는 검색을 해도 나오고, 그에 대한 비율을 찾기도 쉽다. 그러나 평균 응시 횟수나 수능을 3회 이상 응시한 사람의 비율 같은 것들의 정확한 수치는 여러 방법으로 찾아헤맸지만 'N수생'으로 퉁쳐진 자료 외에는 결국 찾을 수 없었다. 마치 사회가 잊어버린 존재들처럼 느껴졌다. 하지만 삼수 이후에도 수능을 더 준비한 소위 '장수생'들의 이야기를 들어보면, 이것이 결코 그들만의 이

[*]　　김주연 기자, 〈의대 정시로 몰리는 'N수생'…3년 새 4수 이상 합격 2배 늘어〉 청년의사, 2023년 3월 3일.

야기가 아님을 알 수 있다.

유튜브 채널 「씨리얼」에서 기획한 '수능, 당신은 몇 년까지 투자할 수 있습니까?'라는 영상에는 삼수생, 오수생, 육수생이 나와서 자신의 경험을 나누었다. 이들은 최고의 명문대에 진학해 자존감을 높이고 싶었고, 수능 준비 과정에서 자신에 대한 회의와 내면적 갈등을 겪었다. 특히 수능에 실패한 후에는 자신의 존재 가치에 의문을 품게 되었고, 서울대에 합격하면 문제를 해결할 수 있을 것이라 생각하기도 했다. 수능을 준비하면서 공황장애 증상을 겪었고(우진도 그랬다), 약물 치료를 받아야 했다(우진은 제때 받지 못했다). 호흡곤란, 발작 등의 증상으로 고통받았지만, 대학에 가야 한다는 강박관념 때문에 포기할 수 없었다. 점수가 오를 수 있다는 희망, 그래서 더 좋은 대학에 갈 수 있다는 기대감, 그리고 이미 시간과 돈, 노력을 많이 투자했다는 생각 때문에 더욱 포기할 수 없었다. 그래서 이들은 다른 진로를 탐색할 기회가 부족했고, 대학 진학 외에 다른 대안을 제시해주지 않은 학창 시절의 진로 상담에 대해 아쉽다고 말하기도 했다.[*]

이 영상의 댓글에서는 위로를 받는 이들도 있었고, 위로를 하는 이들도 있었다. 그러나 '대한민국이 이제는 대학 제대

[*] 〈수능, 당신은 몇 년까지 투자할 수 있습니까?〉 유튜브 채널 「씨리얼」, 2023년 9월 15일.

2장에 부쳐,

로 못 나왔다고 사람 취급 안 하는 후진적 국가가 아닌데 착각하지 말라'라거나, '이런 사람들이 정말 학벌주의에 찌들어 있다'와 같은 훈수와 비난 또한 적지 않았다.

　　나는 내가 다닌 대학에서 있었던 일들을 떠올린다. 서울과 원주로 캠퍼스가 이원화되어 있으며, 각각 학생을 따로 뽑는 이 대학교에서 서울 캠퍼스의 학생들은 원주 캠퍼스의 학생들이 서울 캠퍼스 학생인 척하는 게 역겹다고 말하곤 했다. 서울 캠퍼스 안에서는 특정 단과대학을 싸잡아서 '돈 발라서 들어온 애들'이라고 무시했고, 인문계열에서는 수능 성적으로 전공을 줄 세우고 '상경, 경영대 빼고는 답이 없는 애들'이라고 무시했다. 실제로 내가 학교 익명 게시판에서 직접 본 글들이고, 이는 언론에서도 여러 차례 다룬 바 있다. 물론 이것에 대해서도 '사회에 나가보지 않은 애들의 착각'이라고 말할 수 있지만, 문제는 그 착각이 수험생과 대학생들에게 너무 큰 영향을 주고 있다는 사실이다. 강남 3구에서는 고도의 집중 상태를 유발하는 ADHD 약물의 처방량이 근 5년 사이에 2.5배가량 급증했으며, 수능을 앞둔 9월부터 증가세를 보이고 수능이 끝난 뒤인 11월 하순에는 다시 감소한다. 그리고 2024학년도 수능 응시자의 N수생 비율은 35.2퍼센트로 28년 만에 최고치를 기록했다. 15만 명이 넘는다. 우진과 내가 사는 서울시 종로구 전체 인구를 상회한다. N수생만으로 큰 지자체 하나를 꽉 채우고도 남는다. 『수능 해킹』의 저자들이 이제 '무한 N수'가 보편화된 시대라고 지적하는 것은 과장이 아니다.[*]

이것은 수능의 문제에만 국한되지 않는다. 대학에는 고시를 준비하는 이들이 많았다. 학부 시절, 학교 도서관 4층의 열람실과 1층의 24시간 열람실에는 영어 시험뿐 아니라 온갖 자격증 시험, 그리고 국가고시 수험서들이 가득 펼쳐져 있었다. 어떤 이들은 고시를 위해 군대도 미뤘고, 군대에 가서도 고시를 준비했다. 전역 이후에도 그들은 한동안 고시생이었다. 정치와 관련된 대화를 자주 나누던 친구들에게마저도, 어느 날부터 우리의 길은 많이 달라졌다는 느낌을 받기 시작했다. 뚜렷한 인과 관계를 설정하기는 어렵지만, 오랜 고시 생활이 내 친구들의 가치관에도 영향을 주었을 것이라고 추측할 수밖에 없다.

시험을 준비하려면 일단 특정한 평가 체계를 정당한 것으로 인정해야 한다. 그래야 그 토대 위에서 평가를 받고 수긍할 수 있기 때문이다. 그리고 일단 그 평가 체계 안으로 들어간 이상, 우진이 그랬던 것처럼, 실패는 체계의 문제가 아닌 개인의 문제가 된다. 상대 평가이기 때문에, 시험 문제가 다소 이상했을지언정 결국 '누군가는 붙는' 것이기 때문이다. 합격하기 전까지는 끝나지 않는 비교의 굴레로 빠져들고, 여기서 오는 스

[*] 문호진·단요 지음, 『수능 해킹』 창비 2024, 5~6쪽. 2024학년도 수능 응시자 중 N수생 비율과 ADHD 약물과 관련된 내용 또한 여기서 참고했다.

트레스는 평가 체계 자체가 아닌 자신과 주변인들을 향한다. 사회가 아닌 개인을 향한다. 그렇게 사회는 개인들을 희생시켜 스스로를 보호한다. 그리고 이 태도는, 우리가 처음으로 주기적인 시험을 경험하는 제도적 장치인 학교 안에서 학습하게 되는 것이다. 학교가 모든 사회 계급에서 '상처받기 쉬운' 특정 연령대의 아이들을 데려다 국가가 채택한 윤리, 도덕, 지식을 주입하여 기존의 사회를 계속해서 재생산할 수 있게끔 하는 역사상 유례없는 국가적 장치라는 오래된 지적은 여전히 유효하다.*

　오래 고시 생활을 한 사람의 사회적 능력이 현저히 떨어진다는 조롱에서 만들어진 '고시오패스'라는 말이 있다. 취업 시험 준비생 중 초수생, 재수생, 그리고 삼수 이상의 장수생을 대상으로 취업 시험 스트레스, 공격성, 우울을 측정하여 셋 사이의 관계를 분석한 상담심리교육 분야의 논문에 따르면, '고시오패스'의 공격성은 취업 시험 스트레스에 따라 강화되고, 그 과정에는 우울이 있었다. 해당 연구에서는 이 문제의 해결을 위해 우울에 대응하는 것이 중요하다고 제안했다.** 정신과 약을 먹는 나를 나약하다고 생각했지만, 고시 생활 중 병원에서 우울증 약을 타서 먹게 된 뒤 나를 이해하게 되었다고 연락했던 친

---

*　루이 알튀세르 지음, 김동수 옮김, 「이데올로기와 이데올로기적 국가장치」『아미엥에서의 주장』솔출판사 1991, 98~102쪽.

**　이수현, (2022) 「'고시오패스'에 관한 연구: 취업 시험 스트레스-공격성의 관계에서 우울과 어둠의 3요소의 역할」 고려대학교 교육대학원 석사학위논문.

구가 떠오른다.

　　수능이든 고시든, '장수생' 경험은 자주 우울로 이어지고 사회에 대한 질문을 하지 못하게 된다는 공통점이 있다. 둘은 모두 자신들이 처한 상황에 대해 비판이나 질문을 제기하기 어려워했다. 한편으로 그것은 당연하기도 하다. 상황을 비판하는 것 자체가 실패의 증거로 여겨지고, 무엇보다도 상황을 비판하기 시작하면 자신이 그동안 투여해온 노력이 모두 헛수고가 된다고 생각하게 되기 때문이다.

　　사람들이 능력을 제도적으로 인정받을 수 있는 가장 대표적이고 우선적인, 누군가에게는 유일한 경로가 시험인 사회는 이토록 폭력적이다. 시험 사회는 질문과 성찰을 차단하고, 실패를 개인의 탓으로 돌리게 만들며, 시험 실패를 개인의 능력 자체에 대한 부정이나 망각으로 연결한다. 고려하지 말아야 할 매몰 비용인 노력을 회수할 수 있는 투자금으로 여기게 만들어서 계속 스스로 희망고문을 하게 만든다.

　　나는 이것이 청년들을 '사회'로 못 나가게 한다고 말하고 싶지 않다. 이것이 이미 사회다. '사회로 나오면 그런 건 중요하지 않다'는 말은 공허하다. 그러한 말들은 우진이 살고 있는 사회의 전제조건들에 질문하지 않고, 그 고통에 너무 의미를 두지 말고 헤쳐 나오라는 말이 될 뿐이다. 하지만 고통에서 의미를 찾지 못하면, 누군가는 폭탄 목걸이를 걸게 된다.

　　2장에 부쳐,

슬로베니아 출신의 철학자이자 사회학자인 레나타 살레츨Renata Salecl은 '선택 이데올로기'라는 용어를 제안했다. 이 이데올로기 안에서는 "현실에서 선택의 여지가 점점 더 줄어든다 할지라도 성공하지 못한 것은 자기 잘못이라고 믿어버리게 된다."* 우진은 시험 사회의 호명을 자발적인 선택으로 오인하고, 그에 따라 모든 성공과 실패를 개인적인 책임의 문제로 돌리고 있었다. 이를 통해 자기 자신을 침묵시켰다. 그리고 그것은 멋진 남자가 되고 싶다는 매력과 자존감의 문제로 우진에게 나타났다. 폭탄 목걸이도 그 연장선이었다. 후술하겠지만, 이러한 태도는 한국 사회의 징병 제도에 대한 생각으로도 확장되어 있었다. 이 태도는 특정한 문제에 대한 우진의 입장이 아니라, 우진의 세계관 그 자체이며, 사실, 조금 더 정확히 말하면 우리가 살아가고 있는 사회가 주입하는 세계관이다. 한국 사회에서 시험은 하나의 선택지가 아니라 명령이고 이데올로기다. 우리는 시험을 선택하지 않는다. 시험이 우리를 선택한다.

우진과 대화를 나누며 그의 잠긴 방들을 여는 수많은 열쇠들을 찾았지만, 나는 그 핵심에 '기회'와 '후회'라는 두 단어가 있었다고 생각한다. 우진은 후회들을 감당할 수 없어서 폭탄

---

* 레나타 살레츨 지음, 박광호 옮김, 『선택이라는 이데올로기』 후마니타스 2014, 13쪽.

목걸이를 걸었다고 말했다. 무언가를 이뤄낼 수 있는 상황들이 찾아왔는데, 자신의 어떤 문제 때문에 그것들을 모두 놓쳤고, 그래서 시간이 지날수록 후회가 쌓이고 쌓여 견딜 수 없는 지경에 이르렀다. 우진의 설명에 따르면 그렇다.

우진에게 기회는 여자와의 연애, 그리고 좋은 대학에 들어가는 수단인 수능 성적이었다. 그리고 이 두 가지는 깊이 연결되어 있다. 그는 지금 자신이 연애를 하지 못하는 것보다, 이전에 연애를 할 기회가 있었을 때 그것을 잡지 못한 것에서 더욱 큰 압박을 느끼고 있었다. 대화 중에 우진은 자신에게 관심을 보였던 여성들, 자신이 더 다가가고 싶었던 여성들에 대해 이야기했다. 그러나 그가 더 다가가지 못했던 것은 대학으로 인한 자존감의 문제 때문이었다. 대학 바깥에서 새로운 이들과 처음 만나는 자리에 가지 않는 것도 마찬가지였다. 우진은 서울 소재 대학에 들어갔지만 SKY, 그리고 SKY를 갔거나 갈 수 있었던 주변의 가까운 사례들을 상기하며 자신을 실패자라고 생각하고 있었다. 바로 이 생각 때문에 그는 관심 있는 어떤 여성에게도 다가갈 수 없었다.

우리의 대화 속에서 우진이 놓친 기회들이란 그가 마땅히 이룰 수 있었으나 그러지 못한 것들을 의미했다. 그러한 의미에서 여자, 섹스, 대학은 놓쳐버린 응분desert의 몫이기도 하다. 자신에게 관심을 보인 여성들이 있었고, 그들과 만났다면 어쩌면 섹스를 했을지도 모른다. 우진은 재수 초기 6개월 동안 엄청난 속도로 점수를 올렸고, 아프지만 않았더라면 이 기세를 몰아 적어도 세 번째 수능에서는 자신이 원하는 점수를 받을 수 있었을지 모른다. 물론 그는 자신의 수험 생활 결과에 대해 억울하다고 말하지는 않았다. 그러나 지금 이렇게까지 그를 붙들고, 벼랑 끝으로 내몰고 있는 후회에 억울함이 섞여 있지 않다고 단언할 수 있을까. 자신의 노력과 기회들이 허공으로 흩어져버렸다는 감각이 우진에게는 있지 않을까.

우진은 이제 자신이 어떤 것도 받을 만한 근거가 없다고 느낀다. 응분의 몫을 달라고 할 근거가 없는 것이다. 도태남 인권운동가는 그러한 근거가 없고, 앞으로도 없을 것이라고 생각하기에 연애를 위한 제도적 장치를 국가에 요구하고자 했다. 섹스라는 몫을 줄 수 있는 것은 여자인데 여자는 자신과 연애를 해줄 생각이 없으므로, 섹스의 분배자를 여자에서 국가로 바꾸어 응분의 몫을 자격으로 바꾸고자 한 것이다. 이 지점에서 우진에게 중요한 것은 여전히 응분의 몫이었다. 여자에게 거절할 권리가 당연히 있다는 말은 응분의 몫을 분배할 사람을 여성으로 규정하는 것이다. 그러나 자신에게는 몫을 달라고 할 근거가 없으므로, 사실상 연애를 포기한 것에 가깝다.[*]

[*] 응분에 대한 설명으로는 다음을 참고했다. 프레드 펠드먼·브래드 스코우 지음, 신우승 옮김, 『응분: 스탠퍼드 철학백과의 항목들 32』 전기가오리 2023.

어쩌면, 응분의 몫이 이제는 없다는 생각이 우진에게서 마지막 낙관까지도 빼앗고 폭탄 목걸이를 걸어놓은 것은 아닐까? 나는 '잔인한 낙관cruel optimism'을 떠올린다. 이것은 미국의 문화비평가 로렌 벌랜트Lauren Berlant가 고안한 용어다. 이것은 애착attachment의 일종이지만 결코 닿을 수 없는 대상, 혹은 애착의 주체인 자신을 파괴하는 대상에 대한 애착이다.[*] 특히 이것은 대학의 문제에서 두드러졌다. 좋은 대학에 가면 성공할 수 있고, 그래서 아무도 나에게 증명이나 해명을 더 요구하지 않을 것이라는 기대는 우진이 수험 생활을 이어갈 수 있는 원동력이 되었지만, 수험 생활은 우진에게 강박, 불안, 우울을 남겼고, 지금까지 지워지지 않는 패배감을 남겼다. 삼수 당시 빌보드에 이름을 올린 뒤 "되겠는데?"라는 생각이 든 이후 오히려 더욱 머릿속이 와글와글 가득 차기 시작한 것은 낙관의 이중성을 보여주는 것이다. 일상화된 고통을 버틸 수 있게 한 낙관은 우진을 좋은 대학이라는 환상에 매달리게 함으로써 우진의 삶의 역량을 고갈시키기 시작했다. 우리를 죽이는 것이 우리를 살리고, 우리를 살리는 것이 우리를 죽인다. 비관조차도 지속되려면 낙관이 필요한 것이다. 잔인한 낙관이라는 형용모순이 보여주는 건 낙관의 이러한 이중성이다.

[*]   로렌 벌랜트 지음, 박미선·윤조원 옮김, 『잔인한 낙관』 후마니타스 2024.

2장에 부쳐,

우진은 폭탄 목걸이를 걸면서 '살고 싶다'와 '죽고 싶다' 사이의 "교착 상태"에서 벗어날 수 있었다고 말했다. 공교롭게도, 벌랜트 또한 '교착 상태impasse'*를 강조한다. 이도 저도 아닌 상태, 기존에 우리의 삶에 주어진 하나의 서사 혹은 장르를 따라서 살아갈 수 없는 불안정한 현재로서의 교착 상태. 어디로도 움직일 수 없이 묶여버린 상태. 잔인한 낙관이라는 말은 교착 상태에서 우리가 어떤 상황에 놓여 있는지, 우리의 감정이 어떻게 꼬이고 질식당하는지 파악하게 도와준다. 그 자체로 하나의 해결책은 아닐지라도, 교착 상태를 거리를 두고 볼 수 있도록 해주는 유용한 도구가 될 것이다.

기회와 후회, 성공과 실패, 삶과 죽음의 교착 상태에서 우진이 본 것은 '마지막 기회'였다. 살고 싶다면 싸우라는 말에서 추동된, 끝까지 싸우고 경쟁하다가 죽으라는 사회의 명령은 어느 게임 유튜브 채널을 거쳐 우진에게 구체화되었다. 그런데 이것은 타인과의 싸움과 경쟁이 아니었다. 스스로 세운 기준과 목표에 도달하기 위한 자기 자신과의 싸움과 경쟁이었다. 마치 첫 수능을 본 뒤 나 자신의 수능 점수를 용납할 수 없어서 정시 원서를 한 개도 쓰지 않고 재수학원에 등록했던 나처럼. 이것은 다른 사람이 내가 다니는 대학의 이름에 대해 생각하고 말

---

*   국역본 『잔인한 낙관』에서는 '답보 상태'로 번역되었다.

할 것에 대한 우려보다도, 나 자신에 대한 용납의 문제였다. 그러나 이것을 자율적인 선택이라고 볼 수는 없을 것이다. 오히려 가장 강하게 예속된 상태에 가깝다. 원래 가장 강력한 권력은 명령하는 것이 아니라, 명령하기도 전에 자신이 원하는 것을 상대가 하도록 만드는 법이니까.* 나와 우진이 스스로를 용납할 수 없어서 수능을 봤다는 것은 우리가 정말 타인과 사회를 신경 쓰지 않았다는 의미가 아니다. 오히려 그것은 우리의 몸과 마음에 그만큼 우리 바깥의 존재들이 깊숙이 들어와 있었다는 증거일 것이다.

타인이나 사회의 인정이 아니라 자기 자신의 기준과 규칙이 중요하고, 그것에 집착하고 있다는 점에서, 우진의 폭탄 목걸이는, 나의 재수와 마찬가지로, 그 자체로 강박의 한 구체적인 형상이다. 치열한 수험 생활에서 우리는 성장했고, 잠재력을 발휘할 수도 있었고, 때로 기쁘기도 했다. 빌보드에 오른 순간들, 풀리지 않던 문제가 풀리던 순간들, 지문을 읽는 동시에 풀어야 할 문제를 예견할 수 있었던 순간들…. 동시에 고통스러운 수험 생활에서 우리는 모든 걸 포기하고 싶었고, 머릿속에서 수많은 대학의 이름들이 우수수 떨어졌고, 기껏 이뤄놓은 것이 다시 다 무너져 내리는 것 같기도 했다. 시험을 본 뒤 문제 번호

* 한병철 지음, 김남시 옮김, 『권력이란 무엇인가』 문학과지성사 2016, 16~17쪽.

2장에 부쳐,

에 빗금을 치던 순간들, 풀리던 문제가 풀리지 않던 순간들, 다음 문장으로 넘어가자마자 방금 읽은 문장이 머릿속에서 휘발되던 순간들…. 둘 중 하나만 있었다면 문제는 고통스러울지언정 복잡하지 않았을 것이다. 우리는, 특히 우진은 이 모든 것을 동시에, 혹은 번갈아가며 느꼈다.

우진은 포기하면 모든 걸 잃을 듯한 낙관, 그 잔인하디 잔인한 낙관의 끝에서 자신에게 더는 응분의 몫이 없다고 느꼈다. 연애, 섹스, 혹은 여자에 대해서만이 아니라, 모든 것에 대해. 이제 그에게 남은 것은 강박인 것 같다. 우울도, 불안도, 결국에는 강박에서 비롯된 것이다. 그리고 우진을 죽이고 있던 강박은 폭탄 목걸이라는 이름으로 다시금 우진을 살려놓고 있다. 마지막 강박. 벼랑 끝의 낙관. 살고 싶다면 싸우라는 그 명령. 유튜브 알고리즘이 띄워준 게임 영상이 건넨 "살고 싶으면 싸우세요."라는 호명에 "이거였어."라고 답하며, 우진은 다시금 이 모든 것을 자신의 자발적인 선택으로 오인하게 되었다. 그리고 바로 이 오인이 우진을 아직 죽지 않게 했다.

그러나 앞서 우리가 함께 본 우진의 이야기를 이렇게만 정리할 수 있을까? 계속해서 우진의 감각들이 떠오른다. 아쉬움. 부족함. 뭔가 목에 걸리는 느낌. 틀린 건 아닌데 맞지도 않은 그 기묘한 느낌. 이 모순. 이 모순이 우진을 살게 하고 있는

건지, 아니면 이 모순에 대한 외면이 우진을 살게 하고 있는 건
지, 나는 잘 모르겠다.

어쩌면 실제 우진의 방들은 블랙홀에서 사건의 지평선
과 비슷할 것 같다. 우진의 가장 근본적인 결핍은 우진 그 자신
도 알 수 없다. 우진은 새로운 방의 문을 열고 들어가면 그 안에
또 다른 방, 혹은 지하실이 있다고 말했다. 특히 유년기에 대해
서는 그 시기가 외딴 창고에 갇혀 있다고 했다. 거기까지 열어
달라고 말할 수는 없었다. 아마 우진도 열 수 없을 것이다. 차라
리 잘됐다. 글을 위해 그렇게까지 하고 싶지는 않았다. 우리는
열아홉 살의 우진으로부터 출발하고 그저 무언가가 빨려들어
가는 흔적들을 쫓으면서 우진의 결핍 주변을 빙글빙글 돌 수밖
에 없는 것이다. 가까이 갈수록 모든 이미지와 설명이 사라지는
그곳에 우진의 실재가 있다. 그 공백에, 침묵에 어떤 진실이 있
다. 그리고 우리는 그것과 대면할 수 없다.

나는 우진에게 어떤 연극의 내용을 이야기해주었다. 한
천재 물리학자가 자신의 이론적 한계를 느끼고 자살을 결심하
지만, 사람들이 자신의 죽음을 두고 '결국 장애인이라서 자살
했구나'라고 평가할 것을 우려하여 쉽게 결정을 내리지 못하는
이야기.* 우진은 이 이야기를 듣고 격하게 공감하며 말했다. 자

---

*   김원영 지음, 앞의 책, 82쪽

2장에 부처,

신은 연애나 수능에 실패해서 자살한 사람으로 보이고 싶지 않다고. 그건 사실이 아니기 때문이라고. 자살을 결심한 다른 이유를 그는 제대로 밝히지 못했지만, 실패가 자살의 이유는 아니라는 것이다.

　어떤 죽음들은 너무도 쉽게 범주화된다. 그 사람이 살아생전에 갖고 있었던 정체성, 그가 속한다고 여겨지던 범주들로 그의 죽음은 빠르게 설명된다.[*] 우진의 폭탄 목걸이가 터진다면, 그의 죽음은 '입시에 실패한 모태솔로'라는, 소위 정상적인 생애경로에서 반복적으로 탈락한 '패배자'의 죽음으로 기사화될 것이다. 그리고 그것은 우진이 가장 바라지 않는 일이다. 그렇다면 나는 그의 이야기를 어떻게 써야 그러한 일이 벌어지지 않도록 할 수 있을까? 그토록 익숙한 서사와 범주를 벗어나서 그의 죽음을 이야기하는 것은 어떻게 해야 가능할까? (그리고 우진이 살기를 바라기 때문에 우진의 죽음 이후를 대비하고 있는 나의 모습을 나는 어떻게 받아들여야 할까?)

　지금으로서 나는 다만 강조할 수밖에 없다. 연애, 수능, 주식 같은 대상들은 그 자체로 진실이 아니라고. 우진이 계속해서 느끼는 '충분하지 않음'의 감각이나, 단지 자신이 수능에 실

---

[*]　삶과 죽음을 집어삼키는 범주의 폭력성에 대해 나는 다음의 글에서 배웠다. 루인, 「죽음을 가로지르기」, 전혜은·루인·도균 지음, 『퀴어 페미니스트, 교차성을 사유하다』 여성문화이론연구소 2018, 163~190쪽.

패해서 폭탄 목걸이를 걸었다는 식으로 이해되고 싶지 않다는 마음이 이를 보여준다고. 연애, 수능, 주식은 사건의 지평선에서 포착되는 것들일 뿐이다. 나는 이렇게 블랙홀의 근방을 더듬거리고 있다. 느껴지지만 상상할 수도 말할 수도 없는 것. 내가 알고 있는 것은 그것이 존재한다는 사실뿐인 것. 그런 존재로서의 블랙홀. 우진의 삶을 빨아들이고 있는 무거운 구멍.

　뭔가 목 속에서 걸리적거리는 기분이다.

2장에 부쳐,

숨을 돌리며,

**살고 싶으면
증명하세요**

　　군대는 원래 연애, 수능, 그리고 주식과 함께 이 책에
서 가장 중요한 키워드가 될 예정이었다. 내가 우진에게서 '한
국 청년 남성'의 이야기를 발견하고자 했기 때문이었다. 하지
만 2장에서 짧게 언급한 것처럼, 우진에게는 군대조차 수험 생
활의 연장선일 뿐이었다. 그래서 이 글을 통해 나는 군대와 관
련된 우진의 경험과 생각을 짧게 정리하고, 다음 장으로 이어질
문제의식을 제시하며 잠시 숨을 돌리고자 한다.

　　먼저 밝혀두어야 할 것은 우진의 신원을 보호하기 위해
많은 정보를 가렸다는 사실이다. 이는 책 전체에 적용된 원칙이

지만, 군대의 경우 입대 날짜와 군대의 유형(육/해/공 등), 담당 보직 등을 통해 강한 특정성이 발생할 수 있기에 우진과의 상의 하에 구체적인 일화는 모두 배제했다. 그래서 경험에서 비롯된 이야기임에도 추상적이고 모호한 지점이 많다는 것에 미리 양해를 구하고자 한다. 다만, 우진이 스스로 군 생활에서 별로 고생을 하지 않은 편이라고 느낀다는 점은 짚고 시작하기로 한다.

수능에 대한 이야기와 달리, 우진은 군대 이야기를 할 때 신나서 자리에서 일어났다. 그는 서거나 누워서 특정한 자세를 취하기도 하고, 자신이 경험한 훈련에 우스꽝스러운 별명을 붙여서 부르기도 했다. '번따'를 이야기할 때와 비교해도 훨씬 즐거워 보였다. 그가 워낙 편하고 신명나게 '군대썰'을 풀어서, 군 면제를 받은 나도 재밌게 들을 수밖에 없었다. 그중에서 우진이 공유해도 괜찮다고 말한 것은 내무 생활이었다.

우진 내무 생활이 무엇을 말하냐면, 대주제가 '왜 군 생활이 좆같은가'야. 이게 그거야. 그러니까 훈련의 육체적 고통이 아니야.

내무 생활이란 병사들이 복무 중에 생활하는 공간인 '내무실' 혹은 '내무반'에서 이루어지는 생활을 의미한다. '내무실'

숨을 돌리며,

과 '내무반'이라는 용어가 일제강점기의 잔재라는 문제의식에서 현재는 '생활관'이라는 용어가 사용되고 있지만, 우진만 해도 '내무반'이라는 용어와 '생활관'이라는 용어를 섞어서 사용했다. 우진은 군대에서 가장 힘든 것이 육체적인 고통이 아니라 함께 생활하는 사람들과의 관계라고 했다. 사람들이 무언가를 "좆같다"고 느끼는 이유는 자신의 고통에 대한 보상이 없기 때문인데, 육체적 고통은 '벌크업'이라도 되지만 관계에서 오는 고통은 기껏해야 "정치질"이나 잘하게 된다는 것이다.

우진 그러니까 내무 생활이… 설명해줄게. 다 똑같은 20대 초야. 그리고 전국에서 모였어. 이게 뭘 의미하냐? 자기가 살면서 처음 보는 유형의 인간들. 그러니까 같은 한국말을 쓰는데, 같은 조선말을 쓰는데 조선인이 아니야. 그러면 반응이 어때? '아, 새롭군요. 궁금하다. 우리 서로 알아갑시다.' 절대 그렇지 않아. '뭐지?' 하고… '좆같네.' 이제 내부 총질 시작. 진짜 총을 안 들었다 뿐이지, 서로 총 쏘고 있어.

희제 그냥 내전이네. 내전.

우진 정말 내전이야. 처음 보는 빌런들이잖아. 그치? 근데 이 사람들하고 최소 1년을 살아야 돼. 게다가 그동안 딱 이대로만 살면 상관이 없는데 중간에 바뀌어. 또. 이것도

커. 새로 들어온 놈이 또 어떤 놈인지 몰라.

희제 매번 새로 적응해야 되고.

우진 새로 적응해야 하고. 이번에는 또 어떤 빌런이 올지…

희제 또 어떤 '폐급'이 올지 모르니까.

여기서 우진이 언급한 것이 '덜 폐급 뽑기 대회'였다. 여기서 '폐급'이란 원래 사용할 수 없는 보급품에 내리는 평가다. 이것이 사람에게로 확장되어 생활관의 분위기를 흐리거나, 일을 못하거나, 인성에 문제가 있다거나 하는 등 문제가 있는 병사를 비난하는 용어가 되었다. 그러니까 '덜 폐급 뽑기 대회'는 "진짜 폐급 데리고 오면 개가 사고 치고 나가." 같은 우진의 말에서도 알 수 있듯이, 병사들이 조금이라도 덜 힘든 군 생활을 하기 위해 새로 들어온 병사들, 즉 신병들 중에서 문제가 있는 병사를 걸러내는 과정에 우진이 붙인 이름이다. "이번에 어때? 물 좀 괜찮니?" 같은 질문으로 시작되는 이 대회의 프로세스는 다음과 같다. 병사들끼리 누가 '덜 폐급'인지 고르고, 자기네 담당 간부한테 얘기해서 그 신병을 자기네 생활관으로 데려올 수 있게 해달라고 하는 것이다. 병사들의 "정치질"과 인상 평가에 간부들의 권력 관계까지 동원된다. 우진은 자기네 생활관 사람들이 선구안이 좋아서 자기 밑에 "최고의 후임"들이 들어왔다고 했다.

숨을 돌리며.

우진 썰 하나 풀어줄게. 이제 주기적으로 들어올 거 아니야. 그러면 우리 안에 팀이 있어. 태스크포스가 열려. TF 팀. 어떤 TF 팀이냐? 덜 폐급을 뽑아 오자. 덜 폐급 뽑기 대회. 그러면 내부에서 또 회의가 열려. 누가 가냐 하면 이제 내무실장, 분대장이 네 명 데리고 가. 나도 처음 입대하면 신병실에 있었을 거 아니야. (내가) 사무실에 앉아 있어. 누가 와. 그 당시엔 몰랐는데 걔네들이 덜 폐급 뽑기 담당자들이었던 거야. 와서 이렇게 쓱 봐. 그리고 대화를 시작해. "이름이 뭐니?" 시작해서 "너 몇 살이니?" 이런 거 있잖아. 그 다음에 "너 대학교는 어디야?", "몇 학년이냐" 이런 거. 대학교 안 나와도 되는데 그럼 "뭐 하다 왔니?" 이거 중요하고.

일단 '폐급'과 '덜 폐급'을 가려내기 위한 "호구 조사"에는 형식이 짜여 있다. 이름, 나이, 학교, 직업과 같은 것들을 차례차례 묻는다. 신병들 중 누구를 데려갈지를 두고서도 암묵적인 "눈치 게임"이 시작된다. 선임들은 신병들과 대화를 나눠보고, 인상을 보고, 학교를 보고, 나이를 보고, 직업을 보면서 누가 "싱싱"하고 누가 "썩었"는지 등급을 매긴다. 그래서 신병들 사이에서도 경쟁을 하게 된다. 덜 폐급으로 보이기 위해 노력하는 것이다.

우진   중요한 거는 애들(선임들)끼리만 하는 게 아니고 우리들
(신병들)끼리도 해. 어디 갈 거냐. 나도 이제 막 머리를
싸맸지. 여기저기 다 가보고 사람 만나봐. 그럼 이제 느
끼지. (저기) 가면 머리 아프다. 난 여기 가겠다. 근데 다
행히 운 좋게 여기서는 내부 협의가 잘됐어. 우리 병사
끼리… 그러니까 신병끼리는 내부 협의가 잘됐어.

그런데 재밌는 것은, 신병들이 '덜 폐급'과 '폐급'으로 나
뉘듯이 선임들이 지내는 생활관도 괜찮은 곳과 힘든 곳으로 나
뉜다는 사실이다. 선임들이 신병들에 대한 평가를 공유하는 것
처럼, 신병들은 선임들에 대한 평가를 공유한다. 앞으로 1년 이
상 함께 지내야 하는 사람들이기에, 꽤 절박하고 긴장감 넘치는
인상 평가가 빠르게 이루어진다. 이것은 우진의 말마따나 주기
적으로 생기는 "지금까지 경험하지 못한 새로운 유형의 빌런"
과 1년을 넘게 같이 살아야 하는 재앙을 피하기 위한 일이었다.

우진   그리고 심지어 나도 빌런일 수 있는 거야. 내가 누군가
를 빌런으로 만들 수 있는 거야. 서로서로가 그런 거야.
물리고 물려 있어. 다 이걸로 다… 이걸로 서로 원하는
걸 줄 수도 없고 서로 원하지 않는 걸 주고 있지. 사실
상… 봐봐. 재밌는 게, 나는 이 둘(앞서 최고의 후임이라

살고 싶으면 증명하세요

숨을 돌리며,

고 언급한 후임들)한테는 최고의 선임이었는데 누군가한테는 최악의 후임일 수 있는 거야.

자신도 누군가에게는 빌런일 수 있고, 누군가를 빌런으로 만들 수도 있다는 우진의 말은 '폐급'이 상대적인 기준임을 보여준다. 이는 '폐급'이 서로 처음 만나 경계심이 극대화된 사람들의 불안한 관계 안에서 만들어지는 것임을 알 수 있다. 군대에서는 여전히 '군기를 잡는다'는 명분으로 체벌이나 심지어 폭행을 하기도 하며, 이것은 실수나 잘못을 한 개인을 넘어 그가 속한 생활관 구성원들 전체로 확장되기도 한다. 그래서 '덜 폐급 뽑기 대회'는 실수를 해서 군대 내 가혹행위 같은 인권 침해를 유발할 것이라고 예상되는 신병을 '폐급'으로 낙인찍음으로써 자신들이 폭력을 경험하지 않으려는 전략의 일환이다. 내가 피해자가 되지 않으려면 다른 누군가를 피해자로 만들어야 한다. 가해가 이루어질 것은 정해져 있으므로. 군대라는 폐쇄적이고 위계적인 조직에서 중요한 것은 문제를 없애는 게 아니라 피하고 덮는 것이었다. 제로섬 게임이다.

이것 외에도 우진은 군대에서의 다양한 좋지 못한 경험들을 알려주었지만, 그는 자신이 원하지 않는 군 생활을 했다는 사실에 전혀 억울해하지 않았다. 내가 그에게 군대에 가서 억울하지 않았냐고 물었을 때 그의 표정은 '엥?'을 시각화한 것 같았다. 우진은 말을 멈췄고 눈이 커졌다. 이어진 그의 말에 따르면, 그에게 군대는 그저 스무 살쯤에 가야 하는 당연한 의무에 불과했다. 그러나 그보다도, 우진은 수능을 다시 봐야 할지 고민하느라 군대 문제에 대해 깊이 생각할 여유조차 없었다고 말했다. 억울함도 여유가 있어야 느낀다는 것이다. 억울하지 않기 때문인지, 소위 '군부심'도 우진에게는 전혀 없었다.

나는 언론에서 흔하게 묘사되는 소위 '이대남(20대 남성)'들의 생각을 그에게 전하고 의견을 물었다. '가장 중요한 시기에 남자들만 뺑이치고 시간 버리면서 손해 보는 것은 평등하지도 공정하지도 않다'는 견해에 대해 우진은 다소 이해할 수 없다는 표정을 지었다. 그는 자신이 페미니스트도 안티 페미니스트도 아니라고 밝히며, 이건 그냥 개인의 문제라고 단순하게 정리했다. 징병제라는 국가 제도가 어떻게 개인의 문제라는 것인지 이해되지 않아서 나는 우진에게 재차 물었다. 페미니즘 공부 같은 것까지 안 해도 사람답게 생각할 수는 있지 않느냐는 우진의 대답에 흥미가 생겼다.

우진의 생각은 단순했다. 군대에 가야 하는 것은 이미 오래전부터 알고 있지 않았느냐. 그건 그냥 받아들여야 하는 일이다. 여성들이 군대를 가려면 여성용 병영과 생활관이 별도로 필요하고 그것은 다 비용의 문제이므로 이것은 성별이 아니라 효율성의 문제일 뿐이다. 그리고 군대에 있으면서 시간을 버리는지 잘 쓰는지는 병사 개개인에게 달려 있을 뿐이다. 자신의 생활관 동료들 중에는 군 생활 중 입시에 성공한 사람도, 대학 4년치 전공 공부를 예습으로 마친 사람도 있었다. 물론 우진은 자신의 동료들이 유독 성실하고 똑똑한 사람들이었다고 회상했다. 공부를 할 시간이 충분하지 않고 몸을 많이 써야 하는 보직을 맡았다 해도 다른 성과가 있었다. 전역할 때가 되면 어깨가 벌어지고 근육이 늘어나 있는 것이 대표적이다. 우진 자신이 그랬다. 실제로 우진은 군대에 다녀오기 전에 비해 어깨가 꽤나 벌어져 있었다. 나는 군 생활 중에 벌크업이 엄청 되어서 돌아온 친구를 언급했고, 우진은 '거 봐라'라며 결국 군 생활을 어떻게 보낼지는 그저 각자에게 달려 있을 뿐이라고 말했다. 시간을 잘 보내면 어떻게든 보상이 있다는 것이 우진의 생각이었다. 그리고 그 생각은 모두 가까이에 있는 구체적인 사례들로 뒷받침되고 있었다. 우진이 이런 생각을 하게 된 데는 그가 남성들이 주로 이용하는 온라인 커뮤니티를 거의 사용하지 않고, 남성인 친구들끼리 모여서 같이 군대 이야기를 나눈 적이 거의 없다는 사실도 영향을 주었을 것이다.

머릿속이 복잡해진다. 물론, 여성에게도 징병을 요구하는 이들과 비교할 때 우진의 견해는 성차별과 거리가 있다. 하지만 우진이 군대 문제에 있어서 성차별주의자가 되지 않을 수 있었던 데는 자기 자신을 계속해서 갉아먹어 온 그의 세계관이 있었다. 모든 것이 개인의 책임일 뿐이며, 대체로 노력과 능력은 보상받는다는 바로 그것. 우진의 지독한 개인주의 혹은 능력주의는 한국의 징병제를 둘러싼 논쟁을 거치면서 얼떨결에 성평등의 표피를 뒤집어쓰게 되었다.

오해를 막고자 이야기하면, 그렇다고 해서 우진이 남들에게 도움이 될 만한 일을 전혀 하지 않는 것도 아니다. 우진의 신원을 보호하기 위해 자세히는 말할 수 없지만, 그는 군 생활 중 간부의 결정사항에 동의할 수 없어서 불복한 적이 있다. 그것은 자신뿐 아니라 소대 사람들 모두의 복지를 위한 불복이었고, 결국 결정사항은 바뀌었다. 우진은 불복이 자기 자신을 위한 것이기도 했다고 말했지만, 그는 전역이 머지 않은 병장이었다. 까놓고 말해서 후임들이 어떻게 되든 알 바 아니라고 외면할 수도 있었다(다른 병장들은 그랬다). 그러나 우진은 위험을 무릅쓰고 간부에게 불복했다. 그리고 그때 자신이 살아 있다고, 자기답다고 느꼈다고 밝혔다.

처음이었다. 인터뷰 중에, 아니, 10년 넘게 대화하던 중에 저런 표현을 들은 건. 무엇보다도 그런 표현이 군대에 대해서 얘기하다가 나왔다는 것이 신기했다. 군대는 사실 이 책에서 다룰 이야기들 중 가장 노골적으로 강요된 선택이며 흔히들 억

숨을 돌리며,

울해하는 일이다. 그런데 우진은 말했다. 군대에서 자신의 역할을 다하면서 자신이 살아 있다는 느낌, 자기답다는 느낌을 받았다고. 이런 느낌이 흔히 자율적으로 내린, 혹은 그랬다고 착각하는 결정들을 수식하곤 한다는 점에서 나에게 이 이야기는 신기했다. 우진은 민간인들의 사회와 달리 군대에서는 맡겨진 일을 하지 않으면 정말 심대한 문제가 생길 수 있기 때문에 자기역할을 열심히 해야만 했다고 말했고, 그것을 긍정적으로 설명했다. 앞서 언급한 불복의 순간은 자신이 수행한 역할 중 하이라이트였다. 반면 교회에서 너의 역할이나 자리는 무엇이냐고 묻자, 우진은 대답하지 못했다. 교회에서는 자신에게 뭔가를 강요하는 사람이 없다는 것이다.

나의 생각은 여기서 한 차례 큰 널뛰기를 한다. 이어지는 내용은 우진을 이해하기 위해 감수하는 논리적 비약의 결과물이다.

어쩌면 우진은 예속된 상태에 너무 익숙해져서, 가장 예속된 상태에서 자신의 자리를 찾을 때 비로소 자기답다고, 살아 있다고 느낄 수 있게 된 것일지도 모른다. 사실 수능을 계속 치른 것도 이런 이유가 아니었을까? 다른 선택지들이 분명 존재할 때, 힘들기만 한 것을 5년이나 지속할 수는 없다. 그 과정에서 우진은 버틸 만한 무언가를 찾았던 것이다.

우진의 표현을 빌리면 그건 '증명'의 요구였다. 자신에게 주어진 역할을 다할 수 있다는, 자신이 가진 능력을 최대한으로 발휘하라는 증명. 그런데 증명은 언제나 두 차원의 문제다. 하나는 내가 가진 능력의 참거짓 여부이고, 다른 하나는 사회적으로 공유되는 규칙을 통해 능력이 발휘되어야 한다는 것이다. 우진은 자신에게 능력이 있다는 걸 공유되는 규칙을 통해 입증해야 했다. 수험생일 때는 자신의 지성과 노력이 참이라는 점을 수능 성적이라는 규칙을 통해 입증해야 했고, 군대에서는 자신의 책임감과 역할을 군대 내의 위계 관계와 일상적인 업무를 통해 입증해야 했다. 증명이라는 것은 언제나 강요된 것이다. 내가 선택한 적 없는 규칙에 따라 내가 무엇을 갖고 있는지, 내가 무엇을 할 수 있는지 보여야 하기 때문이다. 우진의 사례에서 우리는 다음 사실을 알 수 있다. 사회가 우리에게 무엇인가를 요구하면 그것은 언제나 무조건적으로 증명의 요구라는 의미이다.[*] 요구need라는 것이 언제나 필요한 것에 대한 요구라는 점에서, 우리에게 부과되는 사회의 요구란 우리가 사회에 왜 필요한지 증명하라는 요구가 되기 때문이다.

일단 증명의 요구에 응하여 그것이 부과하는 규칙 안으

[*] 참고한 문장의 원문은 다음과 같다. "무엇인가를 요구하면 그것은 언제나 무조건적으로 사랑의 요구라는 의미이다." 무까이 마사아끼 지음, 임창석·이지영 옮김, 『라캉 대 라캉』 새물결 2017, 168쪽.

숨을 돌리며,

로 들어가서 자신의 노력을 투입하는 시점부터, 우리에게는 한 가지 아주 편리한 점이 생긴다. 고민하지 않아도 된다. 질문하지 않아도 된다. 무엇이 옳고 그른지, 심지어 내가 무엇을 갖고 있는지조차. 왜냐하면 나는 요구되는 것을 갖고 있어야 하기 때문이다. 나는 이미 그것을 갖고 있다. 아직 발견하지 못했을 뿐. 나에게는 능력이 있다. 아직 잠재되어 있을 뿐. 나는 똑똑하다. 아직 점수로 나타나지 않았을 뿐. 그러니 나는 내 안에 있는 것을 계발하기 위해 노력해야 한다. 잠재력은 내 안에 있으므로 그것을 일깨우는 것은 나의 몫이다. 잠재력은 내 안에 있으므로 내가 하는 모든 노력은 결국 의미 있을 것이다. 따라서 내가 실패한다면, 그것은 내 노력이 부족하기 때문이다. 실패는 나의 몫이다.

이 시점에서 우리는 무엇이 옳고 그른지 질문할 수 없게 된다. 만약 내가 놓여 있는 이 상황 자체가 틀렸을 수 있다는 가능성을 고려하기 시작하면, 내 안에 아무 잠재력도 없을 가능성까지 고려해야 하기 때문이다. 어쩌면 내가 지금까지 한 모든 노력이 헛수고였을지 모른다는 가능성까지도 고려해야 하기 때문이다. 상황에 대한 부정은 자기에 대한 부정이 된다. 그래서 우리는 사회적으로 강제된 증명의 요구 안에서만 자기 자신을 이해하고 긍정할 도구를 얻을 수 있다. 우리는 우리의 노력을 의미 있게 만들기 위해 우리 자신을 무의미하게 만든다. 그것이 자신의 의미를 찾는 일이라고 오인하면서. 비단 수능뿐 아니라 수많은 자격증 시험이나 고시 공부에 대한 이야기이기도 하다.

　　이러한 익숙한 서사 바깥에서 나는 우진이 느낀 '나다움'과 '살아 있음'의 고유성을 조금만 더 들여다보고 싶다. 그는 군대 내 절대적 위계 관계의 빈틈을 파고들었기 때문에 상급자인 간부에게 불복하고서도 무사히 전역할 수 있었다. 우진은 물론 군대에서 그저 주어진 일을 할 때도 자기답다고 느꼈다고 말했지만, 다른 순간보다도 불복의 순간이 하이라이트였다는 점은 중요하다. 모든 체계에는 틈이 있으니 체계에 예속된 상태에서 자신이 발견한 틈을 집요하게 파고드는 것. 그것 또한 우진에게는 자신을 증명하는 하나의 방식이었다. 상황 속 모순이나 빈틈을 전략적으로 이용하여 자신이 원하는 바를 얻어내는 데서 오는 쾌감. 우진의 말마따나 그것은 후임들의 "영웅 대접"으로 이어지기도 했다. 비록 우진이 가장 중요하다고 한 것은 영웅 대접보다는 자신의 역할을 스스로 다해냈다는 감각이었지만. 그러나 오직 점수만이 모든 걸 증명하는 대학 입시, 특히 정시에서, 우진은 틈을 발견할 수 없었던 것이 아닐까. 아니, 어쩌면 틈을 발견할 여유가 없었을지도 모르겠다. 군대에서는 수능 때문에 억울할 여유조차 없었다면, 수능에서는 무엇 때문에 틈을 발견할 여유가 없었을까. 나는 그 이유를 알아낼 수 있을까.

살고 싶으면 증명하세요

숨을 돌리며,

증명은 우진 스스로 강조하듯 그에게 가장 중요한 키워드다. 다음 장은 바로 이 지점에 초점을 맞춘다. 우진에게 "살고 싶으면 싸우세요."라는 문장은 사실 "살고 싶으면 증명하세요."라는 의미였던 것 아닐까.

3장에 앞서,

벗어날 수 없는

증명의

굴
레

증명. 그것이 우진을 옭아매고 있는 가장 큰 단어라는 사실을 대화를 할수록 알아간다. 우진은 2021년 1월부터 주식을 시작했다고 말했다. 그런데 우리 대화에서 중간에 1년이 사라졌다. 우진의 다섯 번째 수능은 2019년 11월이었으니, 다섯 번째 수능과 주식 시작 사이에 2020년이 있다. 그는 그때 무슨일이 있었는지 아예 기억이 안 난다고 말했다. 우진은 나와의 카카오톡 채팅방에 들어가 2020년을 찾았다.

코로나19가 한창이던 2020년, 우리는 함께 글을 썼다. 수능 국어에서 시작된 사고력 증진에 대한 그의 강한 열망은 글쓰기로 이어졌다. 그때 나는 한 매체의 칼럼니스트로 활동하게 된 지 약 1년 정도 되었고, 어설픈 실력으로 우진의 글쓰기를 도와주기 시작했다. 그러나 세 번째인가 네 번째 만남쯤 되었을까, 그는 일필휘지로 쓴 자기 고백과 같은 것을 남기고 글쓰기를 그만뒀다. 그리고 4월에는 여섯 번째 수능을 준비하고 있었다. 수능 응시 신청까지 했지만, 2020년 11월에 그는 수능을 보지 않았다. 그리고 2021년 1월, 주식을 공부하기 시작한 것이다.

이때 흥미롭게도 주식은 우진에게 우울, 강박, 불안을 치료하는 하나의 수단이었다. 그는 수능을 통해 '능력'을 증명하고 싶었다고 말했다. "나 이 정도 된다, 이 정도는 할 수 있다." 사고력을 포함해서 그냥 모든 것에 대한 능력의 증명이 여기에 압축되어 있었다. 하지만 그것은 성공적이지 못했고, 우진은 다른 증명 방법을 찾고자 했다. 그것이 주식이었다. 주식을 통해 자신의 능력을 증명하면 수능으로 말미암은 고통이 사라질 것이라고 믿었다.

왜 하필 주식이었나? 우진은 주식이 짧은 시간 안에 성취를 보여줄 수 있는 방법이었다고 설명했다. 이처럼 우진은 언제나 '자신의 기준'이 중요하다고 말했지만, 사실 증명이란 언제나 '논리' 같은 합의된 규칙에 따라야 하는 것이다. 목표가 '증명'인 이상, 우진만의 기준은 없다. 시간의 문제가 언급되기

벗어날 수 없는 증명의 굴레

시작한 이상, 우진이 느끼는 것은 '조급함'이었다. 우진이 주식을 시작했다고 말했을 때 나는 걱정부터 되었다. 하지만 군대에서는 정신적 문제로 위기를 겪었고, 꾸준히 병원에 다니며 약을 먹던 그에게 새로 도전할 무언가가 생겼다는 게 반갑기도 했다. 적어도 이제 수능을 더 볼 일은 없겠다고 생각하며 나는 그를 적극적으로 응원했다. 그 과정에서 질병과 치료, 일상의 고민에 관한 우리의 이야기는 주식 투자와 긴밀히 연결되기 시작했다.

우진에게 주식은 단순한 돈벌이가 아니었다. 그에게 주식은 무엇보다도 자신의 강박을 두 가지 방식으로 극복하는 수단이었다. 우선, 그는 관심이 생긴 회사와 관련한 모든 정보를 찾고 정리하고 매일 주식 차트를 보며 자신의 집요한 강박이 재능이 될 수도 있다는 사실을 발견했다. 모든 단어에 집중하고 의미를 캐묻느라 책의 페이지를 넘기지 못하던 그는 주식 시장의 요동치는 투자 심리를 관찰하면서, 그게 무엇이든 완벽하게 이해되지 않아도 다음 단계로 넘어갈 수 있다는 걸 온몸으로 배웠다. 수험 생활에 실패했다고, 같은 나이대 남성들에게 뒤처진다고, '1인분'을 못한다고 느끼던 그에게 주식은 자신의 가치를 찾을 수 있는 새로운 세계였다.

하지만 증명은 끝나지 않았다. 한 번의 시험으로 결과가 나오는 수능과 달리, 주식은 몇 번이나 해야 하는지 알 수도 없는 계속되는 증명의 과정이었다. 그는 자신의 핸드폰 바탕화면을 장식하고 있는 이스포츠 선수 '페이커(이상혁)'의 사진을 보여주며 말했다. 96년생으로 비슷한 나이인 그는 모든 걸 증명하고도 매 경기마다 계속해서 증명하고 있지 않냐고. 그래서 우진은 자신의 삶이 프로게이머 같다고 말했다. 계속해서 증명해야 한다는 사실이 끔찍하면서도, 동시에 그걸 해낸 사람에게 느끼는 강력한 동경과 존경.

이어지는 글에서는 우진을 옭아맨 증명의 굴레를 보여주고자 한다. 이 굴레조차 우진에게는 교착 상태에서 탈출하기 위한 변증법의 결과였다.

3장에 앞서,

3^장

패배와
정신 승리의

변
증
법

> " 선택지가 사라지고 있는 매일의 아침을 마주하 "
> 는 것 자체가 지혈이 안 되는 총상을 부여잡고
> 있는 감각이다.

우진 나 이 정도 된다, 이 정도는 할 수 있다. 증명하고 싶었
어. 근데 안 됐잖아. 결국에 육수충은 끝났어. 그런데 능
력이 없다고 하기엔 내 인생이 너무 불행했어. 사실 모
두가 그럴 수 있잖아. 그러니까 도박을 건 거야. 왜냐면
우리가 성취라고 했을 때 두 가지 종류가 있잖아. 노력

의 호흡이 긴 것이 있고 짧은 게 있잖아.

희제 전자가 수능이고 후자가 주식이고?

우진 그렇게 봤어. 그런데 수능은 이제 할 자신이 없더라고. 못하겠어. 지쳤고 진짜 하다가 자살할 것 같았어. 진짜로. (그런데) 이때는 죽을 생각을 왜 못했을까? 왜 그랬지? 좀 궁금하긴 하다. 이때는 폭탄 목걸이라는 개념이 없었어. 그냥 죽고 싶지 않았나 봐. 이때는 그랬네.

희제 그래, 수능은 다시 할 자신이 없었고.

우진 짧은 시간 안에 좀 결과물을 내고 싶었어. 일단 지금 내가 할 수 있는 걸 이걸로 고른 것 같아.

코로나19 시기에 비트코인을 비롯한 암호화폐 열풍과 함께 주식은 한국 사회를 한바탕 휩쓸며 수많은 청년들의 종잣돈과 꿈을 빨아들였다. 이러한 사회적 흐름은 사람들의 다양한 욕망이나 결핍을 하나의 경로로 흐르도록 만든다. 자신의 능력을 입증하고 싶다는 우진의 마음도 투자 광풍frenzy을 타고 주식 투자로 이어졌다. 암호 화폐는 도무지 이해도 안 되고 그 자체의 '가치'가 없는 것 같다며 우진은 오직 주식만 바라봤다. 부동산은 초기 자본이 너무 많이 필요해서 거들떠볼 수도 없었고.

희제 유튜브 같은 데서 뭘 찾아보고 나서 처음에 주식을 산 거야?

우진 아니야, 그냥 혼자 했어. 대부분 보통 유튜브를 본대. 근데 나는 유튜브를 안 봤어. 그러면 우진이는 주식을 어디서 배웠나? 네이버에 칩니다. 그럼 이제 주식 관련된 블로그도 있고 엄청 많잖아요. 기사도 있고. 그런데 티스토리만 봤어. 기사고 블로그고 다 마음에 안 들더라고. 그러니까 왜 마음에 안 들었냐면, 다른 사이트는 다 광고가 됐어. 근데 내가 필요했던 거는 광고가 아니고 튜토리얼, 설명서였어. 나는 그냥 설명서가 좀 필요했어. 어떤 설명서냐, 뭐 어떻게 거래하는지 그다음에 뭐 종목은 어떻게 고르는지, 진짜 말 그대로 101이 필요했어. 근데 블로그니 나발이니 '저희 방 들어오시면 얼마 쐬줍니다' 그 지랄 하고 있는데, 아니, 씨발 어? 그 좋은 거 있으면….

희제 자기 혼자 해먹겠지.

우진 나한테 왜 주겠냐. 꺼져라. 나 안 믿는다. 주먹감자 먹어라. 그래서 안 봤어. 꺼져라, 나 혼자 하겠다.

  알바를 한 달 해서 돈을 모으고, 그와 비슷한 금액을 어머니로부터 지원받아서 종잣돈을 마련한 우진의 초기 투자 전략은 '가치 투자'였다. 그는 워런 버핏이나 존 리 같은 유명한 투자자들을 언급하며, 좋은 기업을 찾아서 주가가 쌀 때 사서 천천히 모으고, 나중에 주가가 충분히 올라서 '터졌을 때' 팔아 시세 차익을 남기는 게 좋다고 말했다. 그는 이러한 생각에서 '미래의 먹거리'를 찾는 데 주력했다. 주로 남들이 거들떠보지 않는, '그게 말이 되냐?'는 이야기가 나오는 종목들에 관심이 많았고, 이것이 가치 투자 관점에서 이어진 결과였다. 이를테면 초전도체나 핵융합, 양자컴퓨터 같은 테마들이었다. 그리고 그 는 안목이 꽤 괜찮은 편이었다. 테마들이 한번 유행을 타고 주 가가 오르는 와중에, 그가 나에게 추천해준 종목들은 그중에서 도 가격이 더 크게 올랐다. 적게는 두 배에서 크게는 열 배가 넘 게까지. 테마도 바이오, 에너지 등 다양했다. 조금… 사둘 걸 그 랬나. 아무튼. 우진은 남들이 떠먹여주는 정보에 혹하기보다 자 신이 직접 나서서 원리를 파악하고 주가를 예측하려고 많이 노 력하는 편이었다.

우진　상식적으로 봐도 그래. 왜냐면 만약에 내가 한탕 해먹을 거야. (그럼) 미리 뿌리는 게 말이 안 돼. 이미 내가 작업 80~90퍼센트 끝내놓고 띄우는 거지. 기사와 함께. 그러 면 이제 사람들이 '괜찮나 보다' 하고 들어오면 그때 물 량 넘기고 나가는 게 코스잖아. 근데 그것도 또 케이스 바이 케이스더라고. 나중에 보니까 더 (올라)가는 경우

배배우 정신 승리의 변증법

도 있더라고. (어쨌든) 일단 그 당시에는 이게 사후적이라고 생각해서 별로 신뢰도 안 가서 취급을 안 했고 그냥 참고만 했지. 주로 이런 거 봤어. 전문가들 나오는 거. 강방천 씨, 존 리 아저씨들. 그냥 이 사람들 생각하는 거 들어볼 수 있잖아. 그다음에 아니면 뭐, 기술 자문위원 이런 사람들 있잖아. 아니면 아예 대중적으로 유명한 트레이더 같은 아저씨들이 있어. 그런 아저씨들이 광고 목적이 아니고 그냥 자기 얘기하러 나오는 것도 있거든. 그런 얘기 좀 들어봤지.

희제　기사 같은 것도 많이 봤나? 근데 기사가 불만족스러웠다며 처음에는.

우진　기사가 의미가 없다고 느꼈어. 왜냐하면 중요 정보가 없어. 그러니까 내가 궁금한 거는 기사에 없어. (기사는) 이미 지난 거 있지, 그걸 재탕하니까.

　　우진은 책도 조금 보긴 했지만, 유튜브와 증권 사이트를 많이 참고했다. 하지만 특정 종목을 추천해주는 콘텐츠는 모두 걸렀다. 그건 그냥 광고 같다고 느꼈고, 무엇보다도 이미 지나간 정보를 보여주는 건 의미가 없다고 생각했기 때문이었다. 정보를 찾아내고 먼저 주식을 사서 갖고 있는 것이 투자에서 제일 좋은 전략인데, 돈이 되는 정보를 대중에게 판다는 것 자체가 이해 안 되는 일이었다. 그래서 그는 종목 자체에 대한 이야기보다는 주식의 기본적인 원리나 투자의 태도에 대한 콘텐츠를 주로 봤다. 기사도 이미 지나간 정보가 대부분이라고 생각해서 별로 안 봤고, 광고가 비교적 적다고 판단한 티스토리 블로그들을 참고했다. 물론 지금은 조금 다르게 생각하는 면들이 있지만. 어쨌든 그는 이 과정에서 빚을 내서 자신이 가진 현금 규모보다 투자금을 늘리는 레버리지leverage 투자는 하면 안 된다는 교훈을 얻기도 했다. 레버리지를 당겨 쓰면 이자를 내야 하기 때문에 마음이 조급해지고, 마음이 조급해지면 지는 거라고.

이렇게 혼자서 기초를 다지던 우진이 처음 붙잡은 테마는 '우주항공'이었다. 여기서 그는 소위 '초심자의 행운'을 경험했다. 조사도 깊이 안 해보고 "그냥 사본" 종목이 급등했고, 일주일 만에 50퍼센트의 수익률을 기록했다. 순이익이 종잣돈의 절반이었으니, 자신이 한 달 동안 알바를 해서 번 만큼의 돈을 일주일 만에 방에서 마우스만 몇 번 '딸깍'거리면서 벌어버린 것이다.

우진 일주일 만에 (수익률을) 50퍼센트를 찍고 드는 생각이 '물음표'였어. '이게 뭐지?'

희제 좋은 것도 나쁜 것도 아니고 그냥 당황?

우진 당황했지. '이게 뭐지?' 그러니까 그 사람들 요즘 쓰는 밈 중에 그거 있더만. '딸깍딸깍'이라는 말을 하더라고. 쉽다고. 그냥 손가락 한 번으로 모든 게 해결이 된다. 약간 그런 느낌.

희제 근데 이게 네가 원하는 미래 중에 하나 아니었냐?

우진 맞아. 근데 그 당시에도 이게 뭔지 잘 몰랐어. 왜냐하면 내가 생각해도 내가 뭔가 대단한 분석을 해서 산 게 아니었거든. 근데 '이게 뭐지?' 이렇게 된 거야. 그래서 물음표였어. 그러니까 기분이 당연히 좋지. 기분이 좋은데 '이게 뭐지?' 이렇게 된 것 같아. 그냥 운이 좋은 거지. 왜 좋았냐면 나는 우주항공 테마를 그냥 고른 거야. 근데 마침 그게 또 테마 탄 거야. (⋯)

희제 혼자 했는데 됐네.

우진 그러니까 이때 좋긴 했는데 약간 이상했어.

희제 황당할 것 같은데.

우진 그러니까 너무 쉽게 돼버린 거야. 너무 빨리. 그래서 그러니까 초심자의 행운이라는 말이 있잖아. '이게 뭐지?' 하는 거야. 이게 첫 거래에 대한 기억이었어.

　그러나 '가치 투자'에 대한 그의 생각은 머지않아 사라졌다. 같은 테마의 다른 종목 X에서 문제가 생긴 것이다. 그는 나에게 모든 설명을 해준 것과 별개로 X에 대한 구체적인 정보가 책에 들어가지 않기를 바랐기 때문에, 여기서는 그의 경험에 대해서만 간결하게 서술해보겠다. '임원진의 장내 대량 매도로 인한 주가 폭락.' 그러니까 회사 주식의 많은 비율을 차지하고 있던 임원진이 주식 시장이 열린 시간 동안 대량으로 자신들의 주식을 내다 팔아서 주가가 폭락했다는 것이다. 상당히 규모가 있는 회사인 X는 당시 인수합병 이야기가 나오고 있었기에, 우진 또한 인수합병 시기에 주가가 오를 것에 대비했다. 일전에 그는 내게 인수합병 시기에는 인수합병을 위한 주주총회에서 투표권인 주식이 가치가 상승하기 때문에 가격이 오른다고 설명해준 적이 있다. 다만 원리나 사실관계에 대한 판단보다는, 이러한 정보들이 우진의 태도를 어떻게 바꾸어놓고 우진의 삶을 어떤 방향으로 이끌어나갔는지에 주목하자.

우진 돈이 문제가 아니라 여기서 뭘 느꼈냐면 국내 주식은 우리가 일반적으로 말하는 투자 개념으로 하면 안 된다를 배운 계기였어. 초기 투자 가치관이 뭐였냐면 사서 모은다. 그리고 이게 천천히 오르길 바랐어. 근데 아까도 봤겠지만 갑자기 일주일 만에 50퍼센트 이 지랄 나니까 이게 뭐지 하고 그냥 냅다 팔았어. 그럼 이제 가치관 충돌이 난 거잖아. 계산을 하지. 뭐가 맞는 거지? 그러니까 나는 가치 투자가 정석이라고 배웠거든. 책이든 뭐든 다 그 얘기밖에 안 해. 근데 이게 도저히 안 맞는 거야. (…) 이거를 계기로 '대한민국은 단기 차익이 압승이다.'

다행히도 우진은 여기서 큰 손해를 보진 않았다. 0.8퍼센트 정도의 손실이 있었다고 하니까, 사실상 수수료를 뗀 정도로 본전을 건진 것이다. 하지만 중요한 것은 돈을 벌었냐 잃었냐가 아니라, 투자의 태도 자체가 변한 것이었다. X처럼 기업 자체의 가치가 뚜렷한 기업조차 임원진이 주식을 대량으로 매도한다는 사실에서 우진은 충격을 받았다. 그는 생각했다. 정말 가치가 있는 주식이라면 임원진이 대량으로 매도할 이유가 없다. 그런데 X는 건실한 기업에 속한다. 그리고 내가 그동안 봐 온 '가치 투자'에 대한 이야기는 주로 해외 사례 중심이었다. 그렇다면? 한국의 주식 시장에서 가치 투자는 소용이 없다!

우진 아니, 임원진이 던지면 내가 가져갈 이유가 없다. 그래서 그때부터 '가치 투자 안 해.' 단타(단기 투자)가 시작된 거야. (…) (X의 경우) 원금 회수니까 이건 실패야. 이때부터 마음이 떴지. '이 개새끼들' 하고.

희제 이 나라는 안 된다? 코스피, 코스닥은 안 된다?

우진 안 된다. 그때부터 시작된 거지. 그치.

그렇게 우진은 장기 투자가 아닌 단기 투자를 시작했다. 기업의 미래 가치를 보고 장기적인 관점에서 투자하라는 교과서의 말은 직접 경험한 '50퍼센트 수익률/일주일'과 '임원진 대량 매도'라는 두 개의 사건 안에서 무너져 내렸다. 코로나19 이후 개인투자자의 낮은 성과는 종목 선택보다는 거래 타이밍의 문제였다고 지적하는 연구 결과[*]를 보면, 코로나19가 한창이던 시기에 주식에 몰두하던 우진의 판단은 꽤 정확했다고 볼 수 있다.

그런데 그가 선택한 다음 종목 Y는 바이오 테마였다. 타이밍도 중요하지만 종목의 테마도 아주 중요하다는 걸 우진은 Y로 인해 절절히 깨달았다. 바이오 테마는 악명이 높다. 우진은 이 종목을 '독이 든 성배'라고 표현했는데, 그만큼 고위험 고수익high risk high return인 종목이라는 의미다. 특히 제약회사의 경우 신약 개발의 성패에 따라 주가는 가공할 수준으로 널뛰기를 한다. 우진이 선택한 종목이 그랬다. 처음에는 많은 돈을 담그지 않았다. 우진의 종잣돈 중 가장 큰 비중이 Y에 쏠리게 된 이유는 '물타기식 투자' 때문이었다.

희제 바이오는 단타를 치면서 연달아 계속 잃어가지고 총합

---

[*] 손경우 · 정지영, (2024) 「코로나 19 이후 개인투자자의 투자패턴에 대한 연구」 『무역연구』, 20(1), 213~231쪽.

(수익률이) 마이너스 40퍼센트가 된 거야?

우진 처음엔 (전체에서 Y가 차지하는 비중이) 작았어. 그러니까 물을 타면서 커진 거야.

희제 물을 탄다는 게 무슨 말이야?

우진 돈을 더 넣는 거지. 그러니까 평단가(평균 단가)를 낮추려고.

희제 그러니까 얘가 좀 오를 것 같아. 그래서 사기 시작했어. 근데 떨어져. 좋아, 오히려 기회다, 하고 평단을 낮추겠다 하고 막 산 거야? 근데 계속 내려가기만 한 거야?

우진 그거야. 정확히 그거야. 물을 타면서 손실이 늘었지. 그거 말고는 없어.

희제 (손실을) 복구한 결과가 마이너스 40퍼센트였으면 졸라 많이 깎인 거 아니야. 원래 여기서(Y에서) 실제로 깎인 거는 마이너스 5~60퍼센트였겠네.

우진 맞아. 그 정도 됐지.

희제 나 같으면 무서워서 못 팔 것 같거든.

우진 근데 이미 알았어. 이거 시간이 아주 오래 걸리겠구나. 그리고 그때 잘한 거야. 왜냐하면 더 내려갔어. 한참 더 내려갔어. 그래서 느꼈지. 그래도 나쁘지 않았다. 물론 이 지랄 난 게 이미 오답이거든? 지금 보면 한 2천 대 맞아야 돼. 그래도 손실 극대화를 막은 건데, 그런 게 있어.

이게 단순히 시간을 날리는 문제가 아니라, (한 종목에) 묶여 있으면 다른 걸 매매할 기회를 놓쳐.

희제 기회비용이라고 네가 많이 얘기를 했었지.

우진 근데 단순히 돈이 문제가 아니라 다른 경험을 쌓을 기회를 잃는 거야. 이게 중요해.

희제 여러 종목을 경험을 해봐야 한다?

우진 경험을 해봐야 돼. 이게 이렇게 흘러가는구나를 다 해봐야 돼. 맛을 봐야 돼. 근데 그걸 놓치는 게 가장 컸어. 그래서 내가 자른 거야. 그건 내가 생각해도 잘했어. 그거 하기 쉽지 않거든. 자르고 나왔어. 그렇게 마무리가 됐다.

그는 Y의 신약이 확실하다고 믿었다. Y의 대표가 과거에 이룬 성과들 때문이었다. 그래서 주가가 떨어지면 오히려 더 사서 모았다. 나중에 주가가 폭등했을 때 한 번에 팔기 위해. 하지만 그 시기는 빠르게 오지 않았고, 우진은 그저 밑도 끝도 없이 떨어지는 자신의 수익률과 자산을 보고 있어야 했다. 교회에서 좋아하는 누나가 살을 빼라고 하기도 했지만, 그보다도 폭락하는 수익률과 자신의 실패를 잊기 위해 달리기를 시작했다. 나와 그가 사는 동네는 북한산을 타고 만들어져서 경사가 가파른 길이 군데군데 있다. 우진은 가파른 경사일수록 더 빨리 달렸다. 폐가 터질 것 같은 느낌이 들 때까지 달리면 불안과 고통을 잊

배베우 정신 승리의 명상법

을 수 있었다. 코로나19 시기에 내가 우진과 급격히 가까워진 계기도 바로 이 달리기였다. 나는 살을 빼려고, 우진은 개인 투자의 고통을 견디려고 같이 비탈길을 뛰었다.

X와 Y를 거치면서 우진이 한국 주식 시장에 대한 신뢰를 잃고, 장기 투자에서 단기 투자로 투자관의 변화를 겪었다면, Z와 관련한 경험은 그의 투자 방식과 함께 세계관을 흔들어놓았다. Z도 Y와 비슷하게 M&A, 즉 인수합병 이슈가 있었다. 이제 종목 자체는 중요하지 않았다. 우진은 단기 이익을 노리고 Z에 진입하기 위해 비슷하게 차트가 출렁거리는 다른 종목을 관찰했다. 관찰을 위해 그는 '단주거래', 즉 주식을 딱 한 주만 사서 동향을 관찰하는 방법을 채택했다. 그 종목에는 거래량이 엄청나게 몰려 있었다. 당시 그가 산 종목은 한 주에 10만 원 안팎이었으니 주가가 대단히 낮은 편은 아니었으나, 어쨌든 손해가 생겨도 하루에 기껏해야 3만 원 정도이니 별로 신경 쓰지는 않았다. 하한가 맞아 봐야 '잘 배웠다' 정도로 생각하면 됐다. 결국 수수료도 안 되는 금액인 2천 원을 수업료로 지불했다.

우진은 그 종목을 하루 동안 잠시 관찰하고, 곧바로 Z에 투자금을 '몰빵'했다. 어차피 그가 판단하기에 Z의 인수합병 이슈는 '뻥카', 즉 가짜 정보에 가까웠고, 그는 이 '호재'를 이용해서 이익만 빠르게 챙겨 나올 작정이었다. 인수합병은 싱겁게 끝날 것이고 지금 이 주가는 거품이라는 느낌이 강하게 왔다. 아무리 그래도 우진은 당시에 자신이 "미친놈"이었다고 회상했다. 그는 마음이 급했고, "눈이 돌아갔"다. Y에서 생긴 마이너스 60퍼센트 수익률이라는 거대한 손실을 메워야 했기 때문이다. Z는 그가 처음으로 스캘핑scalping을 해본 종목이었다. 스캘핑은 분 단위, 혹은 심지어 초 단위로 사고팔기를 반복하며 차익을 축적하는 투자 방법이다. 우진이 스캘핑을 하고 있을 때 친구한테 연락이 왔는데, "드륵드륵 하고 '야, 지금 나 3퍼센트 땄다' 얘기하고, 또 드륵드륵 하고 '야, 6퍼센트 땄다'" 같은 대화를 나눌 만큼 모든 일이 순식간에 벌어졌다. Z와 관련된 그의 예측은 모두 적중했고, 그렇게 우진은 Z의 인수합병 이슈에서 단물만 쏙 빨아먹고 나왔다. 그것도 고작 한 시간 반 만에.

우진은 리듬을 탔다. 방법은 몰랐고, 호가창만 보고 숫자가 왔다 갔다 하는 걸 관찰하다가 가격이 아래로 푹 꺼질 때 들어갔다. 그리고 그가 사자마자 가격이 올랐다. 그때 팔았는데, 다시 또 내려갔다. 이걸 반복했다. 잘못하면 거꾸로 당하는 것이지만, 운이 좋았다. 우진의 표현을 빌리면, 수능 공부 한 번도 안 해본 애가 모의고사만 대충 훑어보고 수능을 보러 갔는데 역대급으로 잘 본 것이었다. 좋은 일이었지만, 좋기만 한 일은 아니었다.

우진 진짜 나도 이때 좀 물음표였어. 근데 이때 물음표는 아까 그 우주항공 때 물음표랑 달라. 우주항공 물음표는 '이게 뭐지?' 이거였어. 근데 Z 물음표는 뭐였냐면, 시간을 돈을 주고 살 수 있다. 이걸 느끼고 좀 충격이었어. 나는 한 시간 반이었잖아. 근데 그날 번 돈이 누군가의 월급이었어. 이게 큰 돈이라고 하기는 좀 그래. 근데 분명한 건 그게 누군가의 월급이야.

희제 한 시간 반에 한 달을 산 거네.

우진 그게 핵심이야. 하루도 아니잖아. 그 오전 잠깐이야. 그러니까 반차야. 반차가 누군가의 20일인 거야. 그러니까 이게 이날의 쇼크였어. 난 이거 진짜 쇼크였어. 그러니까 이건 자랑의 개념이 아니고, '이게, 이게 뭐지?' 이렇게 된 거야.

그때 우진은 학창 시절에 친구로부터 들은 말과 자신의 과거 모습이 떠올랐다. "야, 너는 잘하는 게 없어."라는 말, 그리고 "수능 공부로 자꾸 막 나는 진짜 구제불능 병신인가 하고 있던" 자신. 하지만 그러면서도 우진은 언급했다. "근데 그것도 있겠지, 솔직히. '그래도 증명했다.'" 그렇게 주식은 성공과 함께 증명의 굴레로 빠져들었다. 재수 때 3월 모의고사를 성공적으로 치르고 빌보드에 이름을 올린 뒤 더욱 심한 불안과 강박이 그를 덮친 것처럼, 한 시간 반 만에 누군가의 월급만큼 돈을 벌고 찾아온 건 허무함과 미래에 대한 압박이었다. 여기에 대해서는, 조금 길지만 우진과 나의 대화를 직접 인용하는 것이 좋겠다.

우진　봐봐, 그러니까 여러 번 하는 것도 맞는데 횟수의 문제가 아니라 순간적으로 판단을 해야 돼. 1초도 길어. 0.3초야. 진짜 그렇잖아. 오르락내리락이, 그러니까 순간적으로 호가를 보고 내가 여기서 뺀다, 들어간다, 기다린다를 0.3초마다 계산해야 되고, 한 번 놓칠 때마다 나는 돈을 날리는 거야. 왜냐하면 못 먹은 건 기회 비용이잖아. 그런 식으로 진행이 되기 때문에 이건 딸깍이 아니다. 그때 느꼈어. 이거 종합예술이다. 시간도 봐야 돼. 차트 오르락내리락하는 것도 봐야 돼. 기업의 가치 이것도 머릿속에 계산을 하면서 봐야 돼.

희제　근데 왜 예술이야?

우진　나한테 그냥 그렇게 보였어. 그 모든 과정이 아름다웠어. 그래서 종합예술이었다. 한 번에 여러 가지 것들을 다 같이 고려하면서 그렇게 해야 되는 작업이 나한텐 되게 아름다웠다. 이때도 진짜로 살아 있음을 느꼈어. 되게 힘들었거든. 이날 이거 하고 하루 종일 방전됐어. 근데 그것도 있었을 거야. 이 생각(돈을 주고 시간을 살 수 있다는 생각)을 하느라 머리가 되게 아팠어.

희제 이게 도대체 뭘까 싶으니까.

우진 무슨 마음인지 알겠지? 사람들은 이 새끼 돈 벌었다고 자랑하고 있다고 생각할 텐데 그게 아니야. 너는 내 앞선 수능 맥락을 알잖아. 그러니까 겹쳐지면서 머리가 아픈 거야. '나는 그동안 뭐 한 거지?' 왜냐면 봐봐. 6년을 했잖아. 근데 남은 게 없냐고 하면 되게 애매한 거야. 그러니까 **내가 그래도 남은 게 있어, 하면 정신 승리가 되는 것 같고, 없다고 하면 그냥 패배자야.**

희제 '승리 대 패배'가 아니라 '정신 승리 대 패배'니까.

우진 어, 그렇지. **그러니까 둘 다 패배야.** 어쨌든 물음표에는 '그동안 뭐 한 거지?'가 하나 있었고, 그다음에는 이거였어. '나는 이제 이걸로 삶이 정해지는 건가?' 사서 팔고, 사서 팔고, 이거를 반복을 해야 되는 건가? 이제 머릿속에 혼란이 오더라고.

희제 네가 꿈꾸던 게 그거였잖아. 오전에만 일하고 오후에는 일을 하지 않고.

우진 좋은데 진이 빠지더라고. 오전에 당기고 이제 그냥 누워 있잖아. 근데 '나 이거 내일 아침에 또 해야 되네' 생각하니까 약간 숨이 막혔어. 그러니까 수능을 매일 치는 거야. 그러니까 수능을 그래도 내가 잘 볼 거라는 자신감이 있어도 이걸 매일 치는 건 다른 거야. 근데 이게 나도 무의식중에 알거든. '이것도 또 처음 했으니까 운 좋게 걸린 걸지도 몰라.'라고. 그러니까 무섭더라. 오케이, (이익) 땡겼어. 근데 내일 이걸 또 해야 돼. (실패할 수도 있는 것을) 또 해야 돼. 이게 나한테 진이 빠지게 했어.

희제   어떻게 보면은 수능보다 더 힘드네. 수능은 물론 준비 기간이 길지만 한 번 치면 그걸로 증명이 끝인 거잖아.

우진   그치. 근데 이거는 증명을 매일 해야 돼.

희제   언제까지였어? 너가 생각하기에 그 증명은 언제 끝날 것 같았어? 계속 성공을 한다고 쳤을 때도.

우진   안 끝나. 영원히. 나중이 되면 편해지지. 왜냐하면 파이가 커지면 몰빵을 할 일이 없으니까. 그럼 시간도 더 줄어. 한 시간도 안 걸릴 수도 있어. 근데 그거야. 얼마만큼 내가 이 스트레스를 더 감당해야 될지 가늠이 안 되는 거야. 왜냐하면 기준을 모르니까.

희제   그치, 수능은 만점이 있는데 주식은 그게 없잖아. 한도 끝도 없이 올라가.

우진   그리고 이것도 있어. 한도 끝도 없고, 이게 구조상 위로만 없는 게 아니라 아래로도, 하방도 없잖아. 그리고 잃을 때는 더 크게 잃을 수밖에 없어. 내가 다 해봤잖아. 그러니까 거기서 느꼈어. 이게 잘못될 수 있다. 매일 오전

패배와 정신 승리의 변증법

수능을 쳐야 된다. 언제까지? 평생. 이 생각을 하니까 트라우마가 올라오더라고. 이때부터 호가창 볼 때 울렁증이 오기 시작했어. 10퍼센트 먹은 다음 날부터. 그러니까 그거 빌보드 때랑 또 겹치는 거야. 내가 이때 무슨 생각했는 줄 알아? 나는 저 굴레에서 벗어날 수가 없구나. 그 빌보드 찍고 강박 느낀 거 있잖아. 그거랑 이 강박에서 또 벗어날 수가 없구나. 나는 강박의 영원한 노예다.

우진에게 성공이란 언제나 이런 식이었다. 바랄 수밖에 없지만, 정작 손에 쥐면 불안과 강박의 모습을 하고 그를 더욱 조여 오는 것. '아름다운 종합예술'로 느껴질 만큼 주식은 우진에게 큰 의미였다. 앞서 언급했듯, 우진에게 주식은 새로운 세계였다. 요동치는 숫자들의 패턴을 자신의 능력으로 파악하고 리듬을 타면 돈으로 시간을 살 수 있는 세계. 잘만 하면 90분으로 28,800분을 살 수 있는 세계. 하지만 그것을 위해 매일같이 증명해야 하는 세계. 절대로 증명이 끝나지 않는 세계. 우진의 비유에서 드러나듯, 결국 주식도 수능의 연장선이었다. 수능을 통해 증명하지 못한 것을 주식으로 증명하고 싶었던 것이다.

계속 우진의 말이 머리를 맴돈다. 6년을 했잖아. 근데 남은 게 없냐고 하면 되게 애매한 거야. 그러니까 내가 그래도 남은 게 있어, 하면 정신 승리가 되는 것 같고, 없다고 하면 그냥

패배자야. 그러니까 그에게 남은 것은 패배 아니면 정신 승리라는, 지옥의 밸런스 게임이었다. 6년 동안의 수능 공부를 끝낸 뒤에 우진은 그 시간을 어떻게 의미화해야 하는지 고민했고, 패배와 정신 승리의 이분법이 그 해답이었다. 하지만 그는 둘 중 어느 것도 선택할 수 없었다. 둘 다 결국 패배이기 때문이다. 그래서 우진은 수능을 통해 보여주지 못한 것을 다른 수단으로 보여주고자 했다. 그러니까 주식은 패배와 정신 승리의 변증법에서 탄생한 새로운 선택지였다.

물론 그는 합리적인 투자자가 되기 위해 만반의 노력을 다했다. 그러나 '리듬'이나 '운', '미친놈', '초심자의 행운'과 같은 말들에서 드러나듯, 우진 그 자신도 이미 주식 투자를 합리적이기만 한 것으로 생각하진 않았다. 그 나름의 이론을 세웠지만 결국 개인 투자자는 한계가 있다고 느꼈다. 어차피 시장을 움직이는 것은 세력이고, 수익을 가져가는 건 주로 기관과 외국인들이니까. 웬만큼 '큰손'이 아니고서는 휘둘릴 수밖에 없는 게 개인 투자자다. 그러니 '작전을 쳐서' 주가를 움직이는 '세력'에 편승해서 콩고물을 주워 먹으며 종잣돈을 늘리고, 그렇게 계속 발전해나가다 보면 언젠가는 큰손이 될 거라고 우진은 믿었다.

그런데 정말 우진의 노력은 '합리적'인 방향이었을까? 투자인지 투기인지 알 수 없는 비트코인 투자를 인류학자 이승

철은 '주술적 자본주의magical capitalism'라는 틀로 분석하기도 했다. 사실 투자 대상 자체의 가치는 중요하지 않고, 그것을 둘러싼 사람들의 감정과 이야기들이 '호재'나 '악재'가 되어 비트코인의 가치가 출렁거린다는 것이다. 여기서 비트코인에 투자하는 사람들은 합리적으로 판단하는 투자자이기보다, 시장에서 자신의 운을 테스트하면서도 시장의 합리성과 예측 가능성을 공공연히 회의하는 도박자gambler라는 것이 그의 분석이었다. 온갖 미신에 기대며 '호재'를 찾아 헤매고, 반복적으로 '가즈아!'를 외치는 것과 같은 '주술'은 금융 자본주의의 양가성과 예측 불가능성에 대처하기 위해 등장한다. 지금의 암호 화폐 시장에서 비트코인의 '가치'를 만드는 것은 주술이다.* 모든 것이 시시각각 변하는 신자유주의 시장에서 개인들은 합리적으로 계산하는 주체이기보다 위기와 기회를 적절히 활용하는 투기적 주체가 된다는 점에서,** 그리고 결국 각 종목 자체의 가치는 신경 쓰지 않게 된 우진의 사례에서도 알 수 있듯, 이러한 분석은 비트코인 투자자들뿐 아니라 주식 투자자들에게도 해당한다.

이전에 나는 개인 투자자들에 대한 논문을 읽고 우진에

---

*   Lee Seung Cheol, (2022) "Magical capitalism, gambler subjects: South Korea's bitcoin investment frenzy", *Cultural Studies*, 36(1), 96-119.

**   피에르 다르도·크리스티앙 라발 지음, 오트르망(심세광·전혜리) 옮김, 『새로운 세계합리성』 그린비 2022.

게 보여준 적이 있었다(이 논문은 2021년에 『개미는 왜 실패에도 불구하고 계속 투자하는가?』[*]라는 단행본으로 출간되었다). 이 논문은 중년 남성인 개인 투자자들을 분석하는데, 이들이 투자에 실패하는 과정은 우진이 Y의 투자에 실패한 과정과 거의 같았고, 이들이 시장의 원리를 '간파'하고 만들어낸 믿음들 또한 우진의 것과 굉장히 비슷했다. 해당 논문의 연구 참여자들은 '수업료 치르기' 같은 관념으로 자신의 실패를 합리화하고 정신적 고통을 줄이고자 했으며, 이는 또다시 주식 매매로 이어졌다. 투자에 중독되는 과정이었다. 반복되는 실패는 개인의 정신세계도 물질만능주의로 완전히 물들여 '주식의 노예'로 황폐화시키기까지 했다.[**]

　　우진 또한 마찬가지였다. 특히 내가 견디기 힘들었던 것은 돈에 미쳐가는 그를 지켜보는 일이었다. 원래 만나면 종교적 가치나 사회적 가치에 대한 이야기를 나누기도 하고, 어떤 인생을 살고 싶은지 고민을 나누기도 했다. 그는 나중에 돈을 많이 벌면 교육과 관련하여 좋은 일을 하는 단체들에 기부하며 살고 싶다고 말했다. 교육 때문에 힘든 사람이 없으면 좋겠다고. 아마 수능에 5년을 더 쓴 자신의 삶에서 비롯된 것일 테다. 그런

[*]　　　김수현 지음, 민음사 2021
[**]　　김수현, (2019) 「개인투자자는 왜 실패에도 불구하고 계속 투자를 하는가?」, 서울대학교 인류학과 석사학위논문.

데 주식 투자로 돈을 벌기 시작하면서 우진은 이러한 이야기를 일절 꺼내지 않았다. 내가 이런 이야기를 꺼내도, 그의 사고회로는 모든 대화를 돈으로 수렴시켰다. 이를테면 이런 것이다.

교육 문제가 심각하다 → 더 많은 이들이 교육에 접근할 수 있어야 한다 → 요즘 AI를 활용한 교육 프로그램이 대세다 → AI 쪽에서 뜨는 종목이 뭐가 있냐면…

그는 내가 자신이 투자하는 방향성을 정하는 데 도움이 된다고 말했다. 대학에 들어온 이후 노동, 장애, 질병, 빈곤 등의 영역에서 활동한 나에게 우진은 '대단하다'고 말하곤 했는데, 자신이 종잣돈을 충분히 불려서 일정 수준의 수익을 내기 시작하면 그 수익의 일부를 교육과 관련된 시민단체에 꾸준히 후원하고 싶다고 밝히며, 나에게 적절한 곳을 추천해달라고 했다. 교육의 기회가 모두에게 주어져야 한다며, 주식이 해답이 아니라는 건 알지만 이렇게라도 평등을 실현하는 데 도움이 되고 싶다고 말했다. 나는 흔쾌히 내가 아는 단체 중 유독 예산이 부족한 곳들을 그에게 소개해주었다. 그게 결국 다 돈에 대한 집착으로만 수렴될 것이라는 생각은 못 한 채.

문화연구자 김보형은 투자자들이 자신의 실존적인 불행이나 고통을 공유하며 재테크 기술을 키우는 동기를 강화하게 된다고 분석했다.[*] 둘 중 누구도 의도하지 않았지만, 서로의 고통과 상처를 알고 지낸 우리는 바로 그 맥락 안에서 주식 투자를 이해했고, 나는 주식이 사회적으로 어떤 의미이든 상관없이 일단 우진을 응원했다. 이 과정에서 나는 주식 투자를, 우진을 금융 자본주의에 더욱 깊숙이 연루시키는 정치적 대상이 아니라, 우진이 고통과 상처를 딛고 일어서는 데 필요한 지극히 개인적인 성장, 자기계발의 도구로 이해했다. 그리고 그가 주식 투자를 이러한 방식으로 의미화하고 돈에 파묻히는 데 가속도를 붙여준 것은 다름 아닌 나였다.

무슨 대화를 꺼내든 이런 결말로 흘러가는 대화들 속에서 나는 자주 지쳤다. 네가 싸게 사서 비싸게 팔 때, 다른 누군가는 비싸게 사고 싸게 팔면서 죽어가고 있을지도 모른다고 말해도, 그건 안타깝지만 그의 책임이라는 우진의 말 앞에서 나는 너무도 무력했다. 실패는 결국 자신의 몫이라던, 자신의 수능 실패를 자신만의 책임으로 만들고, 여성 징병에 대해 자기만의 방식으로 주장한 바로 그 논리에 입각해 우진은 주식 투자 또한 온전히 개인의 몫으로 만들고 있었다.

벽에 대고 말하는 기분이었다. 그렇게 돈을 벌어서 어디

---

[*]   Kim Bo Hyeong, (2017) "Think rich, feel hurt: the critique of capitalism and the production of affect in the making of financial subjects in South Korea", *Cultural studies*, 31(5), 611–633.

쓸 거냐, 결국 그 돈의 의미가 중요한 게 아니냐, 이런 이야기를 해봤자 우진에게는 전혀 들리지 않는 것 같았다. 우진은 언제나 '중요한데, 지금은 아니다'라고 대답했다. 아직은 의미를 생각할 때가 아니다. 의미는 돈을 충분히 번 이후에 생각해야 하는 것이다. 나는 납득할 수 없었다. 돈이 중요한 건 맞는데, 의미 없이 뭘 할 수 있을까. 자신이 의미를 부여할 수 있는 목표나 원동력 없이 어떻게 노력할 수 있는 걸까.

우진   나는 글렀다. 그러니까 어떤 게 글렀냐면, 나는 K-타임라인 있지? 거기에서 완전히 배제당했다. 이 생각이 되게 컸어. 그러니까 이미 머릿속으로 대학교 때려친 거야. 대학교는 의미가 없다. 이미 자퇴 결심했지. 왜냐면 학교 레벨도 있었고, 이게 제일 컸지. 게다가 2학년 휴학 상태니까 졸업하려면 최소 3년. 그러니까 결론이 이거였어. 나는 살려면 다른 걸 해야겠다.

앞서 언급한 논문에 따르면, 중년 남성 개인 투자자들에게 주식 투자는 퇴직 후 재취업이 어렵고 장사 등 다른 경제활동에서 번번이 실패를 맛본 상황에서, 그리고 체력이나 자금, 시간의 제약이 적고 정년의 구속에서도 자유롭다는 점에서 유일한 희망으로 보였다. 생계를 위한 투자를 넘어 수십억 원대

의 자금을 모아 진정한 '경제적 자유인'으로 거듭나겠다는 야심
찬 꿈은 이들의 가슴을 설레게 만들기에 충분했다. 이는 우진도
비슷했다. 우진은 수능을 새로 준비할 때마다 앞으로 다가올 몇
년의 계획을 대략적으로 세워봤다. 그리고 그것은 1년마다 1년
씩 더 미뤄졌다. 한국의 '정상적인' 생애주기라는 관점에서 우
진의 시간에는 가속도가 붙었다. 우진의 물리적 시간은 1년씩
갔지만, 사회적 시간은 2년씩 갔다. 실패에는 가속도가 붙었다.

　　우진이 'K-타임라인'이라고 부른 한국적 생애주기는 다
음과 같다. 10대에는 학창 시절을 보내고, 20살에 대학에 입학
해서 1~2년 안에 군대에 다녀오고, 그로부터 2~3년 뒤에 대학
을 졸업해서 20대 중후반에는 어딘가에 취직하고, 그 사이에
연애도 하고, 30살 전후로는 결혼도 하고 가정을 꾸리는 그런
생애주기. 그러나 우진은 수능 공부를 6년 하는 동안에 대학교
1학년을 다닌 뒤 1년 휴학을 하고 군대를 다녀왔고, 대학 자퇴
를 결심했다. 그리고 도착한 곳이 우진의 20대 후반이었다. 생
애주기에 대한 그의 계획은 산산조각 났다. 그런 상황에서 주식
투자는 우진에게 유일한 선택지로 주어졌다.

　　한국 사회의 근대화와 부동산 투기의 연관성을 연구한
인류학자 최시현은 부동산 투기가 사회적으로 부당하고 정치
적으로 동의할 수도 없는 일이라고 말하면서도, "나와 우리 가
족이 그 상황으로 인한 불이익은 피할 수 있기를 바라는 마음",

정말로 "고작 그 정도의 마음"을 먹었을 뿐인 일이 "사회적 불평등과 시민들의 주거 불안으로 이어진다."고 아프게 지적한다.[*] 그저 남들과 마찬가지로 '평범하게' 괜찮은 대학을 나와서 적당한 나이에 취직하고, 사랑하는 사람을 만나 결혼하고 싶었던 우진의 마음, 그리고 이미 모든 것이 글렀다고 느끼는 상황에서 마지막으로 할 수 있는 일을 해보자는, 고작 그 정도의 마음에서 시작한 주식 투자 안에서, 우진은 덫에 걸렸다. 자기 착취의 덫. 타인의 고통에 대한 무관심의 덫. 외면의 덫. 돈의 덫. 또 다른 강박과 불안의 덫.

　　그 덫은 굴레였다. 패배도 정신 승리도 선택할 수 없었던 우진은 다시금 지긋지긋한 증명의 굴레에 빠지고 만 것이다. 그리고 그 굴레는 패배와 정신 승리라는 이분법을 우진에게 제시한 바로 그것이었다. 패배와 정신 승리의 변증법은 어디로도 나아가지 못한다는 점에서 변증법이 아니었다. 증명과 불안의 폐쇄회로였다. 우진은 패배들 사이에서 교착됐다.

---

[*]　　최시현, (2021) 「주택 담보 정동경제」 『문화과학』 106호, 74쪽.

3 장에 부쳐,

아버지들에 대하여

우진은 이 글이 특히 잘 완성되길 바랐다. 그는 이 글을 위한 인터뷰를 한 차례 한 뒤, 아무래도 만족이 안 된다며 일주일의 시간을 더 달라고 했다. 그리고 일주일 뒤에 다시 만나서 우리는 또 대화를 나누었다. 새로운 대화에서 많은 이야기가 추가되지는 않았지만, 중요한 것은 일주일을 미루고 자신의 생각을 더 보완하고 싶었던 우진의 마음이다. 일단 그 마음과 이에 대한 나의 생각에서 출발하자.

주식을 다루는 3장에서 우진은 내가 질문할 때마다 잠시도 머뭇거리지 않고 자신 있게 대답했고, 그 어느 때보다도 단정적이고 힘 있는 어조를 보여줬다. 수능에 비하면 주식은 훨씬 최근의 일이라서 기억이 잘 나기도 했겠지만, 우진도 동의했듯 주식에 대한 그의 감정은 훨씬 복잡하다.

우진 3장 본문을 독자 입장에서 읽었을 때, 머릿속에 남는 우진에 대한 인상이라고 할까? 비합리적인 투자만을 반복하다가 결국 그 논문에 나온 사람들과 똑같아진 청년. 실패한 도박 플레이어로 귀결되어 결국 죽음을 선택하고자 하는 모습으로 읽혀.

　　우진에게 연애와 수능은 실패의 기록이고, 그의 말마따나 "이제는 사라져야 할 오답노트"다. 간단히 말해 '잊고 싶은 기억'이다. 우진에게 연애가 성적 매력에 대한 증명이었다면 수능은 '능력'에 대한 증명이었다. 그런데 주식은 수능에서 이루지 못한 그 증명을 이뤄낸 과정이기도 했다. 우진에게 '능력'의 증표는 수능 성적에서 수익률로 바뀌었다. 그리고 주식 투자는 꽤 성공적이었다. 그래서 우진은 3장의 결론에 동의하기가 어려웠다. 그는 3장을 볼 때 자신이 "비합리적인 투자만을 반복하다가 결국 (개인투자자들의 실패를 다룬) 그 논문에 나온 사람들과 똑같아진 청년"처럼 보이고, "실패"해서 "죽음을 선택"하는 사람으로 보인다고 했다. 그는 나와의 대화에서 자신의 성공을

우리 자신에 대하여

증명하고, 독자들에게도 이를 설득하고 싶어했다. 돈에 미쳐가는 건 인정했지만.

이 글을 쓰려고 우진과 대화를 나누는 동안 나도 신났다. 거침없이 자신의 지식과 기준의 합리성을 논리적으로 설명해내는 친구의 모습에서 쾌감까지도 느꼈다. 친구를 온전히 옹호할 수 있을지도 모른다는 기분은 상쾌했다. 하지만 인터뷰가 끝나고 시간이 지나면서, 우진의 이야기를 어떻게 담아야 할지 고민이 많아졌다. 우진 본인도 말하듯, 주식에서 이어진 인연이 바로 우진에게 폭탄 목걸이를 걸어준 사람이기 때문이었다. 우진에게 주식은 성공인 동시에 실패였다.

그래서 나는 이 양가성을 잘 담아내려 노력할 것이다. 이를 위해 나는 우진이 개인 투자자로서 꽤 성공적인 수익률을 낸 과정과 그것에 우진이 부여하는 의미를, 그럼에도 주식이 우진에게 답이 되지 못한 이유를 써내려 갈 것이다. 그리고 이 두 가지는 모두 "우진아, 너의 그릇은 여기까지다."라는 말로 수렴될 것이다. 우진이 폭탄 목걸이를 걸게 된 가장 핵심적인 말.

우진은 자신이 "실패한 비합리적 도박 플레이어"가 아니라고 강조했다. 여기에는 자신만의 방법론에 대한 믿음과 함께 '형진'으로부터 얻은 가르침이 있었다. 우선, 앞서 언급했지만 우진의 수익률은 내가 직접 봤다. 종잣돈의 액수는 공개하지 않았지만, 어차피 중요한 것은 수익률이니까. 수익률은 그가 자신의 방법이 옳다고 확신하는 증거다. 자신이 '비합리적인 도박자'가 아니라는 우진의 근거는 그의 방법 자체에 있다. 그래서 다소 길지만, 우진이 자신의 방법에 합리성을 부여하는 과정을 이해하기 위한 내용이 곧 다루어질 것이다.

　우진은 과거에 나와 함께 대화한 내용이 3장에 들어갈 것을 예상했다. 우리는 이미 주술적 자본주의, 그리고 개인 투자자들에 대한 논문을 가지고 이야기를 나눈 적이 있기 때문이다. 당시 나는 주식 자체가 비합리적인 측면이 강하다는 말을 했고, 이것은 내가 금융 자본주의와 관련된 인류학적 분석이나 행동경제학에서 배운 것들과 관련되어 있었다. 이러한 분석을 예감한 우진은 글을 읽은 뒤 자신의 합리성을 강하게 변호했다. 자기 나름의 이론과 방법론으로 높은 수익률을 달성했다는 것이다. 이는 주로 메신저를 통해서 주식 정보를 전달하고 투자할 종목을 추천해주는 '리딩방'에서 정보를 얻는 '리딩방 아저씨들'과 자신은 근본적으로 다른 존재라는 이야기로 이어졌다. 앞서 언급한 논문에 등장하는 중년 남성들은 우진이 읽기에 "리딩방 전전하는 아저씨들"이었다. 그리고 '어떤 기준도 합리적 전략도 없이 주술을 하는' 사람들이었다. "남이 읽어주는 거 따라가니까." 그가 생각하기에 "리딩방은 의존이다."

　게다가 우진은 주식에 있어서 '전문가를 믿지 말라'는

3장에 부쳐,

말까지 있다고 했다. 그는 존 리라는 유명한 투자자의 말을 인용하며, 전문가를 믿지 말고 스스로 공부해서 전문가가 되어야 한다고 내게 말했다. 어차피 기업 공시와 사업보고서는 온라인에 공개되어 있고, 이걸 스스로 읽으면서 판단하는 능력, 이른바 '주식 리터러시'를 길러야 한다는 것이다. 우진은 주식 애널리스트들의 종목 분석을 검토했고, 이를 보고 '저 정도는 나도 하겠는데?'라는 생각을 했을 뿐 아니라 그들의 예측이 틀린 경우를 너무 많이 봤다고 말했다. 차라리 자신이 더 잘 맞혔다는 것이다. 이런 생각을 갖고 있는 우진에게 리딩방 회원들은 자기 기준이 없는, 충분히 노력하지 않는 사람들로 보일 수밖에 없었다.

물론 우진은 자신이 리딩방에 들어가본 적 없기 때문에 상황을 자세히 아는 것은 아니라고 말했다. 다만 그는 물었다. 대체 리딩방을 운영하는 사람을 어떻게 믿냐고. 그가 생각하기에 리딩방 운영자는 그냥 개인사업자다. 회원들이 내는 회비로 자기가 투자해서 수익 내는 개인사업자. '찌라시' 나온 걸 이용해서 수익 내는 사람일 수도 있고, 작전 세력 밑에 있는 사람일 수도 있다. 아니면 주식동호회에서 아는 사람들끼리 모여서 리딩방으로 발전하는 경우도 있다. 어쨌든 우진이 보기에 리딩방은 그 자체로 하나의 수익 모델이다. 주식을 다루는 온라인 커뮤니티에서도 리딩방에 대한 이야기가 많이 나온다. 그리고 우진은 온라인 커뮤니티를 하는 "아재"들이 리딩방을 많이 전전한다고 주장했다.

그들은 종종 자신들이 보고 싶은 대로 보느라 어떤 정보가 감추어져 있는지, 혹은 왜곡되어 있는지 포착하지 못한다. 이를테면, CEO가 발표하는 긍정적인 정보들을 뒤집어엎을 만한 부정적인 정보가 숨겨져 있을 수 있는데, 그 부분을 놓친다. 모든 게임에는 허풍이 있고, 플레이어들이 보여주는 패가 진실일 것이라는 보장은 존재하지 않는다. 진실이라 해도 파편적인 진실일 뿐이다. 심리전은 투자자들 사이에서만이 아니라 회사와의 관계에서도 진행되는데, 이걸 이해 못 하는 사람들이 있다. '리딩방 아재들'에 대한 우진의 불신은 이처럼 온라인 커뮤니티 사용자들이 자신만의 기준을 뚜렷이 갖지 못했거나, 회사를 무조건적으로 신뢰한다는 점, 혹은 자기 수익을 내려고 노력하기보다 남을 함정에 빠뜨리려는 잘못된 신념에 빠져 있다는 판단과도 관련이 있다.

그래서 우진이 생각하기에는 "리딩방에 들어가 있다는 것 자체가 오류"다. 왜 오류냐? 일단 리딩방을 운영하는 그 사람이 '시장 조성자'가 아니라는 것이다. 그 사람이 한 번에 엄청나게 큰 돈을 움직이면서 다른 투자자들의 움직임에 영향을 주는 기관도 아니고. 또 주가를 직접 움직이는 세력이면 모르겠는데, 그런 작전 세력이 굳이 리딩방을 할 이유는 없다. 물론 리딩방을 운영할 수 있긴 하지만 그건 어디까지나 회원들을 위한 게 아니라, "자기 ATM기를 모시는" 것이다. 그러니까 분석해 드리겠습니다, 좋은 정보 드리겠습니다, 이런 것 자체가 우진의 입장에서는 "오류"였다. 무엇보다도 우진이 중시한 것은 자기만의 분석 방법과 전략이다. 만약 자기만의 방법론에 데이터가 충분히 쌓여서 신뢰할 수 있다면 혼자 하지, 왜 다른 사람과 공유하나? 물론 처음에 배우고 싶어서 수업료 내듯이 몇 달 해보는 건 인정하지만, 계속하는 건 말이 안 된다. 이건 그들이 "이 시장에 대한 주체적인 이해가 없고 주체적인 분석도 없다"는 걸 보여준다. 우진은 자신은 다르다고 강조했다.

그렇다면 어떻게 다른가? 우진은 구체적인 종목들과 가격들의 변동 결과, 나아가 자신이 거둔 최근의 수익률을 직접 보여주면서 자신의 이론이 얼마나 정확했는지 증명했고, 나 또한 납득이 되었다. 하지만 그가 자신의 전략을 모두 밝히는 것을 꺼리는 관계로, 이곳에서는 부득이하게 이 이상의 증명은 생략하기로 한다. 자신의 자식이자 생명줄과도 같은 우진의 투자 전략에 대한 애정을 이해해주기를 바란다. 그리고 그의 이야기를 듣는 나는 주식에 대해 우진보다도 훨씬 모르기 때문에, 전략 자체보다는 그것에 우진이 부여하는 의미에 주목하자.

우진에게 중요한 것은 '우월변수'라는 개념이었다. 검색해봐도 특별히 나오지 않는 것으로 보아, 자신이 직접 연구해서 고안한 개념이라는 우진의 말은 맞는 듯하다. 우진이 말하는 우월변수의 개념은 이런 것이다. 주가를 만드는 변인은 굉장히 많다. 사람들의 심리, 작전 세력의 유무, 뉴스 등 미디어에서의 언급, 재료의 가치, 국제 관계 같은 거시경제 상황 등…. 그런 변인들 중 '영향 계수'가 큰 요인은 종목이나 테마마다 다 다르다. 그렇다면 이 영향 계수 혹은 가중치를 어떻게 분배할까? 우진이 설명하는 우월변수는 이런 상황에서의 판단과 의사결정에 관련된 것인데 매번 구체적인 분석이 들어가야 한다. 그는 정치 테마주를 예로 들었다. 이를테면, 안철수 관련주, 한동훈 관련주는 국제정치랑 별 관련 없다는 것이다. 이 말을 내 방식대로 해석해보면, 어쨌든 여기서 언급된 모든 '변인'은 연결되어 있다. 하지만 연결의 강도는 모두 다르다. 강한 연결을 고려하고, 약한 연결은 보지 마라. 그렇게 한 종목을 분석하는 핵심 변수만을 추리는 것이 '우월변수'의 핵심이다. 우진 또한 나의 분석에 동의했다.

우진은 여기서 중요한 것이 "질적인 감"이라고 말했다. 그는 이것이 '감'이라고 표현되기는 하지만, 굉장히 합리적이고 데이터에 근거한 판단이라고 강조했다. 그는 스스로 투자 방법에 대한 신뢰를 확보하기 위해 온갖 자료들을 찾아 읽었다. 한두 분야에 집중하기보다, 여러 테마를 다 공부했다. 꾸준히 수익을 내려면 '제너럴리스트'가 되어야 한다고 생각했기 때문이다. 그가 공부한 분야로 언급한 것은 우주항공, 바이오, 정치, 인수합병, AI, 초전도체, 핵융합, 원자력, 탄소중립, 미중 패권, 우크라이나 전쟁 등이었다. 첨단 기술부터 국내외 정치 이슈에 이르기까지 너무나도 다른 차원의 키워드들이 '테마'라는 이름으로 묶여 있었다. 우진은 각 테마에서 등장하는 차트 패턴이 있다고 주장했다. 상승과 하강의 반복 패턴, 상승 전에 보이는 조짐, 상승했던 종목들이 가지는 공통분모, 그럼에도 존재하는 차이들…. 우진은 그래프의 형태를 일/주/월/년으로 나누어 분석했고, 어느 정도 파급력이 있는 기사가 나와야 주가가 올라가는지를 이해하고자 했다. 조회 수와 노출 주기를 통해 똑같이 '핫한' 테마여도 미디어에 얼마나 노출되는지, 얼마나 오래 회자되는지에 따라 주가의 움직임은 달랐다고 분석했다.

우진은 '배터리'라는 테마를 중심으로 자신의 분석을 설명했다. 배터리가 시장 자본 흡입력이 좋았던 이유가 여럿 있는데, 일단 다른 테마들과 비교했을 때 배터리는 미디어 노출의 유지 기간이 길었다. 조회 수도 많았다. 그리고 이는 사람들이 무엇을 '종교'로 보고 무엇을 '과학'으로 보는지와도 관련되어 있었다. 바이오, 즉 제약 산업과 마찬가지로 배터리도 주가가 수십 배까지 치솟아 오르곤 하지만, 사람들은 바이오 테마를 사기라고 생각하는 데 비해 배터리는 과학으로 인정한다는 게 우진의 생각이었다. 의약품이 상용화되기 위해서는 필요한 절차가 굉장히 복잡하고 성공률도 낮은데, 배터리는 이미 증명이 됐다. 시장에서 팔리고 있고, 일상에서 사용되고 있는 "눈앞에 있는" 것이다. 그러니 사람들의 인식 속에서는 배터리에 대한 신뢰가 강화될 수밖에 없다는 것이다. 행동경제학에서도 말하는 것처럼, 사람들은 자신과 가까운 사례에 더 크게 영향을 받으니까. 게다가 바이오 분야는 실험 대상이 사람이라서 약이 잘 맞는 사람이 있고 아닌 사람이 있으니 변수를 통제하기도 훨씬 어렵다. 대규모로 진행하려고 하면 비용 문제가 크다. 그래서 언제 실험이 끝날지도 모르고, 그걸 장담할 수 있다고 한다면 회사가 사기를 치고 있는 것이라고 봐야 한다는 말이다.

여기서 흥미로운 것은 우진이 보기에 주식 시장에서 '종교'와 '과학'을 나누는 기준이 '시장성'이었다는 것이다. 상용화된 것은 과학이다. 이미 눈앞에 있으니까. 하지만 상용화되지 않은 것은 일단 종교다. 아직 눈앞에 없으며, 언제 올지도 모르니까. 우진의 경우를 볼 때, 주식 시장에서 과학적인 것이란 곧 판매되고 있는 것이다. 그리고 '종교'는 곧 '도박'과 같은 의미다(우진이 모태신앙을 갖고 있음을 생각하면 이는 다소 재밌는 표현이다). 우진은 "부동산에서 놀던 돈이 배터리로 몰렸다"고, 그 이유는 바로 '배터리는 과학'이라는 인식 때문이라고 분석했다. 보통 부동산 투자를 할 수 있는 종잣돈이 있으려면 4~50대여야 하는데, 이들은 주식조차도 도박으로 보고 코인은 아예 사기로 본다. 하지만 배터리는 실제로 팔리니까 과학이고, 그래서 이들이 배터리에 돈을 담근 것이다. 심지어 당시 배터리는 국책 사업에도 깊이 얽혀 있었다. 보수적인 투자자들이 신뢰할 수 있는 테마가 배터리였다는 우진의 주장은 이러한 정보들을 바탕으로 한다.

중요한 사실은 우진이 한국 시장을 신뢰하지 못하고 있다는 것이다. 그에 따르면 "한국 시장은 왜곡이 심하다." 우진은 '코리아 디스카운트'라는 말이 주식 시장에서 자주 사용된다고 말했다. 한국은 아직까지도 주식 시장의 차원에서는 '선진국'에 편입되지 못했다. 미국 증권사인 모건 스탠리가 발표하는 국제 주가 지수인 MSCIMorgan Stanley Capital International Index의 평가에 따라 한국 주식 시장의 자본 흐름은 크게 달라진다. 한국은 1992년에 '신흥시장'으로 분류되었으나 지금까지도 '선진시장'으로 승격되지 못했다. 투자자들도 미성숙하고, 시장 운영 제도도 미성숙하고, 기업들도 미성숙하다는 우진의 분석은 한국경제인협회의 진단과도 맞닿아 있었다.[*]

이 지점에서 우진의 '합리성'이 정의된다. 우진은 자신의 합리성이 한국 시장의 비합리성을 이용하는 것이라고 말했다.

[*]   강병한 기자, 〈MSCI가 뭐길래…한경협, 한국 '선진시장 관찰대상국' 등재 요청〉
      『경향신문』, 2024년 5월 27일 자.

여기서 비합리성은 기업 주가가 제대로 평가되지 않는다는 의미다. 우진은 심각하게 저평가되거나 심각하게 거품이 끼는 주가의 비합리적인 격차를 이용해서 차익을 낸다고 말했다. 그래서 우진은 기업을 보고 들어가지 않는다. 재무제표도 안 본다. 그는 시장의 비합리성에 따라 발생하는 종목의 불안정성을 이용해서 수익률을 극대화한다. 투자자로서 우진에게 합리성이란, 비합리성 위에서 외줄을 타는 능력인 것이다.

그럼 여기서 질문이 제기된다. 어떤 기업이 저평가되었는지 고평가되었는지는 어떻게 판단하나? 우진은 애초에 한국 주식 시장에서 주가가 재무제표를 따라가지 않기 때문에 "경험치가 중요하다."라고 말했다. 이때 경험치란 "이 정도 재료는 이 정도 가격이 적정하다."라는 '감'이며, 앞서 언급한 '질적인 감'과 연결되어 있는 것이다. 그리고 이러한 경험치, 혹은 질적인 감을 통해 적정 주가를 계산하고, 주식 매매를 판단할 수 있게 된 것은 '형진' 덕분이었다. 우진은 인정했다. 결국 자신도 '형진'이라는 사람에게 배웠기 때문에 지금과 같은 방법론과 지식을 갖게 되었으며, 자신이 이렇게까지 '리딩방 아재들'을 비판할 수 있는 것도 형진의 덕이라고.

그는 자신이 형진을 만나고 "리딩방 아저씨들과는 완전히 다른 존재가 되었다."라고 말했다. 그럼 대체 형진은 누구이며, 형진과 우진은 어떻게 만났고, 우진에게 형진은 어떤 존재였나?

우진은 온라인 주식 커뮤니티를 통해 형진을 만났다. 어느 날 커뮤니티에서 특정 종목에 대해 댓글로 대화를 나누던 중 형진은 우진에게 한번 만나서 이야기를 나누어보자고 제안했고, 우진은 이 제안을 냉큼 받았다. 커뮤니티 '고인물'이었던 형진은 우진과 만났을 때 커뮤니티에서 딱 두 명이 궁금했다고 말했다. 우진의 표현을 빌리면, 형진이 보기에 커뮤니티의 "다른 놈들은 다 병신이었고", 궁금했던 두 명 중 한 명이 우진이었다. 형진은 우진과 직접 만나서 주식에 대한 대화를 나눈 뒤 자신에게 주식을 배워보는 건 어떻냐고 제안했다. 우진은 이 또한 냉큼 받았다.

형진은 소위 '큰손'이었다. 재벌 수준의 부자는 아니었지만 상당히 큰 종잣돈을 굴리고 있었고, 이를 통해 높은 수익률을 오랫동안 안정적으로 유지하고 있었다. 형진에게 배운 것을 외부에 유출하지 않기로 약속했기 때문에 밝힐 수 있는 영역에 한계가 있지만, 어쨌든 우진은 형진과 대화하며 그의 방법론에 설득되었다. 무엇보다도 우진은 형진이 제시한 방법론을 "맹목적으로 따른 게 아니라 다 검증을 해봤다."라고 강조했다. 그리고 검증 결과, 우진은 이 전략이 '먹힌다'고 판단할 수밖에 없었다. 그는 논리를 꽤 꼼꼼히 따지는 편이고 의심이 많기 때문에, 일단 나는 그의 판단을 신뢰하는 편이다. 무엇보다도 우진은 그것이 삶에 다시 오지 않을 기회라고 생각했다. 지금의 수익률을 보더라도 그건 틀린 생각이 아니었고. 그렇게 이들은 '사제지간'이 되었다.

구체적으로 밝힐 수는 없지만 우진이 형진과 함께한 시간은 그리 길지 않았다. 통상적으로 이 기간을 들었을 때 깊은 관계를 형성하기에 충분한 시간이라고 느끼는 사람은 많지 않을 텐데, 그 기간 동안 두 사람이 나눈 연락의 밀도는 굉장히 높았다. 매일, 사실상 하루 종일 연락을 주고받았다. 직접 만난 횟수는 많지 않지만, 카카오톡과 전화를 통해 거의 실시간으로 연결되어 있었다. 형진과 함께하는 일상은 우진에게 매일매일 긴장의 연속이었다. 매일 시험을 치르는 기분이었다. 형진은 우진이 자기가 가르쳐준 대로 했는지 검사하기도 했고, 방법론에 대한 질의응답 시간을 갖기도 했다.

일단 여기서 궁금할 것이다. 형진에 대한 우진의 판단은 그렇다 치고, 그럼 형진은 대체 왜 우진을 그렇게까지 공들여 가르치고자 했나? 이에 대해서 아주 자세히 설명할 수는 없지만, 간단하게 말하면 형진에게는 일종의 '후학 양성'이었다. 우진이 내게 나누어준 말들로 미루어 짐작할 때, 형진은 이미 충분히 벌 만큼 벌어서 주식 자체로는 특별히 효능감을 느끼지 못하는 상태에 이른 사람이었다. 그래서 형진은 자신이 생각하기에 '똑똑한' 후배를 발굴하고 그를 가르치는 데서 효능감을 찾게 되었다.

3장에 부쳐.

우진에 따르면 형진이 자신을 좋아한 이유는 두 가지였다. "똑똑이"여서, 그리고 "열심히" 해서. 그럼 우진은 왜 "똑똑이"였나? 형진은 우진과 처음 오프라인으로 만나자마자 자신의 주식 투자 방법론을 설명했다. 그리고 이 방법론을 적용할 수 없는 분야가 어디인지 우진에게 물었는데, 우진은 바로 대답했고 정답을 맞혔다. 이후 우진에 대한 신뢰가 생긴 형진이 자신의 방법론으로 만든 전략을 알려주었고, 우진은 이를 따랐다. 그런데 하다 보니 그 전략에서 일부 결함이 발견되었는데, 형진 또한 이미 알고 있었으나 외면하던 것이었다. 우진이 이를 지적하자 형진은 자기 전략의 결함을 인정하고 다시 한번 우진을 인정했다.

그러면 우진은 왜 "열심히" 하는 애였나? 시키는 걸 다 했고, 그걸 인정했다. 일단 형진은 우진에게 '차트 공부'를 시켰다. 그것은 "토가 나오는" 과정이었다. 주가가 그리는 그래프의 패턴을 학습하는 것인데, 대략 1000개의 차트를 계속 분석하게 시켰다. 최신 유행에 해당하는 테마들에 연계된 종목을 모두 고려해서 고른 1000개였다. 여기서 빠르게 수익을 낼 수 있도록 가격 변동이 충분히 있는 종목을 추린다. 그리고 매일매일 그날 거래한 것을 복기했다. 복기는 어떤 기준으로 했나? 수익률을 극대화하는 시간 대비 매매 효율을 분 단위로 계산했다. 마지막으로 거래량 상위 종목을 분석했다. 이는 미디어의 파급력을 중심으로 했다. 이 정도가 '영업비밀'이 드러나지 않는 선의 요약이다. 형진은 이것을 "돈의 논리"라고 불렀다. 몇 주가 돌았는지, 즉 거래량의 문제, 그리고 얼마가 돌았는지, 즉 거래 대금의 문제. 우진은 자신이 이것을 "근본에 가까운" 원리로 이해했는데, 사람들이 이를 잘 모른다고 말했다. 자신도 형진에게 처음 들어봤는데, 바로 이해가 되고 납득이 되었다.

우진은 자신이 형진을 만나고 "퀀트와 퀄리티를 동시에 얻었다"고 말했다. 원래는 양적 데이터 분석을 잘 못했고 주로 질적 정보만 갖고 투자 전략을 짰는데, 형진을 만난 뒤에는 '퀀트', 즉 양적 데이터도 분석하게 되면서 양과 질의 무기를 모두 갖추었다는 것이다. 우진은 차트를 1000개씩 보다 보면, 그러니까 양적인 분석이 쌓이면 질적인 판단이 된다고 설명했다. 주식의 가치를 계산할 때 양적 데이터를 분석하는 근거가 질적 데이터고, 질적 데이터는 또한 다시 양적으로 환산해야 하며, 이러한 양과 질의 순환이 끊임없이 이루어진다는 것이다. 우진은 말했다. "동의 안 하는 사람도 많을 텐데 무조건 내 말이 맞아. 나는 이렇게 해서 수익을 봤어."

우진에게 주식은 수능에서 증명하지 못한 것을 증명하는 하나의 방법이었고, 따라서 '수익률'을 통해 증명하고 싶었던 것도 '사고력'을 포함하는 그의 능력 전반이었다. 그래서 우진은 계속해서 '합리성'을 자신의 '능력'으로 강조했다.

나는 이 글의 서두에서 주식 투자가 우진에게 지니는 양가성을 잘 담아내려 노력할 것이라고 썼다. 지금까지 우진이 개인 투자자로서 꽤 성공적인 수익률을 낸 과정과 그것에 우진이 부여하는 의미를 적었으니, 이제는 그럼에도 주식이 우진에게 답이 되지 못한 이유를 쓸 차례다. 지금까지 우진이 형진에게 배운 것들을 서술했다면, 앞으로 남은 부분에서는 우진이 형진에게 느낀 감정을 이야기할 것이다. 남은 부분의 분량은 앞보다 짧다. 이는 우진이 설명을 이어나가기 힘들어했기 때문이다. 짧은 분량에도 불구하고, 나는 뒷부분을 쓰는 것이 훨씬 힘들었다.

우진이 형진을 따른 것은 단지 투자 전략의 문제만은 아니었다. 존경심도 컸다. 그리고 이 존경심이야말로 결국 우진의 의지를 꺾은 결정적인 원인이 되었다.

우진 힘들어도 뭔가 견뎌야 한다는 강박이 있었어. 나한테 기회라고 느꼈거든. 그러니까 이 사람도 사람이지만 그냥 이런 과정 자체가 기회라고 느꼈거든.

희제 주식에 대해서 배우는 과정이?

우진 아무한테나 찾아오는 기회는 아니라고 생각했거든. 실제로 그렇기도 해.

희제 그치. 어쨌든 간에 이제 막 투자를 시작한 입장에 있는 개인 투자자에게는 정말 '큰손'이잖아. 좀 대단해 보였던 거 아니야? 네가 그때 그런 얘기했었잖아. 그거 투자해 가지고 버는 돈 많은데 기부도 많이 한다고.

우진 존경심도 있기는 했어.

희제 그 존경심이라는 게 수익금을 기부하고 이런 데서 나오는 것도 있는 거야?

우진 그것도 있고, 그리고 되게 가정에 충실하기도 하고, 그냥 되게 잘 살아. 잘 산다는 게 그냥 금전적으로 부유하다는 의미가 아니고, 자기가 가지고 있는 시간과 돈을 너무 잘 운용하는 느낌이었어.

희제 잘 운용한다는 게 무슨 말이야? 그럼 잘 못 운용하는 건 뭐야?

우진 돈이랑 시간이 많은데 낭비가 없는 거. 진짜로. 내가 가정 얘기를 왜 했냐면, 딸과 보내는 시간이 진짜 많아. 그러니까 이 사람은 사실 솔직히 말하면 시간의 자유를 얻은 사람이잖아. 직장이 없는 거잖아. 아니 직장이 있긴 있는데, 거의 오전에만 이거(주식) 하고 끝나잖아.

희제 이분은 어쨌든 전업 투자자였던 거야?

우진 정확히는 몰라. 왜냐하면 다 얘기해주는 건 아니니까. 어쨌든 진짜 엄청 버니까 사실은 시간이 많은 사람이고. 근데 되게 그런 거야. 낭비 안 한다는 얘기를 왜 했냐면,

우리지금에 대하여

3장에 부쳐,

가족하고 참 많은 시간을 보내는 것 같았어.

희제 그게 좋아 보였던 거야?

우진 약간 그거 때문에 더 결혼에 대한 좀 더 좋은 생각도 들었던 것 같아. 결혼에 대한 긍정적 인식. 나한테 막 가족 사진도 보여줬어. 자기 딸이랑 이제 와이프분이랑 이런 거 사진도 보여주고 '우진아, 우리 와이프다.' 이러면서 막 '예쁘지?' 막 이러면서 딸 사진도. 그래서 내가 '따님 예쁘시네.' 이러니까 막 '이 새끼 막 나 맥이나 봐.' 그러면서 막 계속 농담도 하고 그런 얘기도 하고. 그리고 되게 재미있게 살아. 취미가 다양해. 요트도 있고 사회인 야구단에서 야구도 하고.

희제 무슨 얘긴지 알 것 같아. 되게 '정상적으로' 좋은 삶을 살고 있는 사람이네.

우진 근데 이제 영화를 보면 주식을 쉽게 번 돈으로 보여주고, 또 쉽게 번 돈으로 탕진을 하는 걸 보여주잖아. 마약이라든지. 금시계라든지.

희제 안 그런다는 거지?

우진 안 그래. 물론 차는 좋은 차는 끌고 다니긴 하는데, 막 포르쉐 람보르기니 이런 거 안 사. 1억 정도 되는 차. 그것도 여러 대 있더라, 보니까. 근데 막 사치를 하시는 분은 아니더라고. 근데 와이프 명품 백은 자주 사. 그런 것도 그 정도는 뭐 해줄 수 있고, 근데 아이들을 위해서 시간을 진짜 많이 써. 난 그게 조금 멋있었어.

희제 뭔가 괜찮은 가장이다 이런 생각이 든 거야?

우진 멋있는 가장이다. 그리고 돈 운용 얘기를 왜 했냐면 친척한테 집을 해주더라고. 그것도 서울에 있는 되게 좋은 아파트. 브랜드 있는 거. 그때 그 친척이 집이 되게 필요한 상황이었거든. 그걸 선뜻 해주더라고. 게다가 환자들을 위해 병원에도 기부를 많이 해. 기부금 얘기 들었는데 진짜 많긴 해. 진짜 많이 넣었어. 이 사람은 언행이 일치하더라고. 그러니까 자기는 돈을 지금 많이 버는 건 맞는데 솔직히 말하면 돈 욕심이 없대. 근데 그 돈 욕심 없다는 말을 왜 믿을 수밖에 없냐면, 돈을 쌓아놓는 데 그렇게 집착하지 않는 것 같아. 내가 다 알 수는 없지만.

형진은 우진에게 오랜만에 만난 '스승'이자 '롤 모델'이었다. 앞서 3장 본문에서 언급했듯, 우진은 돈을 많이 벌면 교육 분야에 기부를 하고 싶었다. 그러니 투자 수익금을 병원에 많이 기부하고, 가정에도 충실한 아버지이며, 친척에게도 망설임 없이 크게 베풀 수 있는 형진은 우진이 되고 싶은 이상적인 모습이었을 것이다. 어쩌면 형진은 우진에게 계속 모멸감을 주는 아버지를 대체하는, 존경할 만한 새로운 '아버지'이기도 했을 것이다.

이때 형진이 단지 가장이자 남성이라는 이유만으로 내가 그를 우진의 새로운 아버지라고 부르는 것은 아니다. 여기서 중요한 것은 '아버지'라는 말이 우진에게 가지는 의미, 그리고 '아버지'가 상징하는 어떤 '자리' 혹은 '위치'다. 우진에게 자신의 아버지는 '성공한 기술자'이고, 여기서 '성공'이라는 것은 한 가정을 충분히 먹여 살린다는 뜻이다. 그러한 경제적 성공을 바탕으로 둔 아버지는 우진을 평가하는 사람이었다. 공부는 그만하고 장사나 기술을 배우라는 식으로 우진의 한계를 설정하고, 자식이 무엇을 해야 할지 지정하는 사람이었다. 우진은 자신을 인정하기보다 무시하는 아버지를 그가 반대하는 방법을 통해 '이기고' 싶었다. 문제는 누가 이겼고 누가 졌는지 판단하는 기준이 어디서 오냐는 것이다.

우진에게 그 기준은 여전히 아버지로부터 왔다. 아버지에게 동의하고 싶지 않아서 아버지를 이기고 싶었다. 그를 따르고 싶지 않아서 다른 방식을 택했지만, 여전히 그 결과를 평가하는 기준은 아버지에게서 올 수밖에 없었다. 그것이 '능력'이었다. '능력'을 좀 더 구체화하면 '한 가정을 책임지는 능력'이었고, 이것을 다시 구체화하면 '결혼해서 가정을 꾸리고 가장으로서 경제적 책임을 다할 수 있는 능력'이었다. 우진은 장사나 기술이 아닌 형태로 이 능력을 보여주고 싶었다. 이것이 우진에게 '증명'의 의미였다. 아버지가 제시하지 않은 방식으로 아버지를 능가하기. 그러나 아버지를 능가했는지 판단하는 기준조차 결국 아버지로부터 배운 것이므로, 우진은 지금도 사실 아버지의 인정을 원하고 있는 것이다. 우진에게 아버지는 최종적인 인정을 제공하는 존재다.

그런 의미에서 형진은 우진에게 새로운 아버지가 되었다. 처음에는 그저 호기심이었을 것이다. 그러나 형진과 만나서 이야기를 나누고, 형진의 가르침을 받기 시작하면서, 우진은 그에게 인정을 받고 싶어졌다. 기존의 아버지와 달리 형진은 자신이 지금 추구하는 삶의 방식 혹은 익히고 있는 능력으로 성공한 사람이었다. 자신이 대학 입시에는 실패했지만, 주식은 꽤 잘하고 있다고 우진은 믿었다. 형진과의 첫 만남에서 이미 자신이 주식에 대한 이해도가 꽤 높다는 것을 인정받기도 했기 때문이다. 게다가 형진은 우진이 매주 나가는 교회에서 주입받은, 결혼하고 가정을 꾸리는 것이 가장 '좋은' 삶이라는 가치관을 주식을 이용해 직접 실천하고 있는 사람이었다.

하지만 형진에 대한 우진의 감정은 복잡했다. 그는 이 감정이 단순히 '애증'이라는 표현으로는 충분하지 않으며, 언어로 정리가 잘 안 된다고 말했다. 이는 형진이 주식을 가르치는 방식 때문이었다. 그는 우진을 제자로 '인정'했지만, 동시에 자신이 다른 데서 받는 스트레스를 푸는 화풀이 대상으로 삼기도

우리 지금에 대하여

했다. 그리고 그것이 주식을 잘 가르치는 방식이라고 믿었다. 영화 〈위플래쉬〉에 나오는 스승을 생각하면 바로 이해가 될 것이다. 우진이 약간의 실수를 할 때마다, 혹은 충분히 수익률을 내지 못할 때마다 형진은 전화로 폭언을 쏟아냈다. 우진은 자신을 인정하는 동시에 무시하고 모욕하는 형진을 견뎠다. 더 나은 수익률을 위해, 그리고 무시와 모욕 사이에 존재하는 인정을 계속해서 받기 위해. 이러한 인정과 무시의 반복 안에서 우진은 극심한 정신적 스트레스를 경험했다. 형진은 존경과 신뢰의 대상이자, 두려움과 트라우마를 안겨준 장본인이기도 했다. 우진은 관련된 기억을 떠올리는 것조차 힘들어했다. 그것은 형진이 우진에게 한 말 때문이다.

"우진아, 너의 그릇은 여기까지다."

이 말이 왜 나왔는지를 자세히 설명하기는 어렵다. 일단 우진이 내게 설명해줄 수 없었기 때문이다. 그 말을 들었을 때 우진에게는 "블랙아웃"이 왔고, 지금도 그때 당시를 기억하기 어려워한다. 우진에게 이 말은 이전에 들었던 말들과 정확히 겹쳐 들렸다. 수능이 끝난 뒤 L에게 들은 "야, 너 못 간다. 너 스카이 못 가니까 (사수) 하지 마라." 또 다른 친구에게 들은 "넌 아니야." 학창 시절에 들은 "넌 잘하는 게 없어." 그가 2016년에 사수를 할 생각을 접게 한 동시에, 이후 군대에서 다시 수능을 보게 한 계기가 된 이 말들이 이번에는 "너의 그릇은 여기까지다."라는 말로 돌아왔다.

내가 이전에 그와 나눈 대화들을 통해 조금 유추해보면, 우진은 빨리 종잣돈을 모으고 싶은 마음에 형진에게 배운 전략 중 일부를 임의로 수정해서 실행했다. 그리고 이는 단지 자본을 부풀리는 것만이 아니라, 그걸 통해 자신의 능력을 '증명'하기 위함이었다. 형진처럼 '잘 사는' 가장이 되고 싶었기 때문이다. 이 과정에서 조금씩 문제가 생겼고, 문제가 생길 때마다 우진은 형진으로부터 폭언을 들었다. 형진에게 주식을 배우던 날들은 나와 함께 저녁마다 동네를 걸으며 운동하던 날들이기도 했다. 당시 우진은 나와 걸을 때마다 형진으로부터 배운 전략에 대한 경탄과 함께 형진의 폭언에서 느낀 고통을 호소했다. 작은 실수 하나하나가 폭언의 빌미였다. 형진처럼 '좋은 가장', '좋은 아빠'가 되고 싶다는 우진의 마음은 'K-타임라인'을 달성하는 데 실패했다는 조급함과 결합해서 투자 공부에서의 실수들을 만들었고, 이 실수는 자신의 롤 모델인 형진의 폭언과 무시로 이어졌다. 주식 투자를 시작한 이후 우진에게 형진은 가장 큰 인정욕구를 불러일으킨 사람인 동시에 가장 심한 폭언을 쏟아부은 사람이기도 했다. 그렇게 '새로운 아버지'도, 우진에게 모멸감을 주는 존재가 되었다.

어쩌면 문제는 '아버지들'이었을지도 모른다. 수능은 포기하고 기술이나 장사를 배워서 돈을 벌라던 '성공한 가장'인 아버지를 이기고 싶어서, 그가 틀렸다고 증명하고 싶어서 우진은 수능을 여섯 번 준비했다. 주식 투자로 성공해서 큰돈을 만지며 선행을 베풀고 가족과 많은 시간을 보내는 '좋은 아빠'인 형진처럼 되고 싶은 마음에, 자신의 능력을 증명하고 싶어서 우진은 성급한 결단들을 내렸다. 아버지를 꺾든, 아버지가 되든, 중요한 것은 아버지 이상의 존재가 되는 것이었다. 아버지가 인정할 수밖에 없는 '더 나은 아버지'가 되는 것이었다. 그리고 이는, 이상적인 '가장'에 대한 상을 여전히 제시하지만 그것을 이루는 것은 사실상 불가능해진 사회에서 필연적인 실패이기도 했다. 그런 의미에서 '아버지'라는 것은 그 자체로 하나의 잔인한 낙관이었다. 수능과 주식에 성공할 수 있다는 믿음을 갖고 매달리게 함으로써 우진을 살게 했기에 낙관이고, 결국 바로 그 지점에서 우진을 죽음으로 몰아가고 있기에 잔인하다.

'잔인한 낙관'은 개인이 '좋은 삶'에 대한 이미지와 꿈을 간직한 채, 그것을 실현할 사회적 인프라는 붕괴된 상황에서 여전히 '좋은 삶'이라는 환상에 애착을 버리지 않음으로써 위기에 적응하는 역설적인 과정이다. 이때 '좋은 삶'이란 친구나 연인과의 친밀한 관계와 감정, 안정적인 가족관계, 이를 이루기 위한 계층상승과 같은 것들로 구성되는 '안락한 삶'을 의미한다.

으레 사람들이 '보통의 삶'이라고 착각하는 바로 그런 삶.* 신자유주의의 확산은 이러한 삶의 조건들을 급격히 훼손했고, '좋은 삶'은 이제 달성 불가능한 환상이 되어버렸다. 이처럼 삶의 재생산에 결함이 발생한 현실에서 주체들은 만성적 불안정성을 감내하며 살아간다.**

하지만 실제로 성공한 사람들이 근처에 있을 때, 그 성공은 정말 '가능한 것'으로 다가온다. 교회 안에서 연애하고 결혼한 지인들, 가족을 충분히 먹여 살리고 있는 아버지, 불치병 진단에도 굴하지 않고 수험 생활에 성공한 친구…. 그렇게 자신이 성공할 수 있다는 믿음을 온 세상이 주입하면 한계를 인정할 수 없게 된다. 한계를 인정하지 않으면 사회가 제시한 길 외의 다른 길은 생각하지 않게 된다. '정상적으로' 성공할 수 있다는 믿음이 그럭저럭 괜찮은 실패, 혹은 나만의 것이 아닌 실패에 대한 상상력을 차단한다. 이것이 한국에서 살아가는 청년 남성이 자신의 언어나 욕망을 발견, 혹은 발명할 기회 자체를 포착하지 못하거나 포기하는 이유다.

언어를 박탈하는 낙관. 자기 삶의 고유한 의미를 찾지 못하게 하는 낙관. 그래서 결국 자기 파괴로 이어지는 벼랑 끝

*   박미선, (2015)「로렌 벌랜트: "잔인한 낙관주의"와 신자유주의 시대의 감정」『여/성이론』, 33, 99~125쪽.

**   Lauren Berlant, (2016) "The commons: Infrastructures for troubling times", *Environment and Planning D: Society and Space*, 34(3), p. 393~419.

3장에 부쳐,

의 낙관. 이것은 우진만의 경험이 아니다. 일상이 압도적 위기로 뒤덮여서 적응하는 것 자체가 성취로 여겨지지만, 그 정도로는 결코 충분하지 않은 바로 그런 상황에서, 위기는 이제 예외적인 사태가 아니라 삶 전반을 규정하는 감각이 되어버렸다. '좋은 삶'을 가능하게 했던 세계는 사라졌지만 추구할 만한 새로운 가치는 오지 않은 상황에서, 그러니까 '낡은 것은 갔지만 새것은 아직 오지 않은' 상황에서, 우리는 실현 불가능해진 삶의 규범에 고착된 채 자신이 추구하는 대상에 대한 애착에서 비롯되는 감각, 그 대상과 가까이 있거나 가까워지고 있다는 감각을 통해 간신히 버텨나간다. 그러나 바로 이 애착이 우리 자신의 삶을 파괴한다. 좋은 삶이 요원해질수록 오히려 환상에 집착하게 되고, 결국 자기파괴적 애착의 굴레에 빠진다. 잔인한 낙관이란 위기의 일상성 속에서 자신을 마모시키면서 삶을 견뎌내는 일이다. 우리 모두는 느리게 죽어가고 있는 것이다.*

    이러한 '좋은 삶'에 대한 애착은 누구나 능력만 있다면 성공할 수 있다는 이데올로기와 관련된다. 노력만 하면 능력을 갖추고 성공해서 좋은 삶을 누릴 수 있을 것이라고 약속하는 세상에서 우리는 자기계발이라는 이름의 자기착취와 자기파괴에 몰두하는 자아를 내면화하게 되었다. 이것은 '애착'과 '귀

---

*   윤조원, (2023) 「위태로움, 로렌 벌랜트, 그리고 대항 정치」 『비평과 이론』, 28(1), 133~156쪽; 로렌 벌랜트, 앞의 책; 박미선, 같은 글.

환', '곤경'이라는 악순환의 회로에 갇혀 있다. 개인은 '좋은 삶'이라는 애착의 대상을 향해 나아가지만, 그것이 좌절될 때마다 다시 그 애착으로 귀환하려 한다. 애착이 주는 희망과 흥분, 이동의 감각을 잊지 못하기 때문이다. 상실을 인정하고 애착에서 벗어나는 것은 결코 쉽지 않다. 그럴수록 '좋은 삶'은 멀어져만 가고, 우리는 진퇴양난의 곤경에 처하게 된다. 바로 이 '곤경'이 우진이 계속 표현한 '교착 상태'인 것이다.

우진의 이야기에서 우리는 이러한 감정의 사이클이 구조적 문제를 모조리 개인의 책임으로 전가한다는 사실을 발견한다. 우진은 성공도 실패도 모두 개인의 책임으로 돌리면서 사회가 바뀌어야 한다는 생각을 하지 못하게 되었다. 사회가 얼마나 잔인한지에 대해서는 공감하지만, 그 잔인함이 잘못된 것일 수 있다는 생각은 못하는 것이다. 타자와의 연대나 공감을 불능화함으로써 사회 변혁에 대한 열망 혹은 가능성을 소거하는 것이다. 불안은 자기계발의 동력으로 전용되고, 과도한 비관이나 분노, 슬픔 등은 관리 대상이 된다. 신자유주의라고 부르든, 자본주의라고 부르든 간에, 이것이 우리가 살아가는 지금-여기가 이윤을 창출하기 위해 끊임없이 개인을 착취하는 기제다. 우진의 우울과 강박, 불안은 바로 이러한 세계의 생산물이다. 폭탄 목걸이는 우리를 살게 하는 동시에 죽게 하는 잔인한 낙관이라는 이중 구속이 가장 구체적이고 즉각적으로 나타난 결과다.

3장에 부처.

새로운 아버지인 형진은, 기존의 아버지로부터 나온 '능력'이라는 척도의 연장선에서 그것을 증명하기 위한 새로운 방법을 가르치는 스승이자, '좋은 삶', 그러니까 삶에 대해 우진이 평생 배워온 이상을 체현하고 있는 존재, 성공하기 위해 해야 하는 것과 하면 안 되는 것을 규정하고 주입하는 법 혹은 규범 그 자체에 가까웠다. 법, 규범, 이상, 이런 것들은 우진의 삶 안에서 '아버지'라는 이름을 갖게 되었다. 문학 작품들이나 영화, 드라마 등에서 '아버지'가 법 같은 지배적 규범을 상징하는 인물로 해석되는 것은, 아마도 가부장제적 사회에서 그러한 규범이 아버지라는 지극히 구체적인 존재를 통해 우리를 불러세우기 때문일 테다. 상징이란, 그것의 옳고 그름 이전에 우리의 일상에서 살에 와닿는 방식으로 작동하는 것이니까.

　　우진에게는 다른 언어가 필요하다. 또 한 명의 새로운 아버지가 아니라 다른 언어, 자신의 삶에 다른 방식으로 의미를 부여할 수 있는 언어. 그래서 자신을 다르게 존재하게 할 수 있는 언어. 언어가 부재한 곳에는 무엇이 남는가. 의미가 부재한 곳에는 무엇이 남는가.

4 장에 앞서,   미련

희제   4장만큼은 네 언어를 내가 최대한 안 건드리고 싶어.

  1장을 작성하기 위한 인터뷰에서 우진은 '번따'에 대해 정말이지 '신나게 떠들었다.' 그는 이야기를 잘 설명하려고 앞에 이면지를 꺼내놓고 볼펜 잉크가 다 떨어질 때까지 메모를 하며 자신을 설명했다. 그래서 나는 한편으로 우진의 이야기를 이해하려고 '노력'할 필요가 별로 없었다. 나는 비교적 '속 편하게' 그를 비판했고, 그의 입장에서 1장에 반론을 제기할 때도 자기반성이 편하지는 않았지만 글을 쓰는 일 자체가 고통스럽지도 않았다.

　　하지만 수능을 다루는 2장은 정말 힘들었다. 우진의 말은 중간중간 끊겼고, 내가 이해할 수 없는 것들이 많아졌다. 나는 더 많이 넘겨짚어야 했다. 그의 말마따나 나의 글은 틀리지 않았지만 결코 충분하지도 않았다. 2장을 함께 읽고 만났을 때, 우진은 말을 잘 잇지 못했다. 말을 할 때 메모도 거의 하지 않았다. 나는 더 넘겨짚어야 했다. 우진의 말에서 비어 있는 구간들은 나의 이야기와 감정, 그리고 사회에 대한 나의 지식으로 간신히 메워졌다.

　　3장은 조금 달랐다. 우진은 메모를 거의 안 했지만, 2장의 경우와는 의미가 달랐다. 주식은 실패이기만 하지 않았고, 분명 큰 성공이기도 했기 때문이다. 그는 할 말이 머릿속에 이미 다 정리되어 있어서 메모를 안 하고도 말이 술술 나왔다. 우리는 신나서 떠들었고, 그 과정에서 나는 우진이 자신의 합리적인 투자 전략을 증명하고 싶은 마음에 강하게 동화되었다. 하지만 글을 써나가면서, 결국 우진이 폭탄 목걸이를 걸게 된 과정을 해석하면서, 함께 대화할 때의 신난 기분은 온데간데없이 사라졌다. 출구 없는 기분으로 3장에 부치는 글을 마무리했다.

　　이번 4장은 우진과의 인터뷰를 토대로 쓰는 마지막 글이다. 아니, 정확히는 글을 쓰기 위한 목적으로 인터뷰가 필요한 마지막 글이다. 이 책에 실린 모든 글은 우진의 삶에 빚지고 있으니까. 이번 글에는 이 책 작업 전체에 대한 우진의 감정과 생각을 담고 싶었고, 동시에 그것을 나의 방패로 삼지 않고 싶었다. "당사자가 괜찮다고 했다."라는 말로 이 책의 윤리적 한계에 대한 비판을 불식시키는 것은 타인의 이야기를 글로 쓰는 사람으로서 무책임하다고 생각하기 때문이다.

우진 네 말도 이제 이해가 된다. 네가 그 얘기했잖아. 마지막이니까 더 정리가 쉽지 않다고. 난 아무리 생각해도 오늘도 나름 설명 길게 잘했거든. 근데 네가 계속 부족하다고 그래서 내가 뭘 더….

희제 그러니까 재료가 부족하다는 건 아닌 것 같아.

우진 알아. 이제 이해됐어. 아무리 생각해도 재료 부족이 아니야. 왜냐면 할 얘기 다 했거든. 그래서 든 생각이 '진짜 마지막이구나.' 나도 무슨 말인지 알지. 그래서 나도 지금 더 생각해보고 있는 거야.

희제 떠오르는 거 없으면 말아. 그냥 '이만큼 떠오른다'까지가 글인 거지.

마지막 글을 쓰는 기분이라서 대화를 쉽게 마무리할 수 없었다. 우진은 생각보다 많은 이야기를 하지 않았다. 그래서 4장은 우리의 대화를 담기로 했다. 이번에 말을 '먹은' 것은 나였다. 이 장의 많은 대화는 나에 의해 분석되지 않은 채로 남을 것이다. 글을 쓰기 시작하기까지, 글을 완성하는 데까지 가장 오랜 시간이 걸렸다. 내가 쓴 글은 가장 적은데. 원고가 끝난다고 너를 못 보는 게 아니라는 걸 나도 안다.

4장에 앞서,

4^장

그럼에도
무너지고

있
다

> " 실격 처리 되어 참여가 안 되는 상태가 사회에서 "
> 거절된 기분을 느끼게 한다. 결국 정신병도 나의
> 선택에 의한 부작용이었다. 내 선택의 부작용을
> 내가 분명 인지했고, 그 실패의 대가로 고통을
> 받아야 하는 구조에 대해서 변명의 여지가 없다.
> 그저 그 스트레스와 고통을 견딜 힘이 부족할 뿐
> 이다.

고마운 고발장

우진 내가 화날 수 있다고 네가 두세 번 얘기했어. 처음엔 이
해가 안 됐어. 근데 이제 다 읽고 나서 무슨 소리인지 알
겠다. 근데 솔직히 화는 안 났어. 그 얘기 내가 하지 않았
나?

희제 화 안 났다고 얘기했지.

우진 얘기했잖아. 내가. 그럼 왜 화가 안 났냐? 이유는 두 개
가 있었을 거야. 1번, 폭탄이 걸려 있으니까 사람이 관
대해진다. 이게 진짜 있었어. 그리고 두 번째, 정상 참작.
이게 무슨 말인지 설명해줄게. 펜을 잡은 사람의 욕망을
나도 이해를 해. 그래서 화가 안 났지. 애초에 그리고 또
재밌는 표현 하나 해줄게. 읽으면서 왜 재밌었냐면, 되
게 고마운 고발장이었어. 설명을 해볼게. 왜 고마운 고
발장이냐? 지금 내가 돌이켜보면 그러니까 어차피 지금
뭐 죽네 마네 하는 상태는 똑같은데. 일단 그 당시 나라
는 사람은 사실 이 실존이 심정지 상태에 놓여 있었다고
생각해. 근데 나한테 '빨리 법원에 출두해서 빨리 변호해
봐.' 하고 직접 편지를 보내준 느낌이었어.

희제 그게 왜 고마워?

우진 그래도 내 죽음을 막으려는 느낌이 들었어. '고마운 고발

장', 말이 좀 웃기지. 그러니까 이것도 고맙다는 것도 웃겨. 죽고자 했는데 누군가 내 죽음을 방해한다는 게 되게 기분이 좋더라. 이러면 좀 이해가 됩니까? 렘수면 상태인 나를 막 흔들어 깨운 느낌이었어. '야, 빨리 일어나. 증명해야지?' 약간 잠재된 생애에 대한 욕구를 흔들어 깨워준다? 자극한다? 근데 재밌던 게 그거야. 왜냐면 너도 느꼈을 거야. (1장에 부치는 글에서) 두드러지는 욕망 중 하나가 '저거 아닌데' 이거잖아. 구별 짓는 마음. 근데 어쩌면 그게 생애에 대한 집착을 만들어낸다고 해야 되나? 생명에 대한 자극을 주고 있다.

군대

우진   낯선 사람에 대한, 그리고 서로 간의 공포와 혐오. 그러니까 얘기하고 싶은 게 그거야. 사회에 정말 딱 처음 들어간 남자애들한테 어쩌면 좀 잔혹한 경험일 수 있겠다. 왜냐하면 모든 과정이 폭력적이야. 실제로 막 맞은 애들도 많고, 폭력적이지. 난 맞진 않았는데, 우리 나이대 애들 중에 끌려가서 맞은 애들 있어. 끔찍해. 난 이해가 안 돼. 왜 때리고 왜 맞는지 이해가 아직도 안 가. 경험하고 싶지 않아. 너무 폭력적이야.

첫 단추

우진　내가 (너한테 선물로 받은) 『공부 중독』이라는 책에 도움을 많이 받았어. 이게 침묵이랑 어떤 연관이 있는지 모르겠는데, 나한테 수능이라는 의미가 되게 복잡하겠지. 근데 나한테 수능이 약간 이런 거야. 수능 이후에 우리한테 수많은 시험이 있잖아. 그게 뭐, 기업 면접일 수도 있고 공무원 시험일 수도 있고 고시일 수도 있어. 그리고 어느 집단에 들어가도 또 시험을 봐야 될 수도 있잖아. 예를 들어서 승진 아니면 뭔가 꼭 해야 될 테스트들. '자격증 좀 따와.' 이러면 또 시험 봐야 될 거 아니야? 그런 것들. 근데 나한테, 내가 그 책을 보면서 다시 좀 생각하게 된 게, 이 수능이라는 첫 관문이 내가 치러야 될 시험의 종류와 수준을 정해주는 시험 같았어. 그러니까 이거를 통과해야 뭔가 또 이걸 통과한 다음에는 또 다른, 뭐라고 해야 할까, 레벨별로 또 시험이 딱 정해져 있지 않을까. 첫 단추다. 그러니까 내가 첫 단추에 왜 이렇게 집착을 또 많이 하게 됐냐면 교회에 되게 친한 누님이 계셨는데, 이 누님이 나랑 나이 차이가 좀 났던 것 같아. 한창 이미 사회생활을 하시던 분. 근데 항상 나한테 하는 말이, "야, 우진아, 첫 단추가 중요하다." 되

게 나한테 그 말을 많이 해줬거든. 그게 나한테 많이 박
혔나 봐. 그랬던 것 같아. 그리고 단순히 대학 레벨을 떠
나서 좀 그걸 느꼈어. 우리가 이제 성인이 되고 10년을
살아 봤잖아. 근데 그 한 번의 선택 이후에 그게 또 물리
고 물려서 또 다른 결과물들을 만들 수도 있는 걸 우리
가 느끼잖아. 그래서 대학에 들어간 것 자체가 간판 그
이상으로 거기서 만나는 경험의 양과 질을 결정할 수 있
겠구나. 만나는 사람, 네트워크, 이런 것도 다. 그래서 삶
의 가속도까지도 걔가 정해주지 않을까, 이런 생각도 했
던 것 같아. 물론 지금은 또 그거에 완전히 동의하지 않
아. 왜냐하면 그거는 내가 또 만들 수 있는 거기도 하거
든. 예를 들면 내가 형진이 형을 만나보러 그렇게 나간
거. 사람들이 생각보다 그렇게 안 하나 봐. (…) 그래서
(그때는) 그 첫 단추에 대한 욕망이 컸다.

좋은 삶

우진 네가 논문인가 인용하면서 오히려 N수를 많이 한 사람
들이 학벌주의를 좀 더 공고하게 하고 강화하는 주체들
일 수 있다. 난 그거 되게 공감했어. 그러니까 사실 마음
속에 이미 있었어. 나도 찌들어 있구나. 내가 오히려 더

사람들을 그렇게 보는구나. 그러다 보니까 말이 안 나오
더라고. 무슨 말인지 알겠니? 그러니까 내가 오히려 그
런 렌즈를 갖고 있으니까 더 말이 안 나와. 그러니까 내
가 그런 시스템을 되게 내가 오히려 동조하고 있다. 강
화하고 있다. 재생산하고 있다. 이런 느낌이 드니까 말을
못 하겠더라고. 그 글을 보기 전부터 이미 느꼈던 거야.
근데 (2장을 위한 인터뷰에서의) 그 침묵은 사실상 그거
지. 뭔가 참 고통스러운데 비판을 못 해. 그런 거야. 할
말이 없다. 그런 것 같아. 무슨 느낌인지 좀 느낌이 오십
니까? 나도 거기에 동조하고 있으니까.

희제 동조를 안 하기로 생각을 할 수도 있는 거잖아.

우진 그게 안 된다.

희제 왜 안 되는데?

우진 여전히 그게 좋다고 믿으니까.

희제 그렇게 그거를 (단계들을) 밟아나가서 얻을 수 있는 삶이
좋은 삶이라고 믿으니까?

우진 그러니까 그렇게 못했지만 그 생각을 부정할 수가 없는
거야. 왜냐하면 그거를 원했으니까. 근데 다들 나처럼
생각하지 않을까 싶어. 대다수가 원하는 거 못 얻었을
거잖아. 구조적으로 그럴 수밖에 없잖아. 근데 불만을
표현하는 사람들이 별로 없다고 느꼈어. 솔직하게. 이

유는 제각각일 것 같아. 뭐 어떤 사람은 '내가 말해봤자 안 바뀔 거다' 체념하는 사람도 있을 거고, 아니면 나처럼 그냥 복잡한 감정을 갖고 있지 않을까? 그게 또 (여전히) 좋다고 믿으니까. 나는 그렇게 생각했던 것 같아. (2장을) 읽으면서 내가 그랬구나 좀 성찰하게 됐어. 왜냐하면 지금 말한 내용들이 거기 있었거든. 거기서 부모들의 욕망을 설명할 때 내가 많이 느낀 것 같아. 나도 동화됐을 수 있겠다. 나는 다른 사람이 고졸이라고 할 때 학력으로 편견을 갖지 않고 그 사람의 어떤 수준이나 가치를 정의 내리는 거를 좀 지연시킬 수 있다고, 나는 그런 능력과 태도를 갖췄다고 스스로 믿는데, 정작 타인들이 내가 고졸이라고 했을 때 시선이 어떠한지 (알고) 이미 빠르게 규정을 내려버리니까 내가 더 성공에 집착한 것도 있는 것 같아. 그러니까 나는 안 그럴 자신 있다고 말은 하지만….

희제 다른 사람들이 안 그럴 거라는 믿음은 없다?

우진 그거지. 되게 모순적이지 않아?

유예

우진 『공부 중독』에서 그런 것도 있더라. 왜 자꾸 자기가 사회로 진출하는 걸 유예하고 있지? 왜 자꾸 유보하고 있지? 이거에 대해서 분석을 하셨는데, 그러니까 우리 또래 애들이 실전 평가를 두려워한다, 이런 식으로 좀 설명하시더라고. 또 틀린 말은 아닌 것 같아. 실전 평가는 아프잖아. 내가 상상 속에 만들어놓으면 내 가상의, 이상 속의 자아는 (평가받을 일이) 없는 거잖아. 근데 그게 현실에 뚝 떨어져가지고 폭격을 당하기 시작하면 너무 아프겠지. 근데 원래 그게 성장의 시작이긴 한데 너무 아프니까, 그걸 일부러 피하고 있는 게 아닌가? 이런 식으로 설명을 하시더라고. 틀린 말은 아닌 것 같은데, 네가 생각하기에는 준비를 계속하는 이유가 뭐인 것 같아? 요즘 우리 또래나, 아니면 사람들이 이렇게 막 공부를 계속 더 하려고 하고 준비를 계속하는 거야.

희제 준비를 계속하면 실패는 안 할 수 있잖아. 뭘 해야 성공을 하든 실패를 하든 하는 건데, 계속 준비를 하면은 실패를 안 할 수 있잖아. 성공도 안 하는데.

우진 그치. 실패를 피한다. 그것도 맞는 것 같아.

희제 성공도 못 하지만 실패도 안 할 수 있다.

우진 실패를 안 한다는 거는 일단 아픔이 없다는 거죠.

설계된 실패

우진 나는 그거 되게 공감했거든. 손에 잡히고 실존하는 걸 눈앞에서 경험하잖아. 그러면 그게 더 이상 책의 얘기가 아니게 되거든. 무슨 말인지 알지?

희제 그러니까 이게 문제가 뭐냐, 차은우처럼 잘생긴 애들은 우리 주변에 별로 없거든. 보기 힘들어. 근데 문제는 전교 1등은 어느 학교에나 다 있어.

우진 가장도 집마다 있지. 그러니까 너무 흔해. 차은우를 부러워하지만, 차은우가 될 거라고 하는 사람은 없거든.

희제 전교 1등, 반 1등은 어딜 가나 있는 거야. 그러니까 당연히 모두가 전교 1등은 아니지만, 모두가 전교 1등을 목격하지.

우진 맞아. 그걸 모두가 원하지는 않지만 목격은 하지.

희제 그렇겠다. 그러니까 전교 1등이 한 명이잖아. 그게 문제인 거야. 대학만 해도 그게 좀 덜하거든? 물론 줄 세우기 자체에 문제가 있지. 그런데 전교 1등, 그거의 문제는 뭐냐면 진짜 한 명밖에 없다는 거야. 한편으로 '내가 쟤처럼 될 수 없다'고 생각하면서도 여전히 '쟤처럼 되고 싶다'가 있는 거지. 그러니까 어떻게 보면 쟤처럼 되고 싶은데 나는 그럴 수 없다는 좌절을 학교에 갈 때마다 계속해서 느껴야 되는 구조인 거지.

우진 학교라는 곳 자체가 패배감을 계속 매일 각인받는 곳인 거네.

희제 그러니까 사실 그 시스템을 만들 때 당연히 계산이 될 수밖에 없어. 한 학년에 200명이 있으면 199명은 전교 1등이 될 수 없다는 거를 시작할 때부터 이미 알고 있는 거야. 199명의 패배자를 만드는 시스템이라는 걸 알고 시작했을 거라는 거지.

우진 그렇지. 맞는 말이네. 근데 너무 무서운 이야기다.

폐기물

오후 3:04 우진 : 내가 가끔씩

오후 3:04 우진 : 한 호흡에

오후 3:04 우진 : 1장부터 주욱 읽을 때가 있는데

오후 3:11 우진 : 내가 이걸 왜 했지? 싶은 생각이 계속 든다. 단순히 괜히 했다는 마음이 아니라.

오후 3:15 우진 : 글을 읽을수록, 나의 삶이 폐기물이라는 생각을 지울 수가 없다 너가 공격적인 의도로 글을 쓴 게 아니라는 것도 알고는 있음.

그럼에도 무너지고 있다

획일성과 고유성

오후 3:20   우진 : 이게 참 어려운 게임인 이유가

오후 3:24   우진 : 나의 삶의 이미지 혹은 의미를 흐릿하게 설명하면,

획일화가 될까 두렵고

오후 3:25   우진 : 고유함을 향한 욕망을 실현하려고 하면, 더욱더 많

은 정보를 제시할 수 밖에 없는 상황이라서 ㅋㅋㅋ

윤리

우진   내가 예전에 얘기한 거 기억나지? 그게 혼합이 아니고 화합물이라고. 이게 황화철, 그러니까 쓴 설명을 나랑 분리할 때 잘 안 되는 게. (⋯) 결국에 너는 작가로서 완성된 글을 써야 될 너의 의무가 있는 거잖아. 너의 욕구라고 할까? 그냥 정당한 욕구가 있잖아. 근데 나도 지금 나름 내 방어를 해야 되지만, 한편에서는 나도 그걸 존중하고 싶거든. 너의 책이고 너의 글이니까 그걸 존중하고 싶은 마음이 있어서 그 점이 항상 어려웠어. 그러니까 이게 좀 머리 아픈데, (싣고 싶지 않은 이야기가 있을 때) 단순히 삭제하기보다 다른 방식으로 풀어가보려면 계속 얘기를 해야 되거든. 나도 고민을 해야 되고. 물론

단순한 사실관계 문제는⋯.

희제 사소한 팩트 같은 거 말고. 그런 건 사실은 어렵지 않았잖아. 그건 우리가 그냥 즉석에서 끝냈지. 그거는 뭐 깔끔한데.

우진 근데 이제 그런 게 아닌 거. 네가 풀어가는 방식이라든가.

희제 아니면 논리나 레퍼런스 같은 거.

우진 그런 것들은 이제 같이 얘기를 해봐야 된다. 같이 얘기를 해보고, 이거를 더 그 장에서 보완을 할지, 아니면 그 장에 부치는 글에 가서 이제 공방전을 펼칠지는 얘기를 같이 해봐야 된다.

(⋯)

희제 1장에 부치는 글이 어떻게 보면 글 전체의 윤리적인 태도를 제일 먼저 보여줘야 했던 글이기도 했던 거야. 사실 그건 나에게도 증명이었던 거야. 작가로서의 윤리성에 대한 증명이 필요했던 거지. 그래서 부치는 글은 사실은 너의 입장에서 쓰는 증명인 동시에, 작가로서의 윤리성에 대한 나의 증명이기도 한 거야.

우진 맞긴 해. 그러니까 사실 둘 다 부담 가지는 게 비슷해.

희제 우리가 이해관계가 그렇게까지 부딪히지도 않아, 사실은.

우진 거의 없지.

권고와 애정

우진   각 장에 부치는 글이 재밌는 게 뭔 줄 알아? 반론장이 그 게 있어. 그러니까 반론장의 역할 혹은 가치가 제대로 발휘되려면 두 가지가 필요한 것 같아. 둘의 친밀성. 그 다음에 하나는, 뭐라고 해야 할까? 인터뷰이가 구별 짓 기에 적극적이어야 돼. 그거 동감하지 않아?

희제   적극적으로 자기 변론을 해야 된다?

우진   그치, 그 얘기야. 구별 짓기. 자기 변호를 적극적으로 해 야 돼. 그러니까 물론 이제 작가가 변호사로서 대변을 해 주지만 그게 온전하지가 않거든. 그것도 이해를 해. 그러 니까 그게 성의가 없다는 말이 아니야. 결국에는 당사자 가 아니기 때문에 한계가 존재할 수밖에 없는 것 같아. 그렇지 않아? 난 그거 충분히 이해를 해. 그래서 사실 반 론장이 있는 것도 좋지만, 이거를 나도 되게 열심히 준 비했던 것 같아. 물론 네가 다 써주니까 난 편하지. 내가 그냥 문장으로 던지면 네가 문단을 만들어 오잖아. 되게 편해서 감사하지만 그래도 준비를 해와야 된다. 진짜 구 별 짓기에 대한 욕망이 필요해. 정확히 그건 것 같아.

희제   근데 또 구별 짓기에 대한 그 욕망을 내가 너한테 줬나?

우진   그치. 긁어가지고 생긴 거잖아. 그게 재밌는 포인트인 것 같아. (1장에서 나랑 다르다고 보여주고 싶어서) 너도 했잖아. 구별 짓기에 대한 구별 짓기가 들어가는 거지. 다 이해해. 그러니까 이게 참 재밌는 게, 그게 있어. 결국에 어떻게 보면 존재에 대한 맹공이잖아. 그런 맹공에 우리가 직면했을 때, 어떻게 반응하는가. 결국에 감정의 선택일 수 있거든. 나는 여기서 불쾌함을 선택을 안 했거든. 실제로 그래 보이지 않았어?

희제   근데 감정이 선택의 문제인가?

우진   선택의 문제일 수 있지. 왜냐하면 애초에 이게 (네가) 글을 쓸 때 이런 어떤 강력한 비판과 공격이 존재할 걸 알았거든. 나는 이미 알았어. 알았는데, 결국 중요한 거는 존중과 신뢰가 아닌가. 어떤 존중과 신뢰냐면, 이거야. 일단 신뢰부터 얘기를 하면, 그러니까 네가 나한테 위해를 가하지 않는다는 신뢰. 그러니까 어떻게 표현하면 좋을까? 나에 대한 혐오나 증오를 가지고 쓰지 않을 것이라는 신뢰, 믿음, 그런 거. 존중은 뭐냐면, 그거야. 나도 나의 가치관이라는 게 있을 거잖아. 근데 너도 네가 갖고 있는 가치관이 있을 거잖아. 예를 들면 네가 사회적으로 의미가 있는 메시지를 쓰고 싶어 하는 작가인 것도 있을 거고, 그다음에 나는 아니지만 너는 페미니스트라는 정체성이 있잖아. 그런 것들에 대해 난 존중을 하는

그럼에도 무너지고 있다

거야. 이제 그런 존중이 어떤 의미를 갖냐면, 어떤 비난과 비판이 왔을 때 저런 가치관에서는 이렇게 그렇게 읽히고 보일 수 있겠구나를 나는 그 자체로 인정을 해. 예를 들어 이런 거야. 어떤 맹공을 했을 때 그 공격의 의도가 약간 이런 거거든. 그러니까 온라인 커뮤니티에서 공격의 의도는 뭔 것 같아? 사람들이 이제 커뮤니티에서 막 지랄 발광을 하면서 싸우잖아. 거기에서 공격의 의도는 뭘까?

희제 자기 만족? 화풀이?

우진 좋지. 자기 만족도 있고, 화풀이도 있고, 뭔가 어그로도 있을 거고, 우월감도 있을 거고. 그다음에 이제 정확히는 상대방을 약간 무너뜨리려는 마음이 있지 않을까? 그러니까 상대방을 좌절시키고 싶은 마음, 그게 있잖아. 근데 나는 왜 선택이라고 했냐면, 쟤(희제)가 나한테 그 지랄을 하지는 않을 거라는 믿음이 있었어. 분명. 그러니까 같은 공격처럼 보여도 이게 공격이 그거야. 나를 좌절시키거나 찍어 누르려는 의도, 그러니까 폭력의 의도가 아니라, 친구로서 '야, 이 새끼야, 너 그러면 안 돼.' 그런 느낌. 무슨 느낌인지 알아?

희제 진짜 좋은 얘기다.

우진 그러니까 이런 거야. 권고와 애정일 수 있다. 그거 있잖

아. 술 먹으면서 '야 이 새끼, 이 씨발 새끼야, 너 그러면 안 돼.' 하고 하는 말들 있잖아. 권고와 애정일 수 있다고 나는 느꼈어. 그래서 내가 선택이라고 얘기를 한 거야. (…) 사실 공격하는 것 같은 글은 보자마자 '씨발 이거 아닌데.' 하고 발끈할 수 있거든. 근데 발끈하기 전에 먼저 선택을 하는 거야. 먼저 이런 글을 쓴 이유는 뭘까 하면서 이 사람의 생각을 한번 상상해보는 것 같아. 근데 그 상상에 뭐가 포함돼 있냐면, 그냥 관계가 포함돼 있는 것 같아. 애가 이런 말을 했을 때는 어떤 의도였을까? 그러니까 단순히 공격을 한 거였으면 나랑 친구를 안 했을 것 같은데. 그러지 않았을까?

희제 여전히 친구라면 이유가 있지 않을까.

우진 그런 거야. 여전히 친구라는 그런 거지.

지쳤어

우진 그럼 도대체 왜 죽으려고 하나?

희제 지쳤다며.

우진 그치. 사실 그게 끝이야.

희제 피곤하대매.

우진 피곤해. 맞아. 끝이야. 근데 참 재밌는 게, 계속 그거야.

그냥 내 잘못인 것 같아. 진짜로 내 잘못처럼 느껴져. 너의 입장에서는 답답할 텐데, 나는 그냥 이렇게밖에 안 느껴지더라. 내 잘못이다.

희제 지금까지 쓴 원고 전체에 걸쳐서 사실 내가 계속 하고 있는 이야기는 니 잘못이 아니라는 이야기잖아. 근데 그게 그러니까, 너도 머리로는 이해가 되는 거잖아.

우진 머리로는 이해가 돼.

희제 근데 그게 와닿지 않는 거지.

우진 마음으로 동의가 안 돼.

희제 여전히 그냥 니 잘못인 것처럼 느껴진다는 거잖아.

우진 그러니까 그게 머리로는 이해가 되거든? 말하는 이야기나 논리가 '충분히 그럴 수 있지' 하는데, 마음에 안 들어와. 마음에 안 든다는 게 아니라 마음에 안 들어오더라고. 그러니까 난 그 표현이 되게 공감됐어. 네가 썼던 건데, '나의 이야기가 녹음되었을지언정 우진의 귀 앞에서는 흩어졌다.' 그런 표현이었나? 그랬던 것 같은데(2장 참고). 내 잘못이다. 이거는 지금도 변함이 없어.

희제 왜 안 될까.

우진 이거는 지금도 생각이 안 바뀌어. 진짜로 내 잘못이다. 단순히 그거야. 그게 6수를 해서도 아니고, 그러니까 단일한 변수라고 그러지, 연애 실패해서 그런 것도 아니고,

그렇다고 뭐 주식이 잘 안 된 것도 아니고, 주식은 잘됐지. 그러니까 이게 참 그래. 아무튼 다 아니다. 이게 왜 죽으려고 하냐에 대한 대답이다. 너무 피곤하고 내 잘못이다. 내가 지나가다 봤는데, '피곤하니까 끝내자' 이거 있잖아. 이게 뇌가 만들어낸 착각 같은 거래. 너무 힘드니까. 내가 사망하면 이게 끝나지 않을까 하는 일종의 착각 같은 거래. 잘 모르겠어. 뭐 그렇다고들 하는데 잘은 모르겠고, 이제 너무 피곤하고 내 잘못인 것 같아. 그다음에 중요한 얘기 있어. 우진이 조커가 되지 않기 위해 어떤 노력을 했는가. 이게 그거다. 근데 이거는 1~2년 동안 그런 건 아니고, 되게 오래전부터 그냥 내가 혼자 생각을 만들어왔던 것 같아. 대학 시절부터 사람들하고 내가 많이 만나고 대화를 하잖아. 근데 나는 되게 놀랐던 게 하나 있어. 사람들이 자기 주변에 어떤 사람들이 막 성공을 할 거 아니야. 질투를 많이 하더라. 나는 처음에는 그게 좀 이해가 잘 안 되기도 하고, 저러면 남는 게 있나? 이 생각을 많이 했던 것 같아. 이해는 하는데, 나한테 이득되는 게 하나도 없는데 저걸 왜 하지? 근데 이 생각은 했어. **내가 6수를 하면서 뭘 느꼈냐면, 사람이 되게 음울해진다고 할까? 그러니까 이게 오래하면 진짜, 그, 조커가 된다.** 혹은 뭐, 고시오패스? 이게 웃으면서 읽었는데 한편으로는 또 이해가 되더라. 그러니까 이런 모습들, 사람들의 모습이 있잖아. 이런 거 보면서, 나는 어떻게 살 것인가 고민을 했는데, 나는 그때 드는 생각이 그런 거였어. 주변의 성공과 노력을 좀 축하하려고 '애쓰는' 게 아니라, 좀 그 사람들의 성공과 노력을 축하할 '여유가 있는' 사람이 되려고 노력했던 것 같아. 이게 포함된 게 뭐냐면, '나도 존나 성공해야지' 이런 의미보다도, 좀 그런 노력이 있잖아. 그러니까 그 과정. 결과도 결과지만 결과를 얻기까지 과정 같은 게 있잖아. 예를 들면 이런 거야. 어떤 사람이 대기업 공채를 뚫고 입사를 했다. 그러면 대단한 거잖아. 그러면 저 사람이 자소서 몇 번을 갈아엎고, 자격증을 또 얼마나 준비를 했고, 포트폴리오도 얼마나 깎았을까. 하나 더 예를 들면, 네가 책을 출간하잖아. '야, 저 새끼 저거 얼마나 고뇌를 했을까? 잠을 자면서도 책을 썼겠지.' 그러니까 실제로 자면서도 머릿속에서는 문장을 썼다 지웠다 하는 거잖아. 대단하다. 인정. 나도 노력을 좀 같이 해보고, 그 가치를 인정할 줄 아는 사람이 되고 싶었어. 약간 좀 다른 거야. 이거는 '나도 존나 성공해야지'랑 좀 다른 개념인 것 같아. 그래야 이렇게 쉽게 그냥 질투를 하거나 하지 않을 것 같았어. 사람들이 생각보다 남의 성공을 좀 후려친다? 깎아

내린다? 이런 걸 좀 많이 하더라고. 이것도 일종의 내 선택 중 하나야. 감정의 선택 같은 것 중에 하나야. 이것도 내가 한 노력 같긴 해. 그러니까 내가 왜 우스갯소리로 조커라고 표현했냐면, 삽질을 많이 하다 보니까 자꾸 생각이 부정적으로 가더라. '나는 쓰레기야', '나는 좀 별로야' 이런 식으로 생각이 흘러가더라고. 근데 그게 한편으로는 당연한 것 같긴 한데, 한편으로는 무서웠어. 그 조커가 거꾸로 매달려서 하는 말이 있거든. 대사가 다는 기억 안 나는데, 했던 말이 '야, 배트맨, 광기라는 게 뭔 줄 알아?' 하면서, 중력 같은 거래. 그러니까 톡 한 번 밀어주면 똘똘똘 굴러가다가 나중에는 미친 속도로 자기가 내려간다는 거야. 그게 잊히질 않는 거야. 내가 이런 생각을 그냥 방치하고 있으면 나중에는 걷잡을 수 없는 속도로 달려가고 있겠구나. 그래서 항상 좀 그런 네거티브한 생각을 안 하려고 노력했던 것 같아. 그러니까 이렇게 되기 싫더라고. 이게 되게 멋이 없어. 솔직히 나는 그래서, 내가 상태가 안 좋은데, 내가 별로인데 타인의 성공을 진심으로 축하하는 거는 쉽지 않다고 생각해. 솔직히 그게 쉽지 않아. 내가 뭔가 잘 안 됐는데 옆에서 계속 펑펑 뭔가 잘되고 있으면 괜히 비교도 좀 많이 되고, 자기 자신을 안 좋게 볼 수도 있을 것 같고. 근데 그거는 나도 똑같을 것 같아. 안 그러려고 나름 막 계속 쥐어짠 거지. (…) 우진이는 내년에 살아 있을까? 이건 진짜 진심 궁금해. 가끔씩 내 스스로 묻거든.
어떻게 죽으면 좋을까. 좀 생각을 해보는데, 생각보다 여러 가지 옵션이 있어. 진짜 죽을 수 있겠다는 생각도 들긴 해. 진짜로.

희제 진짜 죽을 수 있겠다는 건 무슨 의미야?

우진 처음에는, 맨 처음에는, 올해 1월 이럴 때는 '씨발 설마 죽겠냐' 했거든. 근데 진짜 죽을 수 있겠다.

희제 그냥 그런 느낌이 들어?

우진 응, 충분히 가능하다.

희제 구체적인 방법을 생각을 하고 있는 거야?

우진 응, 그것도 있고, 마음의 준비라고 하지. 이제 이런 거지. 겨울일 확률이 크고, 겨울이니까 한강 물이 많이 추울 거고, 그러면 좀 안 아프게 가는 방법 없을까? 이런 생각도 하고 있고, 자면서 죽을 수도 있나, 이런 생각도 해보고. 다양한 방법. 당연히 안 죽으려고 노력도 하는데, 죽을 수도 있겠다고 생각을 해보지. 얘는 정말 살아 있을까? 이건 좀 궁금하긴 해.

4 장에 부쳐,

덫에
걸렸다

늪과 덫

우리는 "늪에 빠졌다"라는 표현을 사용한다. 빈곤의 늪, 우울의 늪, 중독의 늪…. '늪'은 강력한 이미지를 제공한다. 한 번 빠지면 빠져나오기 힘들고, 움직일수록 더 깊이 빠지는 늪의 특성은 우리가 겪는 어려움을 몸으로 와닿게 표현한다. 하지만 우리가 겪는 대부분의 문제는 인간이 만들어낸 사회 구조에서 발생한다. 늪에 빠진다는 표현이 우연한 사고, 혹은 늪으로 걸어 들어간 개인의 잘못을 함축한다면, 이는 의도적으로 만들어지거나 방치된 결과인 사회적 문제에는 적합하지 않다.

"덫에 걸렸다"라는 표현이 여기서는 더 적합하다. 사냥꾼은 잡고자 하는 동물의 습성, 동선, 입맛 등을 총체적으로 파악하고, 이에 따라 덫을 섬세하게 디자인한 뒤 사냥감이 걸려들 때까지 기다린다. 덫은 사냥감이 자기 자신을 죽이도록 '설득한다.' 굶주린 사냥감이 허기를 채우고 싶다는 생존의 욕구를 자살이라는 행위로 연결하는 것이다. 그런 의미에서 덫은 우연적이지도, 강압적이지도 않다. 그것은 설득적이다.[*]

도시에서의 중독과 범죄, 건강 문제를 다루는 인류학자 탈리 지브Tali Ziv는 형사 보호관찰 제도를 '덫'이라고 설명하면서, 덫의 양가성을 드러낸다. 거리에서 살아가는 이들은 소모적이고, 절망적이며, 종종 위험한 물질적 조건에 사로잡혀 있기 때문에 형사 보호관찰 제도는 실제로 생명을 구하지만, 이러한 '구원'은 개인이 자신의 상황을 전적으로 개인의 책임으로 받아들이고, 현실의 구조적 불평등을 부인해야만 얻을 수 있다. 이 과정에서 하나의 범죄를 둘러싼 역사적, 경제적, 사회적, 정치적 조건들은 모조리 개인의 범죄성으로 물신화된다. 단기적으로 생명을 구해주는 것처럼 보이는 형사 보호관찰 제도가 장기적으로는 오히려 구원받은 이를 위험에 처하게 했던 바로 그

[*]   Nick Seaver, (2018) "Captivating algorithms: Recommender systems as traps", *Journal of Material Culture*, 24(4), 421-436.

4장에 부처,

사회를 재생산하고 강화하는 것이다.[*]

　그런 의미에서 우리는 늪에 빠진 게 아니라 덫에 걸렸다. 우리를 죽이는 것이 동시에 우리를 살리고 있다. 거기서 벗어날 수 없는 이유는 덫의 작동 방식이 원래 그렇기 때문이다. 잔인한 낙관은 지금 우리를 살게 하고 죽게 하는 사회라는 덫의 작동 방식에 대한 묘사다.

　이제 우리는 물을 수 있다. 누가 왜, 어떻게 덫을 놓았고, 누가 왜, 어떻게 거기에 걸려들고 있는가? 덫에 놓인 미끼는 누구의 어떤 결핍을 겨냥하고 있는가? 혹은, 어떤 미끼가 우리에게 그것을 먹고 싶다는 욕망을, 즉 결핍을 만들어내고 있는가?

실패

　'실패 이후post-failure'라는 말이 있다.^{**} 이는 실패가 더 이상 예외적이거나 일시적인 사건이 아니라 시스템이 작동하는 방식 그 자체로 인식되는 현상을 반영한다. 즉, 실패는 불가피

---

* Tali Ziv, (2023) "The Trap: Care and Mystification in Carceral Governance", *Ethnos*, 1-26.

** 이 글에서 '실패'와 '실패 이후'에 대한 내용은 두 학술지의 특집호로부터 배운 것들을 정리한 것이다. 하나는 사회학 분야의 오픈엑세스 저널 『*Sociologica*』에서 2023년 12월에 나온 17권 3호의 특집 '실패했다! 실패에 대한 사회학적 분석(Failed! The Sociological Analysis of Failure)'이고, 다른 하나는 인류학 저널 『*Journal of the Royal Anthropological Institute*』에서 2023년 4월에 나온 29호의 특집 '실패 이후: 시간성들과 경로들(After Failure: Temporalities and Traces)'이다.

하고 내재적인 속성으로 조직과 제도의 정상적인 작동에 필수 불가결한 요소라는 것이다. 실패는 정기적이고 반복적이며 패턴화된 현실이다. 실패는 개인의 책임으로 귀속되기 쉽지만 무엇이 가치 있는 것인지 평가하고 결정하는 체계의 판단과 감시의 산물이며, 조직과 제도의 작동 방식에 내재된 속성이다. 실패는 예외적이고 일시적인 현상이 아닌 시스템 작동의 정상적이고 내재적인 속성인 것이다. 그렇기에 실패를 개인의 책임이 아닌 구조적 산물로 인식하고, 실패를 통해 배제와 차별의 구조를 가시화해야 한다.

이를 위해 우리는 실패의 여부가 아니라, 실패에 대한 가치판단 자체에 주목할 필요가 있다. 모두는 어떤 국면에서 실패를 경험할 수밖에 없기 때문에, 그것이 어떤 의미를 지니게 되는지 고민해야 하는 것이다. 이를 위해 우리는 물어야 한다. 무엇이 실패이고, 무엇이 아닌가? 실패는 고정된 것이 아니다. 과거에는 실패였던 것이 지금은 그렇지 않고, 누군가에게는 실패인 것이 누군가에게는 그렇지 않다. 따라서 무언가를 실패라고 명명하고 진단하는 것 자체가 현실에 대한 개입이자 정치적 행위일 수밖에 없다.

흔히들 돈이 많고 힘이 있으면 실패를 포용하고 실패로부터 배우며 성장할 수 있지만, 빈곤층과 소외 계층에게 실패는 수치, 낙인, 처벌을 동반한다고 말한다. 이것은 '실패의 특권'이다. 실패가 구조적 불평등과 밀접히 연관되어 있으며, 실패로부터 회복하고 학습할 수 있는 기회 자체가 특권이라는 것이다. 하지만 우진은 적어도 경제적 계급이나 성별처럼 우리가 흔히 생각하는 구조적 단위 안에서 빈곤층도 소외 계층도 아니다. 우진은 서울 한복판에 아버지 명의로 되어 있는 집에서 지내며 별다른 노동을 하지 않고도 살아갈 수 있는, 신체 질병이나 장애가 없는 이성애자이고, 청년 남성이다. 빈곤층이나 소외 계층보다는 오히려 중산층이나 '기득권'으로 분류되어야 마땅하다. 또한, 그가 만족하지 못해서 자퇴했을지언정 그는 정시로 '인서울' 대학에 합격했었다. 아주 정확한 값은 아니지만, 이를 위해서는 상위 15퍼센트 정도의 수능 성적이 필요하다.

마음은 사회 구조 안에서 만들어지지만, 동시에 사회 구조만으로 설명될 수 없는 잉여를 품고 있다. 그러니까, 지금 다루는 것은 '실패'만으로는 설명될 수 없는 '패배감'에 대한 이야기다.* 패배감defeat은 물질적, 사회적 자원을 획득하지 못하거

---

* 이 문단과 그다음 두 문단의 내용은 '패배감'을 주요 키워드로 삼는 다음의 심리학 논문들을 참고했다. 최윤영·조현주·권정혜·이종선, (2013) 「우울취약성과 자살 사고의 관계 : 속박패배감의 매개효과」『인지행동치료』, 13(3), 423~443쪽; 이소 영·조현주·권정혜·이종선, (2014) 「패배감이 불안과 우울에 미치는 영향: 자기인 식과 속박감의 순차중다매개효과」『인지행동치료』, 14(2), 285~303쪽; 이소영·조 현주·권정혜·이종선, (2015) 「한국판 패배감 척도의 신뢰도와 타당도 연구 및 패 배감과 속박감의 요인구조」『한국심리학회지: 임상』, 34(1), 17~36쪽; 박시온·배 성만, (2023) 「패배감이 자살사고에 미치는 영향: 속박감의 매개역할과 마음챙김 의 조절된 매개효과 분석」『한국심리학회지: 건강』, 28(6), 1165~1182쪽.

나 중요한 역할이나 지위를 상실했을 때 경험하게 되는 감정이다. 특히 경쟁과 성취를 중시하는 사회 분위기 속에서 자신의 위치를 끊임없이 타인과 비교하며 상대적 열등감을 느낄 때 패배감은 심화될 수 있다. 심리학 연구들에 따르면, 이러한 패배감은 우울뿐 아니라 불안, 자살사고와도 밀접한 관련이 있다.

무엇보다도, 패배감을 경험한 개인이 그 상황에서 벗어나기 힘들다고 느끼는 '속박감' 역시 우울 및 자살사고의 주요 예측 요인으로 보고되고 있다. 이때 속박감은 '덫에 걸린 상태' 혹은 '덫을 놓는 행위'를 의미하는 'entrapment'의 번역어다. 이것은 사회적 지위나 관계에서 벗어나고 싶지만 좌절되는 외적 속박감, 고통스러운 감정에서 헤어나지 못하는 내적 속박감으로 나뉜다. 속박감의 정도가 높을수록 우울 및 자살사고의 위험이 증가한다. 패배감이 속박감으로 이어져 우울과 자살사고를 부추기는 매개 경로가 존재하는 것이다.

이때 주목할 점은 패배감과 속박감이 자기 자신에 대한 주관적 평가와 관련된다는 것이다. 같은 상황이라도 이를 어떻게 받아들이고 해석하느냐에 따라 개인이 경험하는 심리적 고통의 수준은 달라질 수 있다. 내가 찾아 읽은 심리학 연구들은 사회적인 문제뿐 아니라, 자신의 상황에 대해 판단하지 않는 자세로 자신의 마음에 주의를 기울이는 '마음챙김' 등으로 개인의 내적 취약 요인을 돌볼 필요가 있다고 제안했다.

4장에 부쳐,

어쩌면 친구로서 내가 우진에게 제공하고 싶었던 것은 이런 돌봄이었을지도 모른다. 그가 놓인 사회적 맥락을 밝혀냄으로써 그의 실패가 자신만의 것이 아니라고 알려주고, 몇 개의 실패를 모든 것의 실패로 만들어내는 말들의 연쇄 작용, 그렇게 만들어지는 의미들의 계열을 끊어내고 싶었다. 그래서 우진이 자신의 삶을 다르게 이해할 수 있도록, 다른 의미를 생각할 수 있도록 해주고 싶었다. 나에게 우진의 마음과 사회적 맥락은 분리할 수 없는 것이었다. 그에게 작정한 죽음을 막을 수는 없음을 잘 알고 있다고 담담하게 말했지만, 한편으로 여전히 그렇게 생각하지만, 동시에 나는 여전히 그의 고통을 줄이면 그의 마음을 바꿀 수 있다고 믿는 것인지도 모른다. 막을 수 없다는 걸 아는 것과 막고 싶다는 마음은 공존한다.

그러나 나의 말들은 책으로 인쇄되었을지언정 우진의 귀 앞에서는 허공에 흩어졌다. 나는 무엇을 해야 할까? 실패자로 규정된 이들의 편에 서야 할까? 어떻게? 실패의 기록을 상세히 씀으로써 거기서 무언가를 배우려고 해야 할까? 대체 무엇을?

세상이 이렇게까지 망가졌다는 새삼스러운 사실을?

순환

모든 것은 순환이다. 좋은 것도 순환하고, 나쁜 것도 순환한다. 선과 악이 있는 게 아니라, 선순환과 악순환이 있는 것이다. 나는 이것을 나의 질병으로부터 배웠다. 크론병에 걸리면 식단 조절을 잘해야 하고, 일정 수준으로 몸무게를 조절해야 한다. 그러나 권장 식단을 준수하려면 통상적인 '다이어트' 식단을 지키기 어려울 때가 많기에 운동을 해야 한다. 하지만 크론병 때문에 먹는 면역억제제, 그리고 자가면역질환의 특징 때문에 힘줄에도 염증이 자주 생긴다. 크론병 때문에 운동을 더 해야 하는데, 운동을 하면 아플 일이 생긴다. 운동을 하지 않아도 아플 일이 생긴다. 아파서 운동을 못 하게 되고, 운동을 못 해서 더 아파진다.

무언가를 잘하고 싶으면 부담감이 생기고 불안해진다. 그래서 충분히 좋은 성과를 내는 데 실패한다. 혹은 성과를 내고도 충분하지 않다고 느낀다. 실패했다고 느낀다. 패배감이 찾아온다. 그것이 우울로 이어진다. 잘할 수 없다는 강한 확신이 생기기 시작한다. 그럼에도 잘해야 한다는 압력이 사라지지 않는다. 이 상반된 확신과 압력 사이에 존재하는 분열은 잘해야 한다는 압력이 약속하는 좋은 삶이라는 이미지, 그리고 그것에 대한 우리의 애착으로 봉합된다. 애착의 실밥들이 좌절을 다시

빛의 경험다

잘하고 싶은 마음으로 변환한다. 그 마음은 또다시 부담과 불안으로, 실패로, 패배감으로, 우울로, 분열로, 그리고 또 한 번의 봉합으로 이어진다.

잔인한 낙관이 반복될 수밖에 없는 이유는 그것이 다친 마음에 대한 외과적 봉합이기 때문이다. 마음은 살로 된 피부보다 회복이 더디다. 우리를 살게 하는 것처럼 보이지만, 같은 곳을 다시 꿰매도 마음의 환부에는 새로운 살이 돋아나지 않는다. 실패할 수밖에 없는 수술이라는 뜻이다. 중요한 것은 이 순환을 끊는 것이다. 나를 낫게 한다고 믿는 바로 그것을 버리는 것이다.

미래

미국의 문화 평론가 리 에델만Lee Edelman은 우리가 지금 살아가고 있는 이성애 중심적 사회가 남성과 여성이 만나서 결혼하고 아이를 낳아 기르는 것으로 사회를 보호하고 유지하는, 즉 아이의 형상을 통해 미래를 담보하려는 '재생산적 미래주의 reproductive futurism'에 기반하고 있다고 주장했다. 이것은 "후손을 생산하고, 생물학적 세대의 연속성을 담보하며, 순진무구한 아이의 이미지로 추상화된 유토피아를 궁극적 목표로 삼는"다.* 여기서 아이는 그 자체로 미래를 상징하게 되고, 다시금 미래는 아이들이 살아갈 시간, 즉 '우리 아이들의 미래'가 되면서 '아이'와 '미래'는 서로를 강화하는 순환 구조를 구성한다. 이러한 순환 구조 위에서 정치는 기존의 사회에 대한 문제 제기나 변화의 요구를 불식시킨다. 에델만은 이러한 체제의 논리를 비판하며, 특정한 방식으로 '미래'를 구성해내는 힘에 저항해야 한다고 말했다. 이러한 내용이 담긴 책의 제목은 노 퓨처No Future다.[**]

1977년 영국 사회는 스태그플레이션과 대량 실업으로 신음하고 있었다. 노동자들의 삶은 피폐해졌고, 청년들은 미래를 꿈꿀 수조차 없었다. 1975년에 결성된 영국의 전설적인 펑크 록 밴드 섹스 피스톨즈Sex Pistols가 영국의 국가와 같은 제목의 〈갓 세이브 더 퀸God Save the Queen〉에서 외친 "너를 위한 미래는 없어No future for you"라는 구절은 이런 절망의 깊이를 대변한다. 여왕 폐하도, 기성세대도 우리를 구원할 수 없다. 네가 원하는 것, 필요한 것을 스스로 찾아내지 않으면 너에게도, 나에게도 미래는 없다고 노래하는 이 곡의 원래 제목은 "노 퓨처No Future"였다.

대중음악과 철학의 접점을 연구하는 로빈 제임스Robin James는 에델만과 섹스 피스톨즈가 모두 고전적 자유주의의 틀

---

[*]   고강일 (2016) 「〈브로크백 마운틴〉과 재생산적 미래주의」 『비평과 이론』, 21(3), 92쪽; 노대원 (2023) 「아기 낳는 로봇: 저출산 위기와 페미니즘 SF의 재생산 미래주의 비판」 『어문연구』, 118, 157쪽.

[**]   Lee Edelman, *No future: Queer theory and the death drive*, Duke University Press 2004.

4장에 부처,

안에서 미래를 말하고 있다고 지적했다. 1990년대 이후, 신자유주의의 광풍 속에서 저항은 미래를 거부하는 것만으로는 부족해졌기 때문이다. 고전주의와 달리 신자유주의는 더 이상 안락한 내일을 약속하지 않는다. 그 대신 우리 모두를 단지 효율을 위해 최적화되어야 하는 데이터로 환원시킨다. 알고리즘이 지배하는 디스토피아에선 승자와 패자의 갈림길조차 사라진다. 투자 가치를 상실한 이들은 이미 게임에서 탈락한 것이나 마찬가지다. 이들에겐 성공의 기회조차 주어지지 않는다. 제임스는 독일의 디지털 하드코어 밴드 아타리 틴에이지 라이엇Atari Teenage Riot, 이후 ATR의 〈딜리트 유어셀프Delete Yourself! (You Got No Chance to Win!)〉가 노래하는 "스스로를 삭제delete yourself"한다는 것이 곧 신자유주의적 주체성을 거부하는 행위라고 해석한다. '미래 없음'이 아닌 '자기 삭제'가 신자유주의 게임의 규칙 자체를 교란하는 전략이라는 것이다.[*]

'자기 삭제'가 신자유주의 사회가 규정하는 '주체'의 모델 자체를 거부하고 해체하라는 선언임을 감안할 때, 여기서 '자기'는 물리적 개인이 아니라 규범 안에서 개인이 놓인 특정한 위치에 가깝다. 이 위치에서 우리에게 성공의 기회는 애초에

[*]   Robin James, (2013) "From 'No Future' to 'Delete Yourself (You Have No Chance to Win)': Death, Queerness, and the Sound of Neoliberalism", *Journal of Popular Music Studies*, 25(4), 504-536.

주어지지 않았다. 주어진 규칙에 맞추어 최선을 다한다고 해도 승리할 수 없다. 그래서 ATR은 체제 바깥, 그리고 그곳에서 우리가 자리 잡을 수 있는 위치를 적극적으로 사유하길 촉구했다. 이것은 경쟁에서 패배한 채 무너지는 것이 아니라, 아예 경쟁 자체를 거부함으로써 시스템을 전복시키고 교란하는 행위였다. 그때 비로소 신자유주의가 만들어낸 폐허 위에서 새로운 것을 만들 가능성이 생겨나기에.

문득 떠오른 하나의 생각에 사로잡힌다. 어떤 방식에서든, 우리가 미래라는 것을 너무 많이 말하는 것은 아닐까 하는. 어쩌면 미래라는 말이 생겼을 때 이미 시작된 현상일지도 모른다. 우리에게 '미래'는 왜 필요했을까? 시간이라는 관념이 하나의 직선으로 뻗어나가는 형태로 이해되기 시작하고, 앞으로 '다가올' 혹은 우리가 '나아갈' 시간이 '미래'라는 이름을 얻었을 때, 거기에는 이미 어떤 종류의 의미가 붙어 있었던 것이 아닐까?

우리의 말들 속에서 미래가 언제나 밝거나 어두운 것이며, 어둡다는 판단조차 미래가 밝아야 한다고 전제하고 있다는 사실은, 어떤 종류의 '발전'과 그 결과로 따라오는 '행복'에 대한 믿음이 미래에 투영되어 있음을 보여준다. 각각 한 명의 남성과 여성이 만나서 결혼하고 아이를 낳아 살아가는 데서 느끼는 행복, 그리고 이러한 결합을 통해 계속될 아름다운 미래.* 무언가가 올 것이라고, 무언가가 와야 한다고 믿는 것이다. 미

4장에 부쳐,

래라는 관념을 통해 약속과 기대가 가능해진다. 따라서 '미래'는 어디까지나 '지금' 존재하는 것이다.

미래는 현재로부터 출발한다. 미래를 위해 현재가 있는 것이 아니다. 어떤 현재를 만들기 위해 어떤 미래가 계속해서 이야기되는 것이다. 미래에 엉겨 붙어 있는 의미들을 잠시 걷어내자. 행복한 미래든 불행한 미래든, 밝은 미래든 어두운 미래든. 그리고 현재를 보자. 지금 눈앞에 벌어지고 있는 일들을 보자. 잡히는 듯하면 달아나버리는 행복의 약속 대신, 다가올 좋은 삶에 대한 애착이 주는 좋은 느낌을 통해 나를 죽이는 것을 계속 사랑하게 만드는 잔인한 낙관 대신, 나의 후손들이 살아갈 좋은 세상을 명분으로 현재를 희생시키는 미래 대신, 지금 눈앞에 벌어지고 있는 일들을 보자. "어둠과 빛 사이에서만, 그 파르스름한 틈에서만 우리는 가까스로 얼굴을 마주본다."** 라는 문장의 의미는 그런 것일까.

남자

당연하게도 제각기 다른 존재인 남성들은 왜, 어떻게

---

*   이것은 리 에델만의 『*No Future*』에서 나오는 '재생산적 미래주의'와 사라 아메드의 『행복의 약속』에 나오는 '행복의 약속'을 접붙인 것이다.
**   한강 지음, 『흰』 난다 2016, 117쪽

'K-타임라인'과 같이 똑같은 방식으로 자기 삶을 설명하게 되었는가? 무엇이 남성들을 동질적이고 단일한 존재로 만드는가? 그리고 그 결과는 무엇인가? 나는 여기에 언어와 경로의 문제가 있다고 생각한다. 여성들이 남성중심적 사회에서 자신을 설명할 수 있는 언어와 자신이 잘 살아갈 수 있는 경로를 제공받지 못해서 스스로 만들어야 한다면, 남성들은 남성중심적 사회가 자신에게 충분한 언어와 경로를 제공한다고 믿기 때문에 더 고민하지 않고 그것에 대한 애착을 놓지 않는다. 그렇게 '다른 삶'을 찾는 여성들이 늘어나고, 여전히 많은 남성은 '좋은 삶'에 매달릴 때, 그리고 연애/결혼 상대로서의 이성을 요구하는 '좋은 삶'이 그렇지 않은 '다른 삶'과 충돌할 때, 남성은 여성을 장애물로 느끼게 되는 것이다. 스스로 제대로 된 남자가 되지 못했다고 느끼는 청년 남성들이 온라인 커뮤니티 등에서 보여주는 자기 서사나 자기 연민이 다른 소수자에 대한 폭력적인 태도로 이어지는 것도 이와 관련이 있다. 그렇게 서로 다른 성별들이 공유할 수 있는 공통언어의 가능성이 사라져간다.

　　이것은 자기 자신에 대한 설명의 문제를 경유하여 이루어지는 언어와 정체성, 그리고 삶의 경로의 분리 통치다. 한국의 정치인들은 성차별을 '남녀 갈등', '젠더 갈등'으로 바꿔치기하고, 남성들만을 '청년'으로 호명하면서 그들의 이야기를 들어주는 척한다. 남성들도 피해자가 맞다고 호응해주는 척한다. 그러나 사실은 자신들이 필요해서 동원할 뿐이다. 정말 남성들에게 도움이 될 만한 정책은 전혀 제공하지 않고, '장애인', '여성', '성소수자'의 대척점에 '남성'을 놓고, '남성은 정상적인 시민'이라고 말하며 그들을 '머릿수'와 '댓글부대'로 이용한다. 정치가 소수자에 대한 폭력을 남성들에게 외주 주고 있는 것이다. 남성들은 자신의 고유성을 제물로 삼아 타인의 고유성까지 짓밟게 되었다. 이렇게 폭력에 동원되면서 남성들은 정작 자신이 정말 무엇을 원하는지, 자신이 어떤 사람인지 설명할 언어와 기회를 잃어버리고 있다.

여기에서 성별이 중요한 변수라는 사실은 명백하다. 그러나 그것은 충분하지 않다. 청년이 여성이 아닌 남성의 얼굴을 하고 있다고 할 때, 그 남성은 또한 어떤 남성인지 물어야 하기 때문이다. 나는 처음 쓴 책 『난치의 상상력』에서 한국 사회가 말하는 청년이 남성일 뿐 아니라 건강한 비장애인이기도 하다고 주장했다. 여기에 더하여, 나는 청년이 '좋은 삶'을 살 수 있는 남성으로 과대대표되고 있는 것은 아닌지 묻고자 한다. 주거, 노동 등에서 열악한 상황에 놓여 있지만, 스스로 열심히 노력하거나 국가가 조금 투자해주면 이 상황을 '극복'하고 '성공'할 수 있는 남성 말이다. 문제는 실제로 그러한 삶을 살 수 없는 남성들까지 자신이 남성이라는 이유만으로 그렇게 살 수 있다는 착각 혹은 환상을 갖게 된다는 것이다.

좋은 삶은 상상된 목표이자 원동력이다. 좋은 삶을 이룰 수 없는 상황에 놓여 있는 사람조차 인터넷 기사, 온라인 커뮤니티, 혹은 구체적인 얼굴을 알고 있는 자기 주변의 실제 사례를 통해 그것을 구체적으로 그려낼 수 있게 된다. 그런 의미에서 상상은 당장 내 손으로 잡을 수는 없을지언정 물질적이고, 현실적인 것이다. 그 삶은 명백히 존재하지만 내가 누릴 수는 없는 것이 되어간다.

그렇다면 '좋은 삶'을 사는 데 실패한 남성들에게 필요한 언어는 무엇인가? 좋은 삶을 살 수 있다고 믿고 살아왔지만 여전히 현실은 시궁창이고, 그럼에도 어쩌면 성공할 수 있을지 모른다는 낙관을 버리지 못했거나, 그러한 낙관을 버렸더라도 여전히 그 낙관의 덫에서 자신이 이루지 못한 것을 바라보며 패배감을 느끼는 남성들, 나는 이들이 자신의 상황을 모른다고 생각하지 않는다. 알고 있지만, 느끼고 있지만, 설명할 수 없는 것이다. 혹은 인정하고 싶지 않은 것이다. 그걸 인정하면, 자기 안에서 무언가가 무너져 내릴 테니까.

예외

잉여, 루저, 찐따, 도태… 스스로를 지칭하기도 한다는 점에서 자조적이고, 타인으로부터 오기도 한다는 점에서 폭력적이기도 한 이 말들을 통해 남성들을 설명하려는 시도는 두 가지 상반된 효과를 낳는 듯하다. 하나는 그들이 남성성의 본질을 보여준다고 말함으로써 그들을 통해 남성 집단 전체를 표상하는 것이고, 다른 하나는 오히려 그들을 '비정상적'이거나 '폭력적인' 남성으로 부르고 추방함으로써 남성이라는 집단 자체는 보호하는 것이다. 그런 시도가 아무것도 설명해주지 않는다고 말하고 싶은 것은 아니다. 문제는 이러한 설명 체계가 '좋은 남성'이나 '나쁜 남성'을 모두 예외적 존재로 전제하면서 남성을 동질적 집단으로 구성해낸다는 점이다. 중요한 것은 무언가가 예외적인 존재로 만들어지는 과정이다. "남자들 간의 차이가 드러날 수 있어야만 다시 지배적 남성성을 획득하려는 불가능한 기획이 반복수렴되는 무한 루프를 멈출 수 있"기 때문이다.[*]

<u>섬광</u>

조커는 슬픈 광대였던 피에로를 계승하지만, 잔혹하고 광기 어린, 공포스러운 얼굴의 새로운 피에로다. 평범한, 혹은 웃는 가면 뒤에 잠재되어 있었던 어둡고 폭력적인 내면이 전면

[*]   권김현영, 앞의 글, 앞의 책.

화되었다.[*] 그리고 이 '조커'라는 표상은 2008년 개봉한 크리스토퍼 놀란 감독의 영화 〈다크 나이트〉에서 히스 레저의 연기를 통해 더욱 강렬한 힘을 얻었고, 2019년 개봉한 토드 필립스 감독의 영화 〈조커〉를 통해 다시 한 번 새롭게 의미화되었다.

〈조커〉에서 호아킨 피닉스가 연기한 주인공 아서 플렉은 정신질환을 겪는 가난한 코미디언이다. 빈곤과 질병이 절망적인 경험으로 이어지는 복지의 부재 안에서 그는 광기에 물들어갔고, 조커는 바로 그 결과물이다. 영화는 그의 비극적 처지와 내면의 괴물성을 탁월하게 포착해내는 동시에 그가 저지르는 악행에 정당성을 부여하고 폭력을 미화하기도 했으며, 사회적 연대의 붕괴를 출구 없는 현실로 그려내기도 했다.[**] 물론 모든 서사는 무언가를 정당화하는 면이 있고, 모든 예술은 그 대상을 일정 수준 미학화할 수밖에 없다. 중요한 것은 서사화 작업에서 무엇을 위해 어떤 것들이 삭제되었는지 포착하는 일이다.

아서 플렉은 직장에서 해고된 뒤에 지하철에서 금융권 화이트칼라 남성들에게 구타당한다. 그들이 근처에 앉아 있는 여자를 괴롭힐 때 하필이면 플렉의 정신질환과 관련된 발작적

[*] 김예경 (2020) 「현대 '공포스런 광대'의 출현: 19세기 프랑스 팬터마임의 광대에서 '조커'까지」 『영상문화』, 37, 55~82쪽.

[**] 이 부분을 쓸 때는 다음의 두 논문에 도움을 받았다. 김주환, (2020) 「숙명적 비극의 시대, 고통의 현상학: 〈조커〉의 사회학」 『사회사상과 문화』, 23(1), 1~53쪽; 이다운, (2020) 「악의 서사화와 정당화된 악: 영화 〈조커〉 연구」 『인문학연구』, 120(0), 191~214쪽.

인 웃음이 터져버렸기 때문이다. 애초에 여자를 도울 생각도 없었다. 이후 플렉은 총을 난사하고, 자신이 스토킹하던 옆집 여자와 (상상을 통해) 섹스를 나눈다. 문화평론가이자 페미니스트 연구자인 손희정은 이러한 시퀀스 구성을 두고 플렉이 괴물 혹은 영웅이 되는 '변신'의 시작과 끝에 여자가 있다고 지적했다. "이 이야기에서 현실의 여자는 아서에게 위험을 떠넘긴 채 자리를 떠났지만, 망상 속의 여자는 영웅이 된 조커에게 기꺼이 자신의 몸을 내준다." 이처럼 현실의 여자에게 외면받고, 알파메일들에게 구타당하고, 망상 속에서나 여자와 섹스할 수 있는, 자신이 "선량하고 억울한 피해자라고 주장할 뿐 영웅이라고 하지 않는" 것이 인셀involuntary celibate. 비자발적 독신주의자의 약자.들, 그리고 "인셀의 은밀한 옹호자들의 자기인식"이라고 손희정은 분석했다. 플렉이 저질렀을 수 있다고 암시된 여성 대상 범죄는 의도적으로 삭제되거나 코미디로 소비되고, 이를 통해 그의 '흑화'를 적극적으로 이해해주려는 것이 이 영화의 구성이라는 것이다. 그는 이 지점에서 "현실과 영화 사이의 경계가 무너져 내리"고 있다고 말한다.*

문화평론가 이연숙은 〈조커〉의 개봉 이후 한국에서 조커를 두고 벌어진 논쟁들을 요약하고, 영화 속 대사들을 근거

---

*　　손희정, 〈조커, 어느 인셀의 탄생〉《경향신문》 2019년 10월 7일 자.

로 조커에게는 "해답도 대안도 없는 파괴적이고 부정적인 나르시시즘만 있을 뿐"이라고 정리한다. 조커는 "자아도취적 사회부적응자에 우울과 망상을 겪는 정신질환자"라는 것이다. 결국 영화의 결론부는 "당신은 이해하지 못할 거야You wouldn't get it."라는 말을 조커의 목소리로 전달하면서, 아무도 나의 고통을 이해해주지 않는다고 생각하는, "사회적으로도 정서적으로도 고립된 실패자"로서 폭력적 남성 인셀을 옹호하는 듯하다. 그러나 이연숙이 조커에게서 보는 가장 논쟁적인 지점은 그의 깡마른 몸에서 상기되는 폭력의 누적과 느린 죽음의 문제다. 그의 몸은 오랜 학대와 고통의 흔적을 간직한 채, 사회가 요구하는 건강하고 생산적인 신체상을 거부한다. 역설적이게도 그의 몸은 기괴한 에너지와 생명력으로 가득하다. 그는 자신의 몸으로 광기 어린 춤을 추며 한계에 도전한다. 그러나 그 몸을 단순히 긍정할 수는 없다. 그가 개인적이고 사회적인 폭력이 누적되어 깡마른 자신의 몸을 "즐기고 있다는 사실이 명백"하다는 점에서, 이것이 "느릿한 자살"일 수도 있기 때문이다.*

"만약 아서 플렉이 느릿한 자살 속에서만 얻을 수 있는 인식론적 앎을 포기하지 않는다면?"

---

* 　이연숙, 《『진격하는 저급들』 2장: 단식 광대는 왜 춤추는가〉, 세마 코랄 2023년 5월 25일.

4장에 부쳐,

이 지점에서 나는 이연숙이 해결되지 않은 질문으로 제시한 문장을 잠시 붙들어본다. 위 글에서 명료하게 설명되지는 않는 '느릿한 자살'의 의미를 내 나름대로 찾아보고자 했다. '느릿한 죽음slow death'을 먼저 생각하자. 잔인한 낙관을 이야기한 로렌 벌랜트에 따르면, 느릿한 죽음은 신자유주의와 후기 자본주의 체제에서 특정 집단이 겪는 감정적이고 육체적인 소모이고, 과거의 억압과 불평등이 현재를 배회하며 개인의 경험을 규정하는 과정이다. 사회는 '피부 밑으로' 파고든다. 이때 '느릿한 자살'은 자살을 향해 느리게 나아가는 과정 전체를 포괄하는 개념일 수 있다. 그것은 누군가가 벼랑 끝에 내몰리기까지 누적된 결핍과 불이익, 부정적인 생각들이 쌓여 만들어진 절망의 구체적 양상이자, 일상을 잠식해온 고통이 어느 순간 폭발하며 죽음을 향한 몸의 운동으로 전환된 상태라고 할 수 있다.[*]

　　그렇다면 여기서만 얻을 수 있는 "인식론적 앎"이란 도대체 무엇일까? 이연숙은 같은 글에서 그 앎이 심지어 "쾌락적"일 가능성을 제시하며, 조커가 자신의 몸을 즐기는 방식으로서의 '춤'이 그저 춤일 뿐이고, 그의 깡마른 몸 또한 그저 몸일 뿐이며, 오히려 여기서 우리가 발견할 수 있는 것은 "아무것도 먹지 않고 오로지 '부정적인 생각'들로 가득 찬 한 몸이 어떻게 스

---

[*]　　Chandler, A. & Wright, S., (2023) "Suicide as slow death: Towards a haunted sociology of suicide", *The Sociological Review*, 0(0).

스로를 위한 쾌락을 생산할 수 있는지"라고 말한다. 어쩌면 이것은 '폭력의 축적 안에서 죽어가는 이가 어떻게 그럼에도 즐거울 수 있는가', 혹은 '오로지 자기 자신만을 위한 쾌락은 어떻게 죽어가는 과정을 잠시나마 그럭저럭 견딜 만한 것으로 만들어주는가' 같은 이야기일지도 모른다.

　　나에게 중요한 문제는 이때의 쾌락이, 죽어가는 바로 그 과정에서 경험할 수 있게 되는 인식론적 앎으로서의 쾌락이, 그 죽음을 멈출 수 있느냐다. 그 쾌락이 무엇인지 나는 알지 못한다. 그러나 그것이 만약 죽어가는 이가 자신의 생을 마지막으로 붙들고자 할 때 발생하는 섬광 같은 것이라면, 우진이에게 그 섬광은 무엇일까? 연애 각본과 통제 강박에 구속된 번따도, 금융 자본주의와 끝없이 강제된 증명에 구속된 주식도, 조커의 춤이 보여주는 인식론적 앎으로서의 '쾌락'이라고 보기는 어려울 것 같다. 도대체 우진의 삶에서 그의 느릿한 자살을 멈출 계기가 될, 삶과 죽음 사이의 마찰에서 튀어오르는 섬광은 무엇이란 말인가? 폭탄 목걸이가 우진의 춤일까? 그가 계속해서 "재미" 때문에 하고 있다고 말하는 이 책 작업이, 혹은 그에 대한 나의 비판으로부터 느꼈다고 말한 "생명에 대한 자극"이 찰나의 섬광인 걸까?

　　어설프게 부싯돌을 치는 기분이다.

4장에 부쳐,

무책임의 정동경제

"광기는, 너도 잘 알겠지만, 중력 같은 거야. 아주 살짝만
밀어주면 끝까지 가거든."

Madness, as you know, is like gravity. All it takes is a
little push.

우진은 자신이 '조커'가 되지 않으려고 노력했다고 말했
다. 그가 본 영화 속 조커는 폭력적인 광기의 상징이었다. 우진
이 언급한 조커의 대사는 〈다크 나이트〉에 나오는 것이었다. 검
색해보니 그것은 히스 레저가 연기한 조커의 이미지와 함께 인
터넷에서 유통되는 '명대사' 중 하나였다. 그러니 〈조커〉를 깊이
파고드는 것은 사실, 우진의 본의와는 별 관련이 없을 것이다.
이건 한편으로 우진이 남긴 말들로부터 어떻게든 무언가를 발
견해보고 싶어서 발악하는 나의 무리한 시도들일지도 모르겠다.
그러나 확실한 것은, 우진에게 '조커'란 되고 싶지 않은
사람, 혹은 멋없는 남자의 표상이었다는 사실이다. 간단히 말하
면 반면교사다. 우진은 자신의 실패를 남 탓으로 돌리는 사람
이 되고 싶지 않았고, 여성을 성적 수단으로만 여기고 여성에게
폭력을 저지르는 남자가 되고 싶지 않았다. 그리고 자신의 '음
울함'으로 말미암아 다른 이에게 폭력을 저지르는 사람이 되고

싶지 않았다. 그러니까 자신의 실패가 타인에 대한 폭력으로 이어지지 않기를 바라는 것이 조커가 되고 싶지 않았다는 우진의 말이 의미하는 바였다.

어쩌면 우진은 '고어한 남자'가 되고 싶지 않았던 것이다. '고어 남성성'은 멕시코의 철학자인 사야크 발렌시아Sayak Valencia가 제시한 '고어 자본주의'와 그곳에서 만들어지는 주체성을 한국의 맥락에 맞게 변형하며 탄생했다. 발렌시아에 따르면, 멕시코에서는 "많은 남성들이 (…) 적법한 방식으로 남성 생계 부양자로 설 능력이 없어진 상황에서 뇌리에 깊이 박힌 남성성 상실에의 공포에 대한 하나의 응답처럼 폭력을 받아들이고 있다." 그리고 이 과정에서 "폭력을 자기 가치 확인의 도구"로 여기게 된다.[*]

문화평론가 손희정은 한국에서 주로 디지털 공간을 거점으로 폭력을 정당화하고, 심지어 이를 시민권으로 삼으면서 주변화된 남성성을 극복하거나 전유하기 위해 여성을 비롯한 소수자들을 대상화함으로써 "목적이 아닌 수단으로" 삼는 방식의 주체성을 '고어 남성성'이라고 명명한다.[**] 그러니까 이것은

[*]   사야크 발렌시아 지음, 최이슬기 옮김, 『고어 자본주의』 워크룸프레스 2021, 98~99쪽.
[**]   흐름상 다루지 못하지만, 이 논의의 핵심적인 축이 폭력의 산업화라는 점은 언급하고자 한다. 다음을 참고하라. 손희정, (2022) 「기이한 열정: 디지털 시대의 고어 남성성」 『횡단인문학』 제12호, 60~67쪽.

4장에 부쳐.

실제 타인의 몸에, 특히 여성의 몸에 폭력을 가하고, 이것을 이미지로 만들어 즐길 수 있는 대상으로 삼아서 자신의 가치를 확인하는 남성들을 설명하는 언어다. 우진의 표현을 빌리면, 이것이야말로 한국의 '조커'들에 대한 이야기일 것이다.

그렇다면 나는 이 지점에서 물을 수밖에 없다. 어째서 우진의 삶에서 타인을 죽이지 않으려는 노력은 자신을 죽이려는 계획으로 이어질 수밖에 없었을까? 좋은 남자, 멋있는 남자, 매력적인 남자가 되고 싶다는 우진의 마음이 왜 이런 방식으로 흘러가야 했을까? 괜찮은 사람이 되고 싶다는 욕망은 그저 함께 살아가는 시민으로서 마땅한 책임감이기도 했다. '난 이렇게 살고 싶어'라는 욕망과 책임감이 왜 '난 이렇게 죽으려고 해'로 바뀔 수밖에 없었던 걸까? 대체 어째서?

문제는 무책임 안에서 쌓여 가는 특정한 감정과 그것을 통해 집단의 경계를 구획하는 순환 구조, 즉 무책임의 정동경제 affective economy다.* 무책임한 사람이 다른 사람에게 책임감 혹은 죄책감을 전가하면, 그는 이를 다시 다른 사람에게 전가함으로써 무책임한 사람이 되거나, 자신이 받아 안음으로써 감정적 고통을 받게 된다. 이 구조는 감당하기 힘들 만큼의 책임감을 축적해서 책임 전가의 연쇄를 유지함으로써 무책임한 집단을 구

---

*   사라 아메드 지음, 시우 옮김, 『감정의 문화정치』 오월의봄 2023, 106~115쪽

성한다. 정치는 소수자에 대한 폭력을 남성들에게 외주 준다. 하청을 받은 남성들은 폭력에서 느끼는 죄책감을 자기들 안의 다른 누군가에게 외주 준다. 책임이 계속해서 전가되면서 책임감의 무게는 불어난다. 폭력도 죄책감도 사라지지 않는다. 그것은 차곡차곡 쌓이며 다른 누군가에게 흘러간다. 폭력을 저지르는 남성들을 '정신병자'라는 이름으로 추방하고, 책임감을 놓지 않는 남성들에게 모든 죄책감을 전가함으로써 폭력과 무관하고 아무런 책임을 질 필요 없이 무슨 짓을 해도 용서받을 수 있는 집단으로서 '남성'이 만들어지고 있는 것은 아닌가? 고어 남성성은 여성, 다른 소수자들, 그리고 어떤 이유에서든 죄책감을 견디려는 성향을 갖게 된 남성들을 살해함으로써 유지되는 남성 집단의 속성은 아닌가?

　　무책임의 정동경제는 책임감의 전가를 매개로 남성들이 타인에 대한 폭력이나 자신에 대한 폭력으로 향하게 하는 힘을 만들어내는 하나의 장치다. 이것이 책임감의 정동경제가 아닌 이유는, 책임이 무수히 회피되며 책임소재가 흐릿해지는 과정 속에서 책임의 정의가 그저 무책임하지 않은 것으로 내려질 수밖에 없기 때문이다. 언젠가부터 우리는 책임이 무엇인지 잊어버렸다. 모든 일의 중심에 놓인 것은 이제 책임이 아닌 무책임이다.

　　이런 상황에서 만들어지는 거대한 폭력이, 그것에 대한 책임감의 무게가 우진을 짓누르고 있다. 책임 전가를 원리로 이루어지는 무책임의 정동경제가 내 친구를 죽이고 있다. 나는 책임을 묻고 싶다. 책임을 물을 곳이 필요하다. 나에게 주어진 분풀이의 문법은 그것뿐이기 때문이다.

누가 내 친구를 벼랑 끝으로 내몰았나? 내 친구의 목에 폭탄 목걸이를 걸어놓은 게 형진이라면, 그걸 만든 건 누구란 말인가? 죽어 마땅한 수많은 개새끼들을 두고 왜 하필 내 친구가 벼랑 끝에 섰냐고 나는 묻고 싶은 것이다.

그러나 누구에게 물어야 할까? 혹은 어디에?

오소리

오소리는 족제비류의 동물 중에서 덫으로 잡을 수 없는 거의 유일한 동물이다. 덫에 빠진 다른 동물을 훔칠 뿐만 아니라 사냥꾼이 만들어놓은 덫조차도 재미 삼아 끌고 간다. 이놈들을 잡으려면 총으로 쏘는 수밖에 없다.*

---

* 클로드 레비스트로스 지음, 안정남 옮김, 『야생의 사고』, 한길사, 1996, 111~113쪽. 나는 다음의 논문에서 덫과 오소리에 대해 『야생의 사고』에서 인용한 것을 접한 뒤에 『야생의 사고』를 펼쳐서 인용된 내용의 맥락을 확인하는 과정 중에 이 문장들을 발견했다. 홍성훈, (2023) 「도시의 술집과 야생의 덫을 인류학적으로 유비하기」, 『비교문화연구』, 29(2), 343쪽 참고.

덫은 인간과 동물이 맺는 관계 중 사냥의 양상을 완전히 바꿔놓은 지적 발명품으로, "야생의 인류가 문명의 사피엔스로 둔갑해 다른 짐승들의 습관적 굶주림을 기술적으로 농락한 사상 최초의 자동 기계"다. 덫은 사냥꾼과 사냥감이 "서로의 꾀를 교환"하며 간접적으로 상호작용을 하게 만드는 하나의 매개다.[*] 이러한 맥락에서 인류학자들과 고고학자들은 덫이 인간의 인지가 복잡한 사고를 할 수 있다는 고고학적 증거이자, 인간과 동물, 그리고 도구 사이의 복잡한 관계를 반영하는 사물이기도 하다고 설명한다. 중요한 것은 덫을 구상하고, 만들고, 놓고, 기다리고, 사냥감이 덫에 걸리는 과정을 보는 것이다. 결과이자 과정으로서 속박entrapment을 보아야 한다. 덫은 사냥꾼과 사냥감 사이의 일대일 관계였던 사냥을, 특정한 환경과 생태계 안에서 이루어지는 긴장과 기다림과 경계의 행위로 바꾼다. 속박은 사냥꾼만의 역량도, 사냥감만의 책임도 아니다. 그것은 사방에 분배되어 있다.[**] 덫은 문명의 증거를 넘어, 지금 우리를 살리면서 죽이는 문명 자체에 대한 은유다.

패배감과 속박감 이론defeat and entrapment theory이 등장한 이

---

[*] 홍성훈, (2023) 「도시의 술집과 야생의 덫을 인류학적으로 유비하기」 『비교문화연구』, 29(2), 342~343쪽.

[**] Alberto Corsín Jiménez & Chloe Nahum-Claudel, (2019) "The anthropology of traps: Concrete technologies and theoretical interfaces", *Journal of Material Culture*, 24(4), 383-400.

유는 학습된 무기력 이론-learned helplessness theory의 한계를 극복하기 위해서였다. 학습된 무기력 이론의 기초가 된 실험에서 실험 대상이었던 개들은 스스로 통제할 수 없는 전기 충격을 반복해서 받았고, '대부분'의 개는 이후 탈출할 수 있는 상황에서도 탈출하지 않았다. 이것이 학습된 무기력이다. 그러나 해당 실험에서도 어떤 개들은 탈출에 성공했다.[*] 대부분의 실패는 모두의 실패가 아니다. 거의 불가능한 것은 언제나 어느 정도 가능한 것이다. 무기력을 패배감과 속박감으로 분해하는 것은 패배감을 느끼는 모두가 거기서 벗어나지 못하리라 생각하지는 않는다는 뜻이다.

덫을 이야기하는 것은 우리가 빠져나갈 수 없다고 강조하기 위함이 아니다. 덫은 수많은 기술적이고 물질적인 요소의 결합이다. 이질적인 것들의 연결부에는 언제나 빈틈, 혹은 약점이 존재한다. 우리는 연약할 것이지만, 우리가 걸려든 덫도 그렇다.[**] 실패한다고 반드시 패배감을 느끼는 것이 아니고, 패배감을 느낀다고 해서 반드시 속박감을 느끼는 것이 아니라면, 어떤 구체적인 사람들과 사물들과 제도들이 실패를 패배감으로, 패배감을 속박감으로 전환하고 이것들을 하나의 덩어리로 만들

[*] Seligman, M. E. P. & Maier, S. F., (1967) "Failure to escape traumatic shock", *Journal of Experimental Psychology*, 74, 1–9.

[**] 참고한 문장의 원문은 다음과 같다. "우리는 연약할 것이지만 권력자들도 그렇다." 그레이엄 하먼 지음, 김효진 옮김, 『네트워크의 군주』 갈무리 2019, 47쪽.

어내는지 치밀하게 찾아내야 한다. 덫이 조립된 연결부들을 찾아서, 그에 맞는 드라이버를 찾아 나사를 하나씩 빼놓아야 한다.

물어야 한다. 무엇이, 누가, 덫을 절대적인 무기로, 속박을 당연한 상태로 만들어내는지, 탈출하는 개들과 오소리를 예외의 자리에 가둬놓는지, 거의 불가능한 것을 불가능하기만 한 것으로 만들어버리는지.

탈출한 개들은 어떻게 탈출했는가? 오소리는 어떻게 사냥꾼과 대적할 수 있는가?

4장에 부쳐,

배웅하며

이 글은 이제 자신의 방들로부터 나가려 하는 당신에게 우진이 보내는 짧은 편지다. 이 글은 우진이 작성했고, 내가 아주 약간 윤문 및 교정을 한 뒤 우진이 확정한 결과물이다. 우진의 이야기에 모두 동의할 필요는 없다. 다만, 독자에게 전하고 싶은 글을 써달라는 나의 부탁에 우진이 왜 이런 글을 쓰게 되었는지, 그가 어떤 사람으로 보이고 기억되고 싶은지, 그가 왜 이런 생각을 하는지, 이 사회의 어떤 모습들이 우진에게 그러한 마음을 만들었는지 함께 고민해주시기를 부탁드린다.

어쩌다 보니 주민등록번호 앞의 여섯 자리, 그리고 뒤의 첫 자리가 정해져서 태어났고, 어쩌다 보니 한국 사회의 요구에 따라 하루하루 좀 더 나은 인간이 되고자 살았습니다.

성별 자체가 서로를 향한 혐오와 조롱의 도구가 아니었으면, 타인의 고통을 유발하는 쾌락의 수단이 아니었으면 좋겠습니다.

서로에게 이해 못 할 고통과 문제가 있다고 믿어주고, 서로를 다른 욕구가 있는 인격으로 존중해주면 좋겠습니다.

나를 위한 선택, 나를 위한 노력이 때로는 나를 무너뜨리는 포석이 되기도 합니다.

누군가는 유일한 선택지밖에 남지 않았을 때 초인적인 능력을 발휘해서 잠재 가치의 꽃을 피워내지만, 누군가에게는 유일한 선택지가 강박으로 이어지고, 심지어는 죽음으로 이어지기도 합니다.

목에 폭탄을 걸고 있는 사람이 할 잔소리는 아니지만.

본인이 어떤 사람인지를 아는 것이 무의미한 고통을 예방해주리라 믿습니다.

혹자는 주식을 일확천금만을 노리는 도박으로 치부합니다. 저는 그분들을 설득할 생각도, 그분들과 토론할 생각도 없습니다.

제가 우연하게 살게 되어, 높은 수익률을 만드는 제 능력을 계속해서 사용하게 된다면, 저와 같이 경쟁에서 이탈되었지만, 저와 달리 자기 파멸로 가지 않으려고 투쟁하는 사람들, 투쟁 끝에 지쳐서 목에 폭탄 목걸이를 건 사람들, '공정한 게임'에 참가할 자격조차 부여받지 못한 사람들을 위해 살려고 합니다.

친구와 같이 책을 만들고 있는 지금의 시간은 어쩌면 저에게 '덤'으로 주어진 시간입니다. '덤'이라고 해서 무가치한 게 아닙니다. 저에겐 마지막일지 모르는 시간입니다. 그래서 저에게 지금의 시간은 좀 더 소중합니다.

그렇게 또 하나의 '덤'으로써 시간이 허락된다면, 용기와 힘이 필요한 사람들을 위해 저를 사용하는 것도 괜찮겠다는 생각이 듭니다.

한 마디만 더 붙이고 인사하겠습니다.

'남과 비교하지 마세요.'라는 말을 제일 싫어합니다. 비교는 본능이며, 필요한 감각입니다.

남과 비교를 많이 하시고, 질투와 좌절로 끝내지 마세요.

남들과 비교하시면서, 단일한 기준으로 비교가 어려운 나만의 것을 만들어보세요.

배웅하며

그런다고 당장 행복해지는 건 아닙니다. 다만 1년 정도는 더 살아볼 마음이 생깁니다.

제 말이 맞을 겁니다.

안녕히 가시고요, 저의 생사는 궁금해하지 않으시길 권면합니다.

더듬거리며

우진과 내가 처음으로 수능을 쳤던 2013년에는 국어가 A형과 B형으로 나뉘었다. 우리 같은 문과생들은 주로 B형을 응시했다. 2014학년도 국어 B형의 문학 지문으로는 이청준의 『소문의 벽』이 나왔다. 홀수형 기준, 35~37번이었다. 우진은 이 책 작업 과정에 대해 이야기하며, 해당 지문에 딸린 37번 문제를 언급한 뒤, 따로 캡쳐하여 나에게 보내기까지 했다.

이 지문은 소설가 박준을 치료하는 김 박사와 '나' 사이의 대화, 그리고 '나'가 박준의 인터뷰 내용을 통해 그를 이해해보고자 하는 과정을 담고 있다. 박준이라는 인물은 꼭 불을 켜

놓고서만 잠에 들 수 있으며, 전짓불을 보면 발작을 일으킨다. 이는 "환자(박준)가 그토록 어둠을 싫어하게 된 것은 직접적으로 그 어둠 자체를 싫어하기 때문이 아니라, 그 어둠으로부터 연상되는 어떤 다른 공포감"이 있기 때문이며, 바로 이것이 전짓불의 공포다. 박준은 인터뷰에서 어린 시절에 겪은 어떤 일 때문에 전짓불에 대해 "아주 기분 나쁜 기억"을 갖고 있다고 말했다.

한국전쟁 이후 어느 날 밤, 경찰인지 무장 공비인지 알 수 없는 사람들이 마을에 왔는데, 그들 중 한 사람이 박준의 집까지 찾아왔다. 그는 "눈이 부시도록 밝은 전짓불"을 박준과 그의 어머니의 얼굴에 비추어 아무것도 볼 수 없게 만든 뒤, "당신은 누구의 편이냐"고 물었다. 상대가 경찰인지 무장 공비인지에 따라 대답을 잘못했다가는 생명에까지 문제가 생길 수 있었기에, 당시 어떻게든 대답해야 했던 그의 어머니는 "절망적"이었으며, 박준은 "지금까지도 그 절망적인 순간의 기억을, 그리고 사람의 얼굴을 가려버린 전짓불에 대한 공포를 생생하게 간직하고 있다"고 말한 것이었다.[*]

---

[*]   "[35~37] 다음 글을 읽고 물음에 답하시오.", 2014학년도 대학수학능력시험 국어 B형 홀수형 문제지, 한국교육과정평가원, 12~13쪽.

37. 〈보기〉를 참고하여 윗글을 감상한 내용으로 적절하지 않은 것은? (3점)

—— 보기 ——

정신적 외상trauma은 충격적 경험의 기억이 무의식에 잠재되었다가 정신적 병증의 요인으로 작용하면서 모습을 드러낸다. 그 기억은 떠올리는 것만으로도 고통스러울 수 있는데, 이를 들추어 '말문'을 트게 하는 것은 정신적 병증의 치유에서 중요한 과정이다. 개인뿐만 아니라 사회에서도 공동체의 위기 상황으로 인해 발생한 정신적 외상에 대해 '말문 트기'가 요구된다. 이런 점에서 소설은 개인의 아픔은 물론 사회적 병증을 치유해주는 개인적·사회적 말문 트기의 하나라 할 수 있다.

이 문제의 정답은 다음의 선택지였다.

⑤ 정신적 외상의 최초 원인을 밝히기 위해 김 박사가 '박준'의 과거 기억을 진술하게 할 계획을 세웠다면, 이는 '위험한 질문'을 회피하기 위한 말문 트기 방법을 모색한 결과이겠군.

이 선택지가 적절하지 않은 이유는, 지문에서 김 박사가 "전짓불의 비밀이야말로 박준 씨의 치료에는 무엇보다 중요한 열쇠가 되고 있지요."라고 말했기 때문이다. 김 박사가 박준으로 하여금 그의 과거 기억을 진술하게 하는 것은 전짓불의 공포를 대면하게 만드는 것이며, 이는 그야말로 자신이 억압했던 기억을 끄집어내게 하는 '위험한 질문'으로서의 말문 트기 방법이기 때문이다.

우진은 왜 하필 이 지문을, 거기서도 이 문제를 언급한 것일까? 이 작업 내내 우리는 우진의 기억의 문제에 대해 점점 더 명료하게 알아갈 수밖에 없었다. 그것은 정신적 외상, 즉 트라우마였다. 떠올리는 것만으로도 고통스러워서, 우진의 표현을 빌리면, 자신의 마음속 방들에 넣어놓고 문을 잠근 기억들에 대한 이야기였다. 우리는 함께 그 문들을 열었다. 여전히 수많은 문이 잠겨 있다. 어떤 기억들은 이 방들에서도 더 멀리 떨어진 외딴 창고에 처박혀 있다.

이러한 기억의 억압을 어떤 이들은 무의식적인 작용이라고 설명하지만, 내가 느끼기에 우진은 지극히 의식적으로, 적극적으로 자신을 보호하기 위해 기억을 억제하고 있었다. 그것은 살기 위한 의지에서 나오는 명백히 의식적인 행위였으며, 결코 자동적인 반응이 아니었다. 그것은 자신의 성격이나 본성 같은 '정체성'을 구성하는 데 있어서 필수적인 과거의 기억들을 억제함으로써 그것을 어떻게든 잊고 다른 종류의 사람이 되고자 하는 '잘못된-망각wrong-forgetting*'에 가까웠다. 그러니까, 그가 X를 망각하고 싶어한다는 바로 그 사실이 X가 그의 삶에서 너무도 중요하다는 것을 증명해버리는 것이다.

우진의 침묵에는 그의 고유성이 담겨 있다. 아니, 그의 고유성이 담겨 있기 때문에 침묵할 수밖에 없었던 것들이 있다. 그가 침묵했기 때문에 내가 익숙한 서사들을 가지고 넘겨짚을 수밖에 없었던 것들이 있다. 트라우마로 인한 침묵이라는 것은 누군가의 가장 고유한 이야기를 가장 뻔하게 알고 있는 것들로 넘겨짚을 수밖에 없도록 한다. 침묵을 듣고 쓰려고 할 때의 무력감이란 그런 것이다. 그런 의미에서 이 책은 우진의 진실을 찾아내는 것보다, 나의 방식으로 내 나름의 진실을 지어내는 일일지도 모르겠다. 진실이라는 문제에 있어서 발견과 발명이 얼마나 다른지는 모르겠지만.

'좋은 삶', 그 뻔하디뻔한 삶은 자꾸만 손가락 사이로 빠져나갔다. 잘은 모르지만 아무튼 좋은 삶을 살려면 좋은 대학에 가야 한다는 막연한 믿음은, 입시학원 '빌보드'에 올라간 경험을 통해 어쩌면 괜찮은 대학에 갈 수 있을지도 모른다는 낙관으로, 만족할 수 없는 성적을 통해 다시 시험을 봐야 한다는 절망으로, 결국 이런 대학을 다녀봐야 쓸모없다는 마음이 담긴 자

*   이언 해킹 지음, 최보문 옮김, 『영혼 다시 쓰기』 바다출판사 2024.

더듬거리며

퇴라는 포기로 이어졌다. 자신감도 자존감도 곤두박질친 우진은 자신이 좋아하는 사람에게 다가가기도 어려웠고, 이제는 어차피 연애에 성공할 수 없다는 전제에서 번호를 따고 있다. 이 일련의 실패들은 우진이 막다른 길에 몰려 있다고, 출구는 없다고 느끼게 했다. 거기서 마지막으로 붙들 수 있었던 주식 투자에서도 결국 자신은 충분히 성공할 수 없다고, 실패일 뿐이라고 생각하게 됐다. 그리고 자신에게 약간의 시간만 기회로 남기고 코딩 공부 등을 하고 있다. 그리고 우진은 이러한 말들만으로 자신의 계획이 설명될 수 없다고, 자신의 삶이 요약될 수 없다고 말한다.

수능에서 주식을 거쳐 코딩으로 이어지는 흐름이 2010년대 후반부터 2020년대 초반의 한국 청년 남성들에게 가장 흔하게 제공되었던 경로라는 점에서 우진의 삶은 한편으로 굉장히 전형적이었지만, 이것들은 '우진'이라는 하나의 삶으로 엮이면서 한편으로 굉장히 고유한 것이 되기도 했다. 그리고 지금의 상태에서 그 고유한 삶은 '폭탄 목걸이'로 이어졌다. 우진이 죽음을 겨우 유예한 아슬아슬한 삶, 위태로운 삶으로 가는 과정에는 좋은 삶에 대한 추구가 있었다. 더 나은 삶을 살고자 하는, 멋있는 남자가 되고자 하는 우진의 분투는 절벽을 향하고 있었다. 폭탄 목걸이라는, 절벽 앞의 절박한 낙관.

이 장의 제목인 '더듬거리며'라는 표현을 우진과의 대화에서 언급했을 때, 이유는 모르겠지만 기형도의 「빈 집」이 떠올랐다. 나는 이 시를 우진에게 보여주었고, 우진은 시에서 한 줄을 콕 집어 자신에게 너무 와닿는다고 말했다. 우진의 마음에 가닿은 그 구절이 무엇이었는지, 당신은 짐작할 수 있겠는가?

우진의 방들을 나오기 전에 문턱에 서서 마지막으로 우진이 말할 수 없었던 것들, 말하고 싶지 않았던 것들, 침묵한 것들을 더듬거린다.

**살고
싶으면

질
문
하
세
요**

　이 책은 우진이 살아 있는 동안 출간되는 것을 목표로
썼고, 그 목표는 일단 성공했다. 방금까지도 나는 그와 연락을
나누었다. 하지만 당신이 이 글을 읽고 있는 지금, 우진이 살아
있는지 아닌지 당신은 알 수 없을 것이다. 우진과의 약속에 따
라, 나는 우진의 생사를 어느 자리에서도 알리지 않을 것이다.
당연하게도 우진이 누군지 또한 알리지 않을 것이다. 우진은 자
신의 생사와 무관하게 이 책이 출간되기를 바랐고, 이것이 자
신에 대한 이야기임을 자신의 가족을 포함해서 그 누구도 알지
못하기를 바랐다. 그리고 나는 약속을 잘 지키는 편이다.

다친 마음으로부터 출발해보자. 그것이 우리의 몸을, 그래서 삶을 움직이게 하는 방향을 생각하자. 우울, 강박, 열등감, 패배감, 속박감…. 무언가가 나의 진실을 건드린다는 바로 그 지점에서 나에게 상처를 주고, 그렇기에 누군가에게 쉽게 드러낼 수 없는 그런 마음들을 수치심이라고 부를 수 있다면, 나는 우리의 수치심으로부터 세계의 진실이 드러날 것이라고 믿는다. 성공이나 자긍심이 아니라 실패와 수치심으로 세계를 지을 수 있다면. 마음의 손상, 혹은 부서진 마음이 세계에 질문하는 도구가 될 수 있다면.

나는 당신이 이 책을 덮고 나서 우진을 설명할 수 없으면 좋겠다. 연애, 수능, 주식, 이런 단어들이 우진의 삶의 면면을 우리에게 보여줄지언정, 그것이 우진이라는 사람 자체를, 그리고 그가 세운 계획과 그의 결심들을 충분히 설명할 수 없다는 사실을 나는 꼭 강조하고 싶다. 10년 동안 함께 지내면서, 그리고 이번 인터뷰를 통해 수십 시간의 밀도 높은 대화를 하면서, 나는 여전히 우진을 알 수 없다고 생각했다. 우진에게조차 우진은 수수께끼였다. 당신에게도 우진이 영원한 수수께끼로 남으면 좋겠다.

기댄 이야기들

'

이것은 각주에 포함되지 않았지만 우진을 이해하고자 애쓰는 과정에서 내가 기댈 수밖에 없었던 이야기들에 관한 글이다. 직접 인용하기에는 그 자체의 체계가 너무 단단하고, 혹은 그것에 대한 나의 이해도가 너무 부족한데, 그럼에도 내가 우진을 이해하려 애쓰는 동안 많은 영향을 준 이야기들 말이다. 보통의 인용 형식에서는 참고문헌 목록에 언급하기 어려웠을, 그래서 내내 빚진 마음만 가지고 지내야 했을 그런 이야기들.

최근 문화인류학자 서보경의 『휘말린 날들』(반비 2023) 을 읽다가 인용에 대한 문장을 접했다. "누군가의 목소리에 저당 잡힌 사람이 그 빚을 갚아나가기 위해 애쓰는 법일 수도 있다." 미국의 인류학자 비나 다스의 말이었다. 어디서 가져온 문장인지 밝히지 않을 때, 인용은 절도가 된다. 오히려 너무 깊이 영향을 받은 문장들은 어느새 그 출처를 잊고 나의 생각이 되어버린다는 점에서 우리는 언제나 약간씩 문장 도둑이자 생각 도둑일 수밖에 없겠지만, 그것이 당연해지지 않도록 이곳에 글을 남긴다. 그러한 이유에서 이 글은 참고문헌인 동시에 감사의 글이 될 수밖에 없다.

이 책이 학술적 작업이기보다 그저 친구를 이해하려고 발버둥 치는 한 인간의 분투기에 가깝다는 점에서, 나는 층위와 맥락이 다른 개념과 이론들을 되는대로 뒤섞었다. 이것을 프랑스의 인류학자 클로드 레비스트로스의 『야생의 사고』에서 접한 개념인 '브리콜라주bricolage'로 굳이 포장하고 싶은 마음은 친구이자 작가인 동시에 연구자인 사람으로서 변명과 같은 것일 테다. 이 글은 일부분 이 책이 어떤 지식과 이론에 대한 오해와 이해 안에서 쓰였는지에 대한 어설픈 회고가 될 것이다.

한 사람에 대한 책을 어떻게 써야 할지 감을 잡지 못하고 있을 때, 박준영 선생님의 『반도체를 사랑한 남자』(북루덴스 2023)를 꺼냈다. 나는 2023년 1학기 연세대학교 문화인류학과 대학원 수업 '자본주의인류학'에서 선생님을 처음 만났다.

그 수업에서 나는 형편없는 보고서를 제출했지만, 민망함을 무릅쓰고서라도 종강 뒤 얼마 지나지 않아 나온 나의 책을 전해 드리고 싶었다. 학교에서 만나서 커피를 사주신 선생님은 나를 격려해주셨고, 자신도 책을 쓰고 있는데 곧 나오면 보내주겠다고 말씀하셨다. 얼마 뒤 택배가 도착했고, 거기에 담겨 있었던 것이 『반도체를 사랑한 남자』였다. 삼성전자 '만년부장'의 생애를 통해 한국의 근대사를 그려내면서도 어려운 개념어 없이 글을 전개하는 이 책을 읽은 뒤 원고가 백지 상태를 벗어나기 시작했다. 처음 이 책을 꺼낸 이유는 지금 내가 하고 있는 작업처럼 한 명의 남성이 다른 한 명의 남성만을 인터뷰해서 쓴 생애사라서 참고할 점이 있다고 생각했기 때문이었지만, 책을 읽으면서 사람 사는 이야기로 통찰을 전달하는 인류학의 강점을 살리는 대중적 글쓰기의 방법을 배울 수 있었다.

박준영 선생님을 만난 '자본주의인류학' 수업은 나에게 2021년 2학기 연세대학교 문화인류학과 대학원 수업 '한국문화연구'의 연장선이기도 했다. 3장에서 개인 투자자로서의 우진을 그려내는 데 활용한 경제인류학 혹은 금융 자본주의에 대한 분석은 '자본주의인류학' 이전에 '한국문화연구' 수업에서 배웠다. 최시현 선생님의 관점에서 한국 문화와 역사를 이해하는 이 강의는 금융 자본주의, 그리고 (쉽게 구분하기 어려운) 투자/투기 개념을 통해 지금 우리가 살아가는 삶을 이해할 수 있도록 해주었다. 무엇보다도 금융 자본주의가 어떻게 개개인의 삶에 파고들어 어떤 감정을 불러일으키는지 고민하는 데 최시현 선생님의 수업은 큰 도움이 되었다. 게다가 이 수업을 들을 당시에 나는 우진과 한창 동네에서 함께 걸으며 그의 주식투자 이야기를 매일같이 듣고 있기도 했고, 그의 이야기를 떠올리며 수업 과제를 작성하기도 했다.

　　나는 이 책에서 퀴어가 아닌 우진의 삶을 이해하고 분석하는 데 퀴어 이론의 언어를 자주 빌려 왔다. 우진은 성별이나 성적 지향 같은 성적 정체성의 차원에서 퀴어라고 볼 수 없지만, 사회가 그어둔 곧은straight 직선과 우진이 들어맞지 않는 지점들을 파악하고 분석할 때 퀴어 이론의 언어를 빌릴 수밖에 없었다. 내가 귀동냥으로도 배운 것이 많지 않아서 그 안에서 분석 도구를 채택한 것이기도 하지만, 퀴어하지 않은 것을 퀴어하게 만드는, 명사가 아닌 형용사나 동사로서의 퀴어를 통해 한국 청년 남성의 삶을 조금 다른 방식으로 이야기해보고 싶기도 했다. 무엇보다도, 위태로움이나 취약성 혹은 '불행'을 포착할 때 나에게는 퀴어의, 혹은 퀴어한 언어가 가장 깊이 와닿는다 (아무래도 우리는 자주 위태롭고 취약하고 불행하니까). 사라 아메드나 로렌 벌랜트, 리 에델만 등의 이론을 인용하게 된 데는 이러한 맥락들이 있었다.

　　특히 이 책에서 핵심적으로 등장한 로렌 벌랜트의 '잔인한 낙관'은 2024년 1학기 연세대학교 문화인류학과 대학원 수업 '현대사회의 친밀성'에서 언제나 복잡한 이야기들을 분석할 수 있는 이론적 도구를 마련할 수 있게 도와주시는 김현미 선생님의 설명을 통해 그 유래와 방향성을 조금 더 구체적으로 파악할 수 있었다. 그리고 내가 이 수업을 듣게 된 것은 손으로 빠르게 필기하기가 어려운 학과 동료이자 친한 형인 한혁규의 지원인력으로서 수업을 청강할 수 있었기 때문이었다. 지원인력으로서 과제에 대한 의무 없이 수업을 청강할 수 있도록 허락해주신 김현미 선생님, 그리고 어차피 듣는 족족 다 외우면서 내게 지원인력이 될 기회를 마련해준 혁규 형에게 감사 인사를 전하고 싶다. 이것이 아니더라도, 형과 하는 대화는 언제나 즐거웠고, 때로는 형이 내 논리나 생각이 지닌 한계를 너무 정확하게 짚어서 자존심을 부린 날들도 있었다. 민망해지니 다음으로 넘어가자.

　　나는 심리학도, 상담도, 철학도, 정신의학도 전공하지 않았지만, 우진을 이해하는 과정에서 정신분석, 특히 프랑스의 정신분석가 자크 라캉의 정신분석에 큰 영향을 받았다. '우리가 영영 우진의 결핍 그 자체에 다가설 수 없고 그 주변을 맴돌 수밖에 없다'는 것과 같은 서술들은 여기에 기인한다. 원래 정신분석에 대해 아는 것이 전무했던 내가 정신분석에 관한 글을 읽게 된 것은 2024년 1학기 연세대학교 문화인류학과 대학원 수업 '섹슈얼리티 이론' 때문이었다. 흥미로운 텍스트들과 풍성한 질문들로 많은 고민을 안겨주신 루인 선생님과 모든 수강생, 청강생 동료 분들께 감사 인사를 드리고 싶다. 이 수업에서 나는 특히 정신분석을 통해 섹슈얼리티를 이론적으로 다루는 방식과 무성애(적인 것)에 대한 지식과 고민들을 얻어갈 수 있었다. 이는 우진의 섹슈얼리티를 남성성의 문제보다 유성애의 문제로 풀어내는 데 큰 도움이 되었다. 내가 참고문헌 대신 이러한 형식의 글을 작성하기로 결정한 데에도 정직한 인용의 중요성을 (수업과 본인의 글 모두에서) 거듭 강조하는 루인 선생님의 영향이 컸다.

내가 이해하기로 정신분석은 인간 정신 일반의 구조에 대한 이해를 바탕으로 실제 증상들을 치료하는 데 사용되기도 하고, 언어나 사회와의 관계 안에서 구조화되는 인간 무의식에 대한 이해를 바탕으로 주체(성)에 대한 철학적 탐구에 사용되기도 한다. 인간이 공유하는 정신의 일반구조가 있다고 딱히 믿지 않는 내가 라캉 정신분석을 활용한 이유는 그것이 우진처럼 남성중심적이고 핵가족이 보편적인 가족 형태인 사회에서 자란 남성의 정신을 이해하는 데는 꽤 유용할 수 있다는 생각 때문이었다. 즉, 이 책에서 라캉 정신분석은 보편적global/universal 이론이 아니라 지극히 국지적이고 상황적인local/situated 이론으로서 적합하다고 믿었기에 채택했다. 라캉을 공부하는 과정에서 특히 도움이 된 책은 (읽은 순서대로) 장용순의 『라캉, 바디우, 들뢰즈의 세계관』(이학사 2023), 무까이 마사아끼의 『라캉 대 라캉』(새물결 2017), 그리고 브루스 핑크의 『라캉의 주체』(도서출판b 2010)였다. 논문들 또한 참고했지만, 책의 긴 호흡을 따라가는 것이 훨씬 큰 도움이 되었다.

그리고 우진을 능력주의나 개인주의, 혹은 신자유주의 같은 이데올로기에 강하게 예속된 주체로 이해하는 과정에서 나는 프랑스의 철학자 루이 알튀세르의 이데올로기와 주체에 관한 이론을 참고해야 했다. 물론 그의 이론을 토대로 저항의 가능성을 모색하는 (이를테면 프랑스의 철학자 에티엔 발리바르나 독립연구자 최원과 같은 이들의) 작업들이 존재하지만, 일단 여기에 대한 나의 공부와 이해가 부족할뿐더러, 본문에서 느꼈겠지만 나는 우진에게서 저항의 가능성을 거의 찾지 못했다. 오히려 나는 '어떤 구체적인 개인에게 저항은 어떻게 불가능해지는가'를 계속 고민할 수밖에 없었다. 알튀세르가 자신의 유명한 논문 「이데올로기와 이데올로기적 국가장치」에서 밝혔듯, 이데올로기는 구체적인 개인을 구체적인 주체로 호명해낸다. 이데올로기는 그저 추상적인 차원에서 작동하는 것이 아니라 개개인의 물질적 현실에서 작동할 수밖에 없기에, 모든 주체는 (설령 주체화의 구조는 동일할지언정) 그 나름의 고유한 예속의 양태를 보이게 된다. 그래서 나는 우진이 어떻게 이토록 강하게 특정한 이데올로기들에 예속되어 있는지 구체적으로 분석하는 데 알튀세르(에 대한 이해와 오독)의 도움을 받았고, 어쩌면 이 도움은 알튀세르의 한계라고 가장 자주 지적되곤 하는 '저항의 불가능성'에서 기인한 것일지 모르겠다. 사실 무언가가 왜 불가능한지 구체적으로 분석하려고 애쓰다 보면, 거기서 바로 그 불가능성을 파훼할 틈을 찾게 마련이다. 한계와 가능성이 언제나 동전의 양면이라는 생각이 스친다.

　　라캉 정신분석과 알튀세르의 주체 개념을 공부하면서, 나는 사회철학을 전공한 아버지와 프랑스철학을 전공한 어머니의 도움을 많이 받았다. 집에는 오스트리아의 정신분석가 지그문트 프로이트 전집과 라캉에 대한 책들이 있고, 나는 어머니가 30년 전에 사둔 알튀세르의 『아미엥에서의 주장』과 어머니의 책장에 꽂혀 있던 『처음 읽는 프랑스 현대철학』(동녘 2013) 속 연구자 최원의 글을 급하게 읽으며 알튀세르에 대한 어설픈 이해를 보탤 수 있었다. 학부 시절 알튀세르에 빠져 있었고 석사학위를 라캉으로 하고 싶었던 어머니, 정신분석과 심리학에 큰 관심을 갖고 공부한 아버지는 내가 라캉에 대해 공부하고 어설프게 주절거릴 때마다 한 마디 한 마디를 꼼꼼히 들어주고, 함께 고민하고, 때로 나의 오개념을 바로잡아주었다. 나의 가장 오래된 친구이자 동료인 부모님께, 여느 때처럼 큰 고마움을 전한다. 개념이나 이론이 잘못 사용된 부분이 있다면 그것은 당연히 전적으로 나의 책임이다.

들어가기 전에 망설이고, 각 장마다 앞뒤로 호흡을 끊고, 나가기 전에 더듬거리는 책 전체의 구조는 우진의 방들을 들락거리며 망설이는 모습을 형상화하고자 한 것이다. 이는 나의 책『망설이는 사랑』(오월의봄 2023) 및 전후의 작업들을 통해 비롯된, '확신'과 '속도'에 대한 경계 때문이었다. 한 사람에 대한 나의 판단과 그 사람의 자기 자신에 대한 설명 사이의 간격에서 비롯되는 윤리적 폭력의 가능성을 고려할 수밖에 없었다. 무엇보다도 망설임을 윤리적 태도로 자리매김시키고자 한 나의 작업들이 기초를 두고 있는 고민은 미국의 페미니스트 정치철학자이자 퀴어이론가인 주디스 버틀러의『윤리적 폭력 비판』(인간사랑 2013)에서 비롯되었다는 점을 밝혀야 할 것 같다. 이 책의 원제는 '자기 자신에 대해 설명하기_Giving an account of oneself_'다. 2018년에 나는 이 책을 읽으며 주체 혹은 자아가 언제나 타자 혹은 외부에 의해 이미 탈취되어 있고, 우리는 언제나 우리가 선택한 적 없는 언어나 세계에 의해 규정된다는 사실과 같은 것들에 대한 고민을 처음 접했다. 이 책의 표지에 띠지처럼 붙어 있는 문구 덕분에 '나는 누구이며 무엇을 할 수 있는가' 대신에 '너는 누구이며 나는 무엇을 할 수 없는가'를 물을 수 있다는 사실을 처음 깨달았다. 버틀러에 대한 어설픈 이해가 라캉이나 알튀세르에 대한 관심으로 이어진 것은, 버틀러가『권력의 정신적 삶』(그린비 2019)과 『의미를 체현하는 육체』(인간사랑 2003)에서 이들을 분석하고 비판적으로 계승한다는 사실을 고려할 때 어쩌면 당연한 수순이었을지도 모르겠다. 그리고 버틀러 덕분에 나는 끝까지 읽지 못한 책도 한 사람에게 깊은 흔적을 남길 수 있다는 사실을 깨달았다고 민망하게 고백하고자 한다. 여전히 끝까지 읽지 못한 버틀러의 『윤리적 폭력 비판』의 의미나 맥락을 좀 더 이해할 수 있게 된 데에는 김애령 교수의 『듣기의 윤리』(봄날의박씨 2020)가 큰 도움이 되었다는 점 또한 누락해선 안 되겠다. 침묵까지도 들어야 한다는 이 책의 이야기는 나에게 깊이 남아 있고, 우진과의 작업은 어쩌면 나에게 침묵을 듣는 훈련이기도 했던 것 같다.

버틀러의 『윤리적 폭력 비판』과 함께, 관련된 고민을 발전시킬 수 있었던 것은 교양인에서 출간한 '도란스 기획 총서' 덕분이었다. 『양성평등에 반대한다』와 『한국 남성을 분석한다』를 처음 읽었을 때, 페이지마다 머리를 얻어맞는 듯한 기분이었다. 지금은 오세훈 시장의 서울특별시에 의해 철거되고 있는 서울혁신파크에서, 2018년 4월 14일에는 『피해와 가해의 페미니즘』 북콘서트가 열렸었다. 당시 휴학 중이었던 나는 책을 허겁지겁 읽고, 사람이 가득한 강당의 왼쪽 구석에 앉아 책의 배경에 담긴 고민들을 더 들을 수 있었다. 한 달쯤 뒤, 연세대학교 사회과학대학 자치도서관에서는 공저자 중 권김현영 선생님의 북토크가 열렸었고, 그때 사인을 받은 책은 지금도 책장에 꽂혀 있다. 피해와 가해, 남성성의 문제를 어떻게 다루어야 할지 많은 고민을 할 수 있게 해준 이 책들을 만든 모든 분들께, 특히 내가 쓴 이 부족한 책을 먼저 읽고 추천사를 남겨주신 권김현영 선생님께 감사하다고 말씀드리고 싶다.

우진의 침묵에 대한 고민은 결국 우진의 마음에 대한 고민이었다. 특히 우진의 침묵과 망각 사이의 관계를 고민할 때는 과학철학자 이언 해킹Ian Hacking의 논의에서 힌트를 얻었다. 그는 정신의학 같은 인간과학이 만들어낸 범주가 원래 없던 인간 유형kinds of people을 만들어내고, 이렇게 과학적 범주가 그러한 유형의 사람을 실제로 지어내면make up people, 그렇게 만들어진 사람들은 이 유형과 과학을 정당화하고 바꾸는 등의 영향을 다시 끼친다고 주장했다. 이러한 범주와 사람 사이의 존재론적 순환 작용을 해킹은 '고리효과looping effect'라고 불렀다. 나는 어쩌면 해킹에게 망각은, 정신분석에서 말하는 '방어기제'와 같은 수동적인 반응을 넘어, 기억과 정체성, 나아가 개인이 자신의 존재를 다루는 하나의 절박한 행위일지도 모르겠다고 제멋대로 생각했다. 우진의 망각과 침묵 또한 자동적이고 무의식적인 행위가 아니라, 의지적이고 의식적인 행위로 보는 것이 더 진실에 가깝지 않을까? 나는 해킹의 이름과 핵심 개념들을 장애와 현장연구를 주제로 한 스터디 모임에서 처음 알게 되었다. 이 모임을 함께한 (다시 등장하는) 혁규 형, 그리고 강미량 선생님과 장하원 선생님께 감사하다고 말씀드리고 싶다. 특히 자폐에 대한 장하원 선생님의 연구를 통해 나는 해킹의 논의를 접할 수 있었고, 이것은 나에게 큰 특권이었다.

또한, 나의 역량 부족으로 꼼꼼히 따라가지는 못했지만, '마음'이라는 키워드로 사회와 사람을 이해해나가는 작업인 사회학자 김홍중 선생님의 '마음의 사회학'의 문제의식에서도 큰 영향을 받았다. 이 영향은 또한 나의 이전 작업인 『망설이는 사랑』에서 이어진 것이기도 하다. 당시에는 가브리엘 타르드의 사회학과 브뤼노 라투르의 행위자-네트워크 이론, 그리고 감수성patiency의 얽힘에 대한 김홍중 선생님의 사유에서 영향을 많이 받았다면, 이 책에서는 사회를 분석하는 하나의 단위인 동시에 우리가 도달해야 하는 지점인 '마음'에 대한 고민에서 영향을 받았다. 이 책의 구성에서 드러나는 망설임이라는 태도도 결국에는 타인의 마음에 접근하는 방법에 대한 고민과 관련되어 있다.

또한, 책의 구성은 이전에 동녘출판사에서 박소연 편집자, 이다울 작가와 함께 작업한 서간집 『몸이 말이 될 때』(동녘 2022)의 영향도 받았다. 소연 님은 질병과 장애, 그리고 한국 청년 남성으로서의 위치에 대해 더 깊이 고민할 수 있는 계기가 되었던 나의 첫 책 『난치의 상상력』을 기획하고 책임편집한 은인이기도 하다. 타인과 편지를 주고받는 형식인 서간집은 나(1인칭)에 갇히지도, 객관성의 함정(3인칭)에 빠지지도 않는 '2인칭의 글쓰기'를 실험할 수 있는 좋은 형태였다. 당시 나는 학술지 『도시인문학연구』 12권 2호에 실린 연구자 정진영의 논문 「현장에서 2인칭 관점 윤리의 구현과 지속」의 영향으로 '2인칭'이라는 열쇠말에 꽂혀 있었다. 질병이라는 주제를 매개로 타자(2인칭)가 끊임없이 침투하는 글쓰기를 더욱 치열하게 고민할 기회를 준 소연 님과 다울 님께, 그리고 소연 님이 『몸이 말이 될 때』를 기획하는 계기가 된 인터뷰 기사를 써주신 경향신문 김민아 기자님께도 감사하다고 전하고 싶다.

우진은 별다른 노동을 하지 않아도 생계에 아무런 문제가 생기지 않는 경제적 상황에 있다. 하지만 그가 경험하는 실존적 고통은 이것과 별개이거나, 혹은 오히려 이를 가능하게 한 가족과 사회로부터 말미암았다. 경제적 빈곤뿐 아니라, 한국에서 청년들이 경험하는 '실존적 빈곤'에 대해 더 많이 고민할 수 있었던 데는 조문영 선생님의 『빈곤 과정』(글항아리 2022) 2부의 영향이 컸다(그곳의 글들은 이전에 논문으로 이미 읽기도 한 것들이었다). 쓰라는 논문은 안 쓰고 하라는 공부도 안 하고 지금 이 책처럼 자꾸 딴짓을 하는 못난 제자인데도 항상 응원과 조언을 아끼지 않아주시는 선생님께 감사하다고 말씀드리고 싶다.

오랫동안 나에게 인내와 신뢰, 그리고 응원을 보내주신 다다서재의 김남희 선생님과 김효근 선생님께도 감사 인사를 드린다. 다다서재의 책들, 특히 『아내는 서바이버』(다다서재 2023)와 『우연의 질병, 필연의 죽음』(다다서재 2021)은 우진을 대하고 이해하고 그에 대해 글을 쓰는 태도를 다듬는 데에 도움이 되었다. 이 책의 기획부터 편집까지 모두 함께해주신 김남희 선생님께는 특히, 어떤 이야기가 책에 실리면 좋거나 좋지 않을지 판단하기 어려울 때 믿을 수 있는 동료이자 선배 출판인이 있어서 다행이었고 큰 힘이 되었다고 꼭 말씀드리고 싶다. 김남희 선생님은 더 넓게 독자를 고려하여 글을 쓰고, 우진의 이야기를 그저 한 명의 특수한 이야기가 아니라 사회적인 이야기로 확장할 수 있도록 하는 데 정말 큰 도움을 주셨다. 선생님이 없었다면 이 책의 설득력은 지금에 한참 못 미쳤을 것이다.

학계 바깥에서 살아가는 같은 나이의 한국 청년 남성으로서 짧지 않은 원고를 흔쾌히 미리 읽어주고, 결국 내가 해결하지 못한 무거운 질문들을 남겨준 민주도 큰 힘이 되었다. 그리고 수치심과 욕망처럼 우리가 감추고 싶어하는 것들이 실은 제일 중요하다는 점을 내게 강조하며 이번 책 작업을 응원해준 동료 주원에게도 고마움을 전한다.

원래 이 책은 질병이나 손상과 함께 살아가는 친구들에 관한 이야기가 될 예정이었지만, 우진의 폭탄 선언과 나의 무모

한 욕심으로 기획이 급격히 변경되었다. 물론 책의 핵심적인 메시지가 변하지는 않았다. 더 나은 삶을 살고자 하는 마음이 타인에 대한 착취나 폭력으로 이어지는 한국 사회에서 우리는 친구의 정신질환을 어떻게 이해해야 할까? 한 사람의 삶에 친구로서 다가가기 위해 우리에게는 어떤 태도가 필요할까? 나는 이러한 질문들에서 출발해 사회를 다시 만들어가야 한다고 생각했다. 나는 이 질문들이 자긍심이 아닌 수치심을 통해 세계를 만드는 하나의 시작점이 될 수 있다고 믿는다. 내가 이해한 바가 맞다면, 미국의 시인이자 퀴어, 장애 이론가인 일라이 클레어가 『망명과 자긍심』(현실문화 2020)을 통해 말하고자 한 것은 자긍심보다는 수치심이었고, 바로 그 수치심에서 출발해야 한다는 사실이었다. 클레어는 자신의 섹슈얼리티를 사유할 때 어릴 때 가족 안에서 경험한 폭력과 방치의 문제까지도 포함해야 한다고 말한다. 이것은 우리에게 수치심을 강요하여 지저분한 현실을 받아들이기보다 외면하게 만드는 사회의 압력에 저항하는 것이다.

　　물론 자긍심과 수치심은 동떨어져 있지 않고 오히려 동전의 양면 같은 것이다. 다만 내가 둘을 구분하고 수치심을 강조하는 것은, (자긍심이 그리 단순하지 않다는 것 또한 알고 있지만) 나의 상처를 감추거나 부정하고 때로는 무리하여 긍정적으로 포장하기보다, 그것을 있는 그대로 드러내는 것이 중요하